主控战略成交量

主力进货、洗盘与出货的技巧解析

（第二版）

(台湾)黄韦中　著

地震出版社
Seismological Press

图书在版编目（CIP）数据

主控战略成交量：主力进货、洗盘与出货的技巧解析／黄韦中著.
—2版.—北京：地震出版社，2015.5
ISBN 978-7-5028-4442-4

Ⅰ.①主… Ⅱ.①黄… Ⅲ.①股票交易－基本知识 Ⅳ.①F830.91

中国版本图书馆CIP数据核字（2014）第132607号

地震版 XM3284

著作权合同登记 图字:01-2014-3486

《主控战略成交量》繁体字原版作者:黄韦中
2005年寰宇出版股份有限公司

主控战略成交量(第二版)

——主力进货、洗盘与出货的技巧解析

(台湾)黄韦中 著

责任编辑：朱 叶

责任校对：凌 樱

出版发行：地震出版社

北京市海淀区民族大学南路9号 邮编：100081
发行部：68423031 68467993 传真：88421706
门市部：68467991 传真：68467991
总编室：68462709 68423029 传真：68455221
证券图书事业部：68426052 68470332
http：//www.dzpress.com.cn
E-mail：zqbj68426052@163.com

经销：全国各地新华书店
印刷：三河市嵩川印刷有限公司

版(印)次：2015年5月第二版 2015年5月第一次印刷
开本：710×1000 1/16
字数：252千字
印张：21.75
书号：ISBN 978-7-5028-4442-4/F(5132)
定价：49.00元

师父领进门，修行在个人

金庸的武侠小说《笑傲江湖》中，风清扬老先生曾对令狐冲说过："学独孤九剑，要旨是在一个'悟'字，决不在死记硬记，等到通晓了这九剑的剑意，则无所施而不可。"当我们羡慕令狐冲可以学到独孤九剑扬名江湖之际，是否也曾想过，令狐冲是经过了许多时间练习，也就是说要得到更精进的技术能力，仍需要靠自己不懈努力，别人可以帮的忙实在非常有限。

笔者在学习技术分析的过程中，曾遭受不少挫折，有幸得到名师指点，这些历程和大多数的投资人一样，我自忖不是属于资质聪明，但却有一股不服输的"傻劲"，当我花费十数万学完所谓的秘技，随后在市场中遭受挫败惨遭断头，想到的不是退出市场，而是一定要把技术分析真正弄懂，在这些挣扎学习的过程当中，要靠自己不断努力探究、思索、领悟，不是求得名师就可以得到，更不是学习后就能立刻领悟，投身股海之中，学习的路很漫长，领悟的过程更加艰辛漫长。

"市场"是每位投资人的最佳老师，学习技术分析的过程总是会在学习、领悟、实作、调整，这四大步骤中循环，如果只做到"学习"的步骤，还没有领悟，就认为可以进入市场中厮杀，那么无疑只有葬身股海的命运，就算领悟了所有技术分析的方法，也要经过市场实际操作进行微调的工作，唯有如此，才能竟其功。

要天天练功夫

武林高手为了可以在江湖中生存，必须每天勤练功夫，因为学如逆水行舟，不进则退，高手都必须兢兢业业地下工夫努力冷静思考，更何况一般大众？我自己并非高手，只是众多散户中的一员，所以更要每天努力钻研，勤练基本功。

其实笔者的基本功就是在个人网站上的每日盘后贴图与解析，每天写的目的，就是要让自己维持对股市的观察，不使之间断，强迫自己思索每一天盘势，即使是索然无味。假设我们停止进步，相对地，就会被其他人超越，任何市场或是任何职业，都存在着二八法则，甚至是一九法则，努力成为前 20 名，唯一的方法就是保持学习，而学习的态度，则是保持永远对市场敬畏，认为自己永远是“青涩”的，如果认为自己已经成熟，那么接下来的结局就是被这个市场无情淘汰。

追求经济自由

目前的社会结构已经改变，传统的理财观已经无法应付现阶段实际需求，以前节俭就可以成为小康之家，现在则有所困难，除非是“祖上积德”。许多专家建议要想办法开源节流，然而节流其实有限，能够积极创造财富的方法，唯有开源，但是工薪一族如何能在经济上有所斩获？唯有投资理财。其中又以股票市场最容易聚积财富。

正常而言，股票市场是公平、自由经济下的产物，人人可以投资，但是其中有着庞大的金钱利益，所以就会产生许多弊端，散户投资人能够掌握的信息相当少，往往是市场中被人宰割的一群，笔者认为散户投资人必须学习正确、适宜的技术分析，才不会被这个残酷的市场宰割，今天会看到这一段话，代表你正是这个市场中的一分子，很渴望得到经济上的自由。

在笔者实际操作的经验里，深深体会到学习技术分析是投资获利必然的手段与过程，不过没有负担的操作，才能够游刃有余，所以第一个建议就是，进场操作的资金必须是闲钱，也就是这笔资金不是生活上的必须；其次，选择风险性与杠杆比率较低的商品进行投资，所以首选是股票，接着是期货，最后才是期权。

但是不代表股票就没有风险，为了降低风险，必须多做功课，而比较容易达成的是学习技术分析，因此再次强调正确、适宜的技术分析技巧，非常重要。曾有人说过："在市场中的操作只要做好止损就可以了。"这句话没错，但是如果买进的点是错误，那么止损的点位也会错了，每买进就止损，请问你可以忍受几次止损？在实际操作经验里，一个经常没有赚钱的操作，下得了手止损吗？这是人性的弱点：害怕损失，结果反而导致更大的损失！

所以投资人先学正确的技术分析技巧，就能分辨何时是比较恰当的进场点，止损点也会捕捉得比较正确。进场前先练习等待的功夫，等待最佳的时机点出手，且一开始先少量进场减轻心理上负担，接着利用技术分析先让自己获利，达到这种境界时，碰触止损点时就可以得心应手，所以想要让自己的操作心态健全，必须要适时做止损，而可以做的止损则是建构在获利的前提下，因此想要能够在市场上赚钱，依赖的是个人所努力学习的深浅程度。

致谢

曾有读者问："主控战略"系列的技术分析为何有这么多内容可以写？其实这些内容是触类旁通的，投资人可以不必都运用，只要撷取适合自己的参考就行。"主控战略"系列丛书(目前规划将写七本，这是第四本)是笔者学习技术分析过程中，所整合、思索、累积、体验到的心得中的少部分，或许是自己资质愚钝，这些心得有时是几个星期，有时是几个月，甚至要一年半载才能领悟，笔者不是以写书撰稿谋生，之所以将心得公诸于大众是希望各位技术分析的爱好者能节省一些思索的时间，当然更有抛砖引玉的意思。

然而笔者必须坦承，"主控战略"系列内容，只是技术分析领域中的提纲挈领而已，但是都已经过实战的检验，许多关键用法，其实只需一语道破而已，希望投资人可以细细咀嚼，也因此笔者将其定位为技术分析的基础入门参考书。对于部分投资人而言，可能稍嫌简略，一本书不但要从最基础的观念开始交待，也要包含其他相关指标，又要实例说明，笔者已尽全力说清楚、讲明白，如果有无法满足所有层面的人的需求，也是无法克服的难题，希望大家谅解。

期待这一系列丛书能够成为各位投资人基础入门的最佳参考书籍，如果可以对各位投资人在实际操盘时有些许帮助，那么就算是有所价值了。当然，要感谢各位读者朋友的指教、建议与鼓励，也要感谢大陆股票软件设计公司博庭信息(台湾代理商简爱洋行)授权使用《奇狐胜券》股票分析软件中的图形，更感谢寰宇出版公司的发行人陈志铿先生以及所有参与出版工作的同仁，愿意给我这个机会，出版这一系列的书籍。文中描述若有疏漏之处，请各位不吝提出批评、指正，也欢迎各位莅临个人架设的网站(网站名称：主控战略中心网站，网址：http://www.fmtic.com)一起探讨技术分析，谢谢大家。

韦中 谨识

前　言

长久以来，主力操作手法一直是投资人想要深入探究的技巧之一，而这些技巧相当隐晦，反而造成一些相当实用的观念受到错误的传播，笔者自从学习技术分析以来，也直接、间接掌握了一些关于主力控盘的技巧与逻辑，在经过实际验证之后，体验出这些波动的法则，与“自然规律”有相当程度的契合，经过思考、筛选之后，才决定披露部分的技巧与内容。

在操盘界或是主力圈，每一种操作手法略有差异，进出货的模式技巧也不尽相同，但是总会依循着某种规则的模式与逻辑进行，坦白说，笔者(甚至任何一位投资人)无法知道主力控盘的真正意图，除非正好亲自参与，或者是掌握可靠的“内线”消息，不然对于主力的手法，只是根据技术面的现象推测而已，本书所披露的技巧，虽然无法包含主力的全部手法，但是已经切中其关键核心，是属于正统主力做线的控盘技巧，在撰写这些技巧时，有些关键点不得不略去，不过仍足以让投资人进入这一神秘领域！

主力控盘的意义，不在于操控股价，而在于先从股价趋势着手，规划整个股价波动的循环与转折点，尤其主力控盘的精髓在量的表现，成交量与筹码面控制的好坏，往往决定该股走势的强弱，因此从“量破价”的观念切入，就很容易掌握主力在盘面上打出的暗号。

一般投资人了解主力控盘的技巧，不是为了让自己成为控盘人员，而是希望藉由了解这样的技术分析技巧，可以观察到该股已有主力布局的迹象，并且能够掌握较佳的时点切入该股，从中撷取利润，当在高位目标区发现有主力出货疑虑时，适时出脱手中持股落袋为安，笔者撰写这一系列技术分析丛书的目的也就在于此。

在了解主力控盘模式之前，必须要先知道股价的盘态与K线形态组合，此部分请参考拙作《主控战略K线》与《主控战略开盘法》中的叙述，另外整个股价的多空循环、目标区的量测，可以参考《主控战略移动平均线》的说明，本书则着重在成交量的分析与主力进货、洗盘与出货的模式研究。举例时，会与前几本书中的例子搭配，让各位投资人明白除了均线、K线等分析之外，主力是如何进行布局、洗盘，但是碍于篇幅所限，以前书中提过的技术分析重点，本书就不再重复叙述，只针对“量”的部分做探讨。

当然，有些无法仔细描述的部分，请投资人自行验证、体会。本书从基本的量能现象开始谈起，认识九种量价关系是入门的第一步，接着再认识一些主力控盘中会用到的专有量能形态名词与现象，接着再了解一些相关的成交量指标，最后就可以进入主力控盘当中，关于进货模式、洗盘模式与出货模式的研究。

因此笔者建议，对于前三本拙作最好能够有基本认识，至于本书可以按照章节顺序阅读，也可以先读第二章或是第三章再回过头读第一章，但是请将前三章读熟之后，再阅读后三章可以比较好地进入状态，为了让投资人在阅读本书时能有主力控盘的整体性概念，笔者做了一张关于主力控盘的股价循环简图，请将该图时时刻刻在脑海里与书中的论述比对、验证。

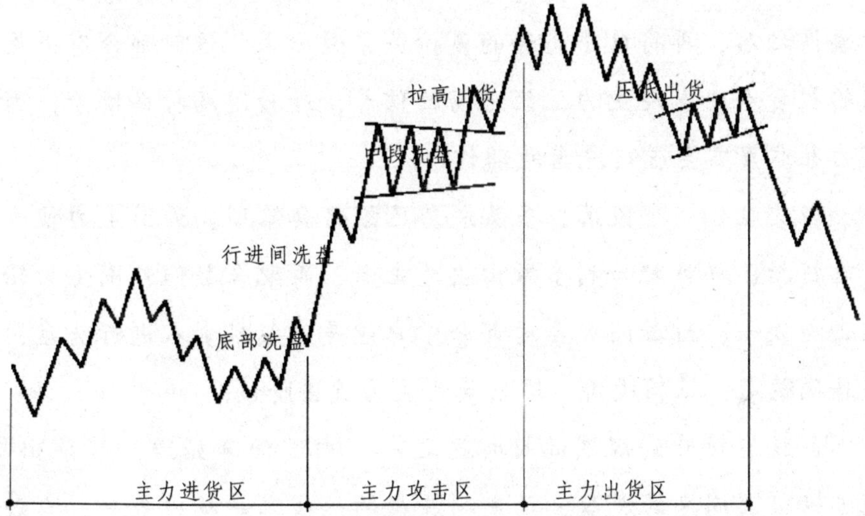

主力控盘股价循环图

对于主力的定义，一般是指基金、上市公司、证券公司、大户，其实真正的主力是“趋势”，例如，股价由特定人士拉抬到某一区域，因为该区是严重套牢区，到此自然卖压涌现，主力不可能在这里硬拉，浪费手中掌握的资源，所以就会“顺势”拉回，因此主力操作过程也是顺着趋势行进，颇符合“自然规律”。

在主力准备介入一只股票的过程中，必须先与上市公司谈判，部分主力会取得上市的默许，当然也有直接进行拉抬者，但是这些就必须联合较多的主力资金，之后再选定内围、外围的人马，然后进行价位定点，与行进的路线规划，此时就必须针对股价波动的压力点规划大致轮廓，而细节就需要一些技术分析的技巧，主控战略的奥义就在于认识这些波动逻辑和关键技巧。

规划完成之后，内围开始进场进行承接，并从低位区开始进行底部大规模的洗盘与沉淀筹码，这里就是主力进货阶段。而底部作价与做量，是为了打出信号通知内外围主力将筹码锁定，等到突破盘整区之后，再将攻击态势的量价关系做出来，这时部分有先见之明的投资人会发现主力已经进场的信号，赶紧进场抢搭轿子，因此主力在这里亦会进行洗盘的动作。

当洗盘告一个段落，多头趋势已经略具雏型，外围主力便开始进货拉抬，并且配合利多做出主攻击盘，再配合数组外围主力轮番攻击与换手，行进间亦会对部分中户或是一般投资人进行洗盘，以利筹码稳定、拉抬股价，这里属于主力攻击阶段。

当股价拉升到规划的目标区之一，内围便开始进行震荡出货，并进行较大周期的洗盘，让不耐洗盘的短线客户释出筹码，当股价沉淀后，放出消息面的利多，做最后的喷出走势，以利于外围主力出货，最后到达规划的最终目标区，再进行出货的行为。

在大多头走势过程中，有时会出现几组控盘者轮流拉抬的现象，但是股价的波动模式，却是类似的、雷同的，在这里必须提醒投资人，主力控盘股价循环图中的各个阶段，都可以巧妙地以本书介绍的各种模式套入交替运用，虽然这些模式的信号小异，但是只要依法分析观察，仍不难窥破其关键手法。

准备好了吗？就让我们一起进入这一神秘领域吧！

目　录

第一章

量价关系分析要诀

股票市场是一个零和(Zero-Sum)的市场，有人卖出一个单位，必定有人买进一个单位，因此成交量(Volume)代表的是买卖成立的数据，也就是在交易过程中，必须要付出相当的金额，如果参与买卖的人较多，成交量便会扩增，代表交易活跃，人气容易聚集；反之，如果参与买卖的人较少，成交量便会萎缩，代表交易冷清。所以成交量是资金荣枯的指标，成交量的大小显示参与者的热情程度。

一般技术分析者，将成交量视为股价涨跌趋势的风向指标，而且股价上涨必须具有相对应充沛的动能支持，所以可利用成交量分析控盘者进货、出货与洗盘。缺点是无法单独提供买卖时机，必须配合 K 线走势图加以分析，从主力控盘角度而言，价的走势必须搭配量(筹码)的计算，才能竟其功，因此主力控盘模式除了利用 K 线打出攻击信号之外，也会利用成交量波动的模式，提供明确的买卖信号。

我们就先从多头与空头市场的角度，认识量价关系的基本概念，参见图 1-1。

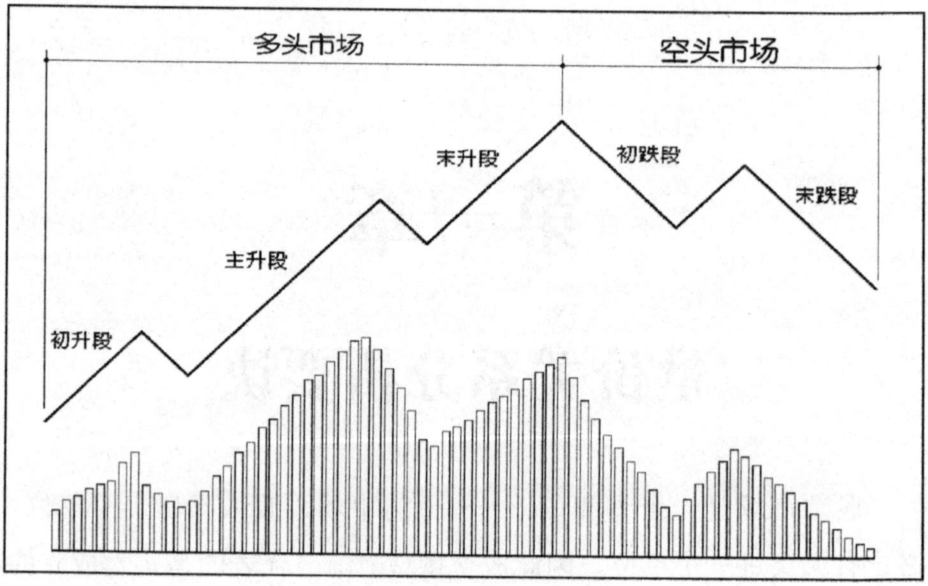

图 1-1　基本价量关系图

1. 多头市场

多头市场的特性是“量增价涨”，量、价会出现一波比一波高的现象，在多头市场行情初期，突破底部形态之后为“初升段”走势，此时会呈现成交量温和放大，股价缓步推升的现象，长线买盘也会消化掉浮动筹码，同时股价因为缓步推升，使得股价逐渐远离平均成本。

多头主升段走势的特点是出现创新大量后，股价会跟着再创新高价，这就是多头良性换手的积极现象，当小波段高点满足之后，股价自然产生短期回调的走势，成交量也会跟着迅速萎缩，呈现“量缩价稳”，当量能再度增加，股价会再度随着上涨，于是形成波峰、波谷垫高的上升线形，如果股价涨幅已经达到中长线的相对满足点，虽然股价再创新高，但是成交量无法再持续增大，主升段行情就会宣告结束。

在多头市场的末升段，往往出现创新大量后未必会出现新高价，或是放量之后难以持续出量维持股价在高位，亦即走势出现“量价背离”，这是股价趋势在末期已经涨势趋缓，相对的攻击力道亦减弱，主力与有先见之明的投资人进行的是获利调节的动作，相对的卖压增大，换手现象停滞，通常成交量会领先萎缩回调，形成“量先价做头”的现象。

2. 空头市场

空头市场行情初期，亦即“初跌段”走势，一般投资人往往误以为只不过是多头走势中的回调，心中仍期待股价会持续创新高，然而此时市场上多空看法开始出现严重分歧，换手现象相当积极，但是成交量却无法创高，甚至有出货量的形态出现，又因为量能无法持续，使均量走势形成“量能退潮”，直到股价出现大跌，高位进场做多者套牢众多，导致成交量随着股价下跌而缩减。

当初跌段走势即将结束，因为交易清淡，便会出现“量缩价稳”的现象，投资人容易误认多头的修正已经结束，此时属于拉回寻找买点的最好时机，因此会在消息面仍看好的背景下积极介入，形成当时低点也出现成交量放大的现象，但是主力作手早已经出脱完毕，进场者多为短线客抢短操作，既然如此，那么反应的便是股价的追价意愿不足，反弹后将再反转下跌。当跌破前波低点又创新低量时，仍会再度出现“量缩价稳”的现象，如此不断循环，形成量价呈现波峰、波谷创低的下跌线形。

等到空头市场的末跌段，股价创下新低价时都没有积极成交的意愿，导致成交量极度萎缩，此时代表的意义为浮动的筹码已经沉淀或是套牢筹码被渐渐稀释，股价波动的幅度渐渐趋缓、变小，买卖双方的力道相对减弱，也就是市场的供需状态进入买卖动作很少的稳定状态，通常在此时会伴随着出“窒息量”代表追杀的力道减轻，或是呈现“支撑量”代表买方出现尝试买进动作。

上述只针对多空概念做简单说明，如果将量价关系分别以量增、量平、量缩、价涨、价平和价跌这六种交互搭配，就可以得到量增价涨、量增价平、量增价跌，量平价涨、量平价平、量平价跌，与量缩价涨、量缩价平、量缩价跌等九种量价关系，这是进入主控战略领域中基本的量价分析法则，后续单元将逐一为投资人说明。

一、量增价涨

股价在多头格局中，成交量会因为股价上升跟着放大，属于正常行为，称为“量增价涨”或“量价齐扬”。而当股价走势能够出现量增价涨，就代表股价在上涨过程中，投资人追价意愿强烈，因此量能可以随着增加，所以我们看见的是多头的气势不断被延续，股票的筹码通过良性换手后，股价自然就随着垫高。特别注意的是量增幅度不宜过度放大，只能以适当的比率合理而温和地增加，万一突然冲出大量，就必须定位量能结构已经产生变化。因为突然冲出大量有可能是短期出货，也有可能是换手，分析的关键基础请参阅本书第二章。

一般量增价涨的走势，通常会发生在多头初升段、多头整理结束、多头末升段、空头盘整反弹与空头末期的盘底等五种行情结构中。

(1)多头初升段：当股价完成底部，从空头行情转为多头走势时，通常定位此为初升段行情，若股价出现上涨信号，宜伺机切入做多，此时出现的新高量，往往会有新高价，可以期待。

(2)多头整理结束：当股价已经从底部翻扬上涨一大段之后，代表股价属于回升行情，若利用黄金螺旋测量估计股价处于相对高位，应该注意股价容易针对上涨波段做拉回修正的行情，当股价修正结束后呈现再度上涨的多头走势，仍会伴随量增价涨的现象，只是此时如果出现创新高价的走势，不一定会跟随着出现新高量。

(3)多头末升段：当股价整理后续涨，在相对满足区出现成交量暴增，接着成交量迅速萎缩，价格却略为创高后便迅速拉回，暗示未来有机会将要进入强势修正的征兆。因为股价在高位或上涨已久的背景下，正是主力出货的最佳良机，所以量价关系会出现多头最后喷出现象，呈现“多头力竭”。因此在高位区，且疑为多头末升段的结构时，只要股价上涨而成交量异常大增，不论是否留有上影线，都暗示大户可能趁高出货。

(4)空头盘整反弹：当股价趋势转空进行初跌段结束之后，会接着进行反弹的短期多头行情，反弹过程中，也会出现量增价涨的走势，但是因为高位解套及低位短线买多的获利卖压会在反弹末端出笼，往往会出现短期大量，使走势呈现止涨，并恢复原始下跌走势，根据经验法则，这种反弹行情约为 1/2 的幅度。

(5)空头末期：当股价处于空头下跌末期，股价进入打底过程，也会出现量增价涨走势，但是此处走势容易与空头中的反弹行情混淆。为了分辨其中差异，实际操作者往往会利用潮汐理论与波浪理论的特性，搭配测量系统预估走势最有可能的方向。当底部筑底完成，代表趋势将由空转多，操作者宜于底部确认完成时切入做多，或是利用《主控战略移动平均线》书中提出的乖离密技，率先进场布局。

实际运用范例

在图 1-2 中，友达股价在 2003 年 5 月打出一个底部形态后上涨，故定位为初升段行情，于标示 A 的量价关系属于“量增价涨”，当时出现的新高量，通常还会有新高价可以期待，这是因为当时股

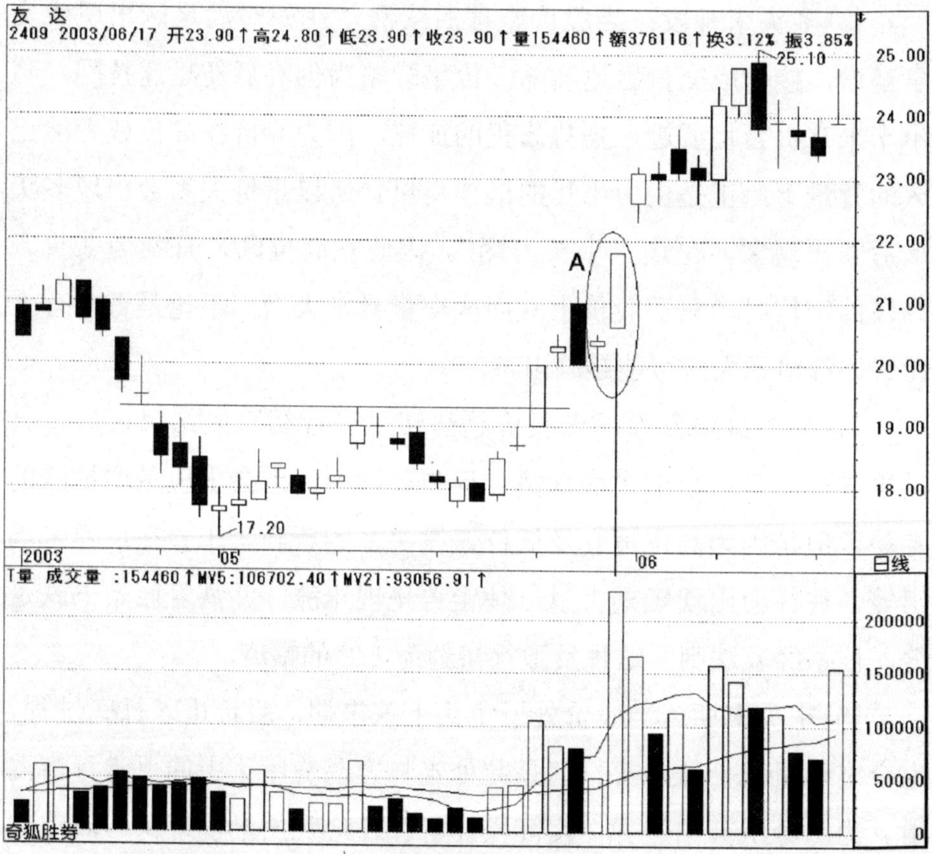

图 1-2 量增价涨的范例之一

价才刚上涨，投资人认为风险有限，追价意愿会较强，因此属于良性换手的现象之一。

请看图 1-3，台泥股价从底部翻扬上涨后，利用黄金螺旋测量目标区的 2.618 倍幅被穿价满足之后，即进入回调修正的整理走势，在标示 A 的区域中，通常定位是属于“中段整理”，整理过程中，观察量价关系或是其他技术面的种种变化，只要没有对多头走势产生破坏，股价修正结束后自然会呈现再度上涨的多头走势。

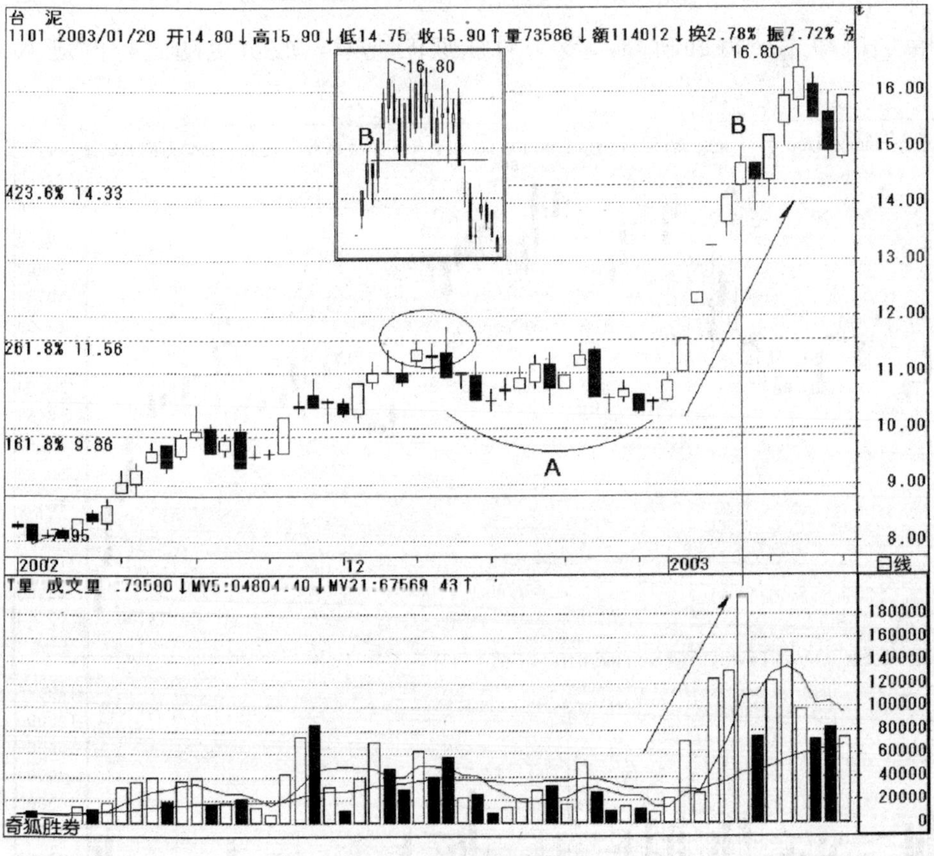

图 1-3　量增价涨的范例之二

在标示 B 穿越 4.236 倍幅，同时再出现新高量，因此必须注意主力是否有出货行为。因为 4.236 倍幅视为满足点之一，因此标示 B 后出现短线卖出信号，宜将手中多单出脱，小图中提供了后续走势的图形，是盘了一个头部之后，股价反转下跌，就可以定位标示 B 的量增价涨并非主力攻击盘，而是主力出货盘。

请看图 1-4，台泥股价在 2004 年 2 月中旬，于标示 A 出现量增价涨的走势，当时已经进入相对高位的满足区，成交量较前一日暴增许多，所以有“量大好出货”的嫌疑，当日虽为中阳 K 线，但是隔一日却无法再创新高，多头有怯战的现象，股价也随之拉回进入

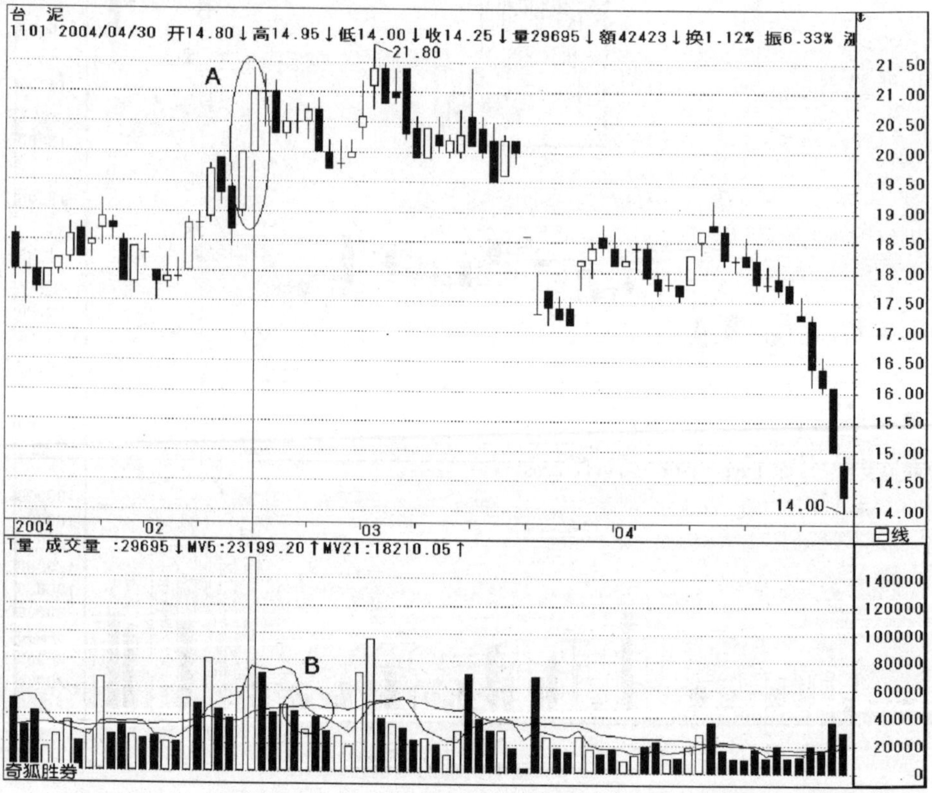

图 1-4 量增价涨的范例之三

盘头的走势。

后续的成交量也无法为继，并在标示B呈现“量能退潮”，暴大量后再出现量能退潮更增主力已于高位出货的疑虑，因此标示A可以定位为“多头力竭”的中阳K线，也是主力群趁机拉高出货的良机。

接着请看图1-5，台泥股价在2003年1月时盘一个头部下杀，成交量出现量能退潮，股价也顺势拉回。当完成头部的下跌，我们可以定位已经进入中期空头波动，当下跌到3月初时开始出现反弹走势，根据股价惯性，这是初跌段结束后的反弹，正常而言，会出

图1-5　量增价涨的范例之四

现量增价涨的走势，且反弹幅度为前波下跌的 1/2。

反弹走势定位成短期多头行情，我们可以在标示 A、B 看见正好反弹到大约 1/2 的位置，同时呈现暴量止涨的现象，这里就是所谓上位解套及低位短线抢短多获利的卖压，只有认识不清的投资人会在此处不考虑风险而介入，这里也往往是下跌中继站，未来跌幅还会相当可观。标示 C 的信号暗示反弹已经结束，因为它跌破连续的“镊底”(参见《主控战略 K 线》第 267 页)组合。

图 1-6，奇美电股价已经拉回相当幅度，走势有机会进入最后下跌波动中，当股价进入打底过程，正常会出现量增价涨的走势，在标示 A 与标示 B 就出现这样的现象，且为形态学中的 W 底形态，因此可以在底部完成时积极介入做多。

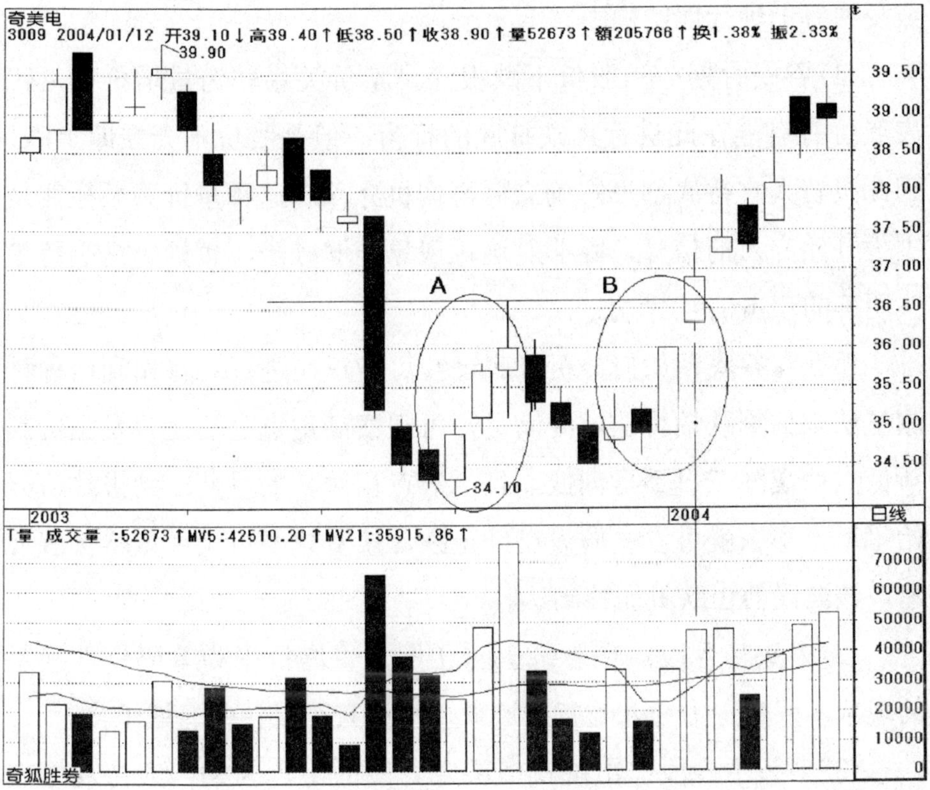

图 1-6　量增价涨的范例之五

二、量增价平

当某只股票的收盘价与昨日或前两日的收盘价比较，出现价格相等或是价差极小的情形称为“价平”，或是当日为开收同价线，价格涨跌幅度极小时，亦可以称为“价平”或是“价不跌”，此时量能如果稍微增加，就符合“量增价平”的走势。

一般量增价平的走势，通常会发生在谷底时期、多头初升段、多头主升段、多头回调整理、多头末升段、空头主跌段、空头盘整或反弹等七种行情结构中。

(1)谷底时期：当股价下跌很深，量价关系转为量增价平，代表股价有可能在此进行止跌打底的行为，但是股价不会立即上涨，因此投资人宜待底部形态确立后再伺机介入。这种量价关系往往是主力开始介入的信号，除非对这种现象能够分辨，否则仍是等待多头明确的攻击信号。

那么在谷底期如何分析打底过程可能正在进行？首先利用种种测量法则估算跌幅可能已经满足，再观察满足点之后是否发生价到新低点后反弹三日不再创低，且价低点相对应的量萎缩到极致后开始量增，那么就可以先假设已经止跌，接着只要再出现量增价涨现象，该波段的止跌就能够确认。

(2)多头初升段：在股价上涨初期，量增价平为筹码良性换手的现象，或是主力介入吃货的迹象，投资人可以在此逢低承接。

(3)多头主升段：出现在多头主升段的中、末期，应持观望态度，因为这种现象是属于主力换手或是拉高出货的先兆，不容易分辨，但往往是走势回调的征兆，操作者应该注意卖出时机，尤其是股价上涨在测量的相对满足点附近，代表卖压已经渐渐转强，行情可能出现止涨，进入盘跌走势。

(4)多头回调整理：当股价进入涨势满足后的回调整理，此阶段的整理有可能使盘势回升，也有可能因为久盘形成头部，使股价反转下跌。如果是回升盘，在整理过程中，理应不会破坏多头趋势的支撑关卡，那么在盘整过程中的量增价平，极有可能是主力试单量。相对的，在整理过程中如果破坏多头关卡，那么量增价平就必须怀疑是出货量。

(5)多头末升段：当股价上涨满足测幅后走势减缓，并呈现盘坚震荡，如果伴随成交量持续涌现，但是价格持平，即所谓的“量大不涨”，往往是股价反转的征兆，此时股价将从盘坚走入盘跌。当量增价平当日留有长上影线的 K 线形态，如避雷针、十字线之类，后续走势接连几天都无法克服该上影线高点的话，就暗示主力已经出货，那么股价将出现重挫。

(6)空头主跌段：在初跌段及主跌段走势中，表示逢低介入的短线买盘已经出现，有机会蕴酿短波段反弹，尤其是股价已经进入支撑区，但是这只是短线多头行情而已，有时根本不反弹却再度破底，那么将会杀得更深，所以出现此现象切勿认为已经转成回升，不妨等进入谷底期之后再开始注意是否打出底部形态。

(7)空头盘整或反弹：当股价进入空头的盘整或是反弹走势，出现量增价平，尤其是量增幅度较大时，往往是反弹尾声，大量往往就是相对高点，宜趁大量时将短线多单顺势出脱。

实际运用范例

请看图 1-7，友达股价在前波强势上涨之后，股价拉回相当深，最后在修正长线乖离后，于 17.2 元暂时出现落底走势，此时可以定位为谷底时期，投资人宜待底部形态确立后再伺机介入。

当标示 A 出现量增价平的走势时，代表股价有可能在此进行止跌打底的行为，至于底部成立与否的分析，可以从价格中的底部形态颈线是否被突破，以及底部完成的过程中是否出现价涨量增的行为推论。事实上，友达股价在标示 A 后的走势，完全符合上述条件，因此就可以在底部完成时进场介入做多。

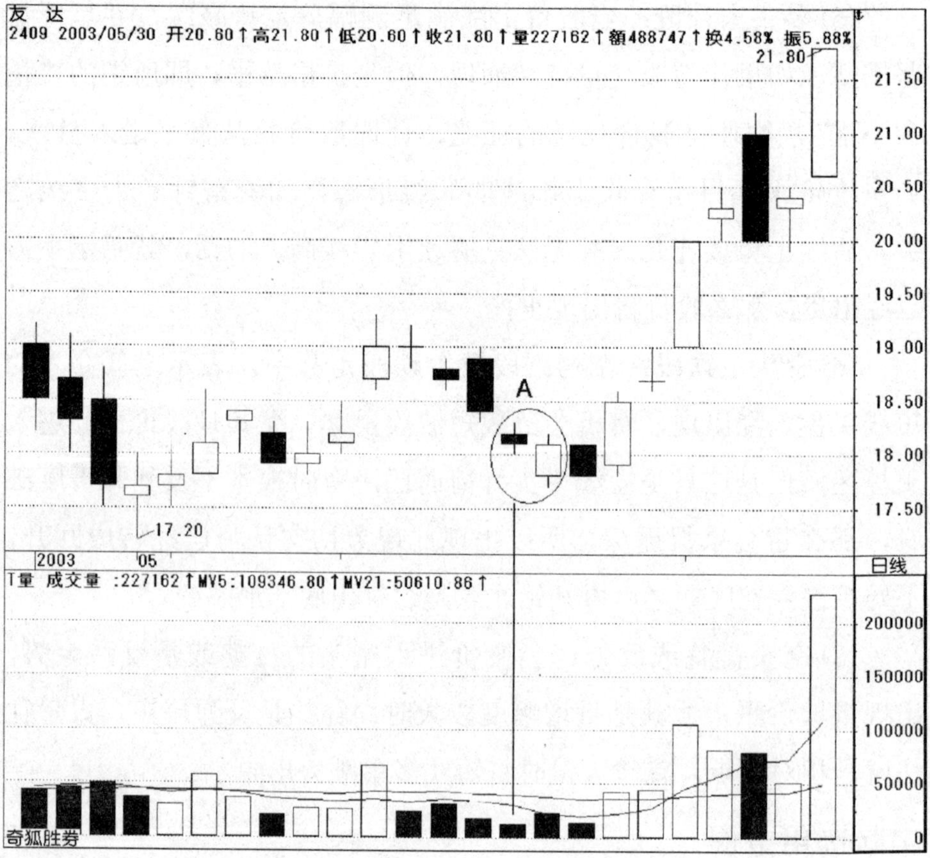

图 1-7 量增价平的范例之一

请看图 1-8，顺德股价在见到 5.2 元低点后盘底上涨，所以图中右侧属于股价上涨初期，当出现量增价平时可以先定位筹码有机会进行良性换手或是主力介入吃货。在标示 A 出现量增价平走势于整理相对低位，可以暂时视为主力进场试单，而在标示 B 已经出现短线攻击走势，因此这里的量增价平视为多头良性换手。

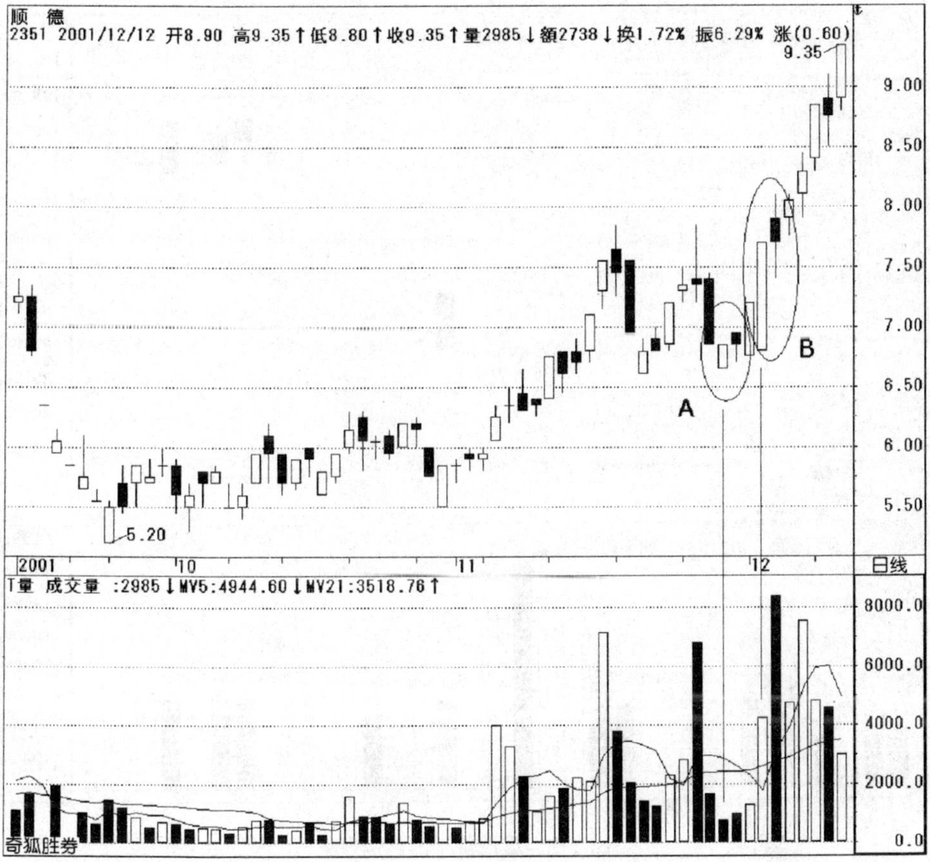

图 1-8 量增价平的范例之二

请看图 1-9，正崴股价在 2001 年 12 月时正处于多头上涨行情，当时走势可以暂时定位在多头主升段当中，当出现量增价平时，如果是主升段初期，可以定位是属于主力内外围换手，但是容易出现震荡整理的走势。

在标示 A 即出现量增价平的现象，其中第一笔还留下跳空缺口，第二笔十字线并未填补缺口，所以十字线与缺口支撑存在时，该大量就有可能是换手量。而当股价突破标示 B 的水平颈线时，就证明是属于换手格局，既然如此，股价仍要持续多头的上涨走势。

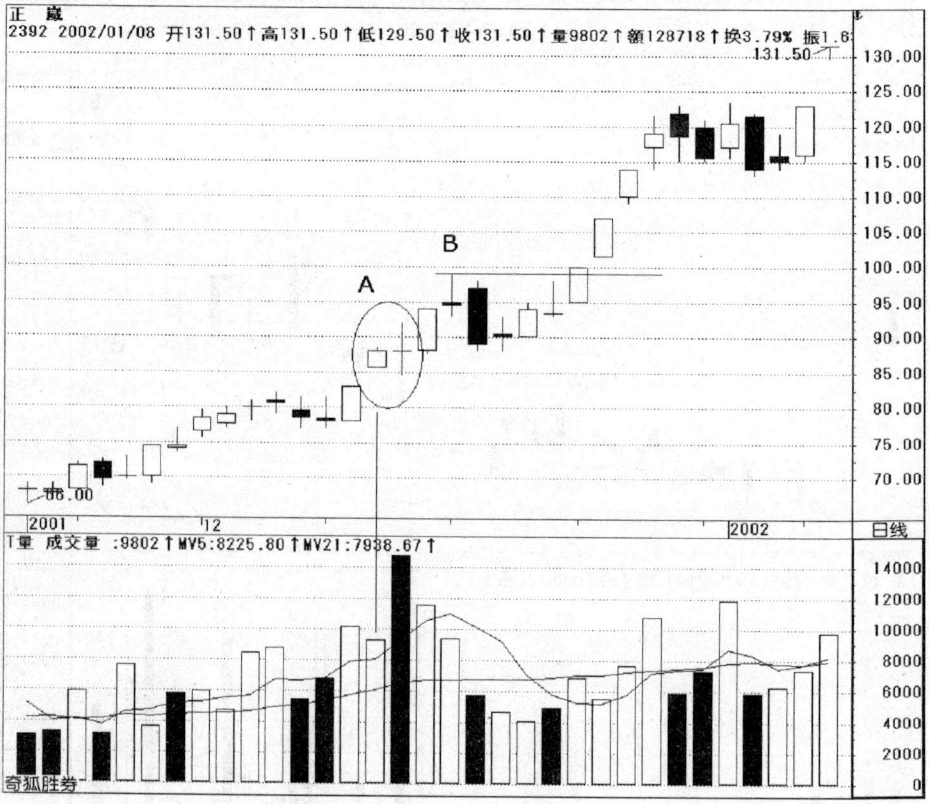

图 1-9 量增价平的范例之三

请看图 1-10。友达股价在 2003 年 7 月中旬出现标示 A 的量增价平走势，股价即进入震荡整理，那么标示 A 是短线出货或是主力换手，就必须以目标测量帮忙定位，并且以实际走势观察、分析，整理过程是否会形成头部反转？

假设整理过程未破坏多头结构，那么股价将会持续原来的上涨走势，这一段走势仍对多头有利的理由从量价关系看，有二：①股价整理过程并未跌破标示 A 的水平颈线低点；②标示 B 再度出现量增价平的现象，有主力进场试单的可能。确认点必须等到股价走势突破整个整理形态，而此时亦可以进场介入做多。

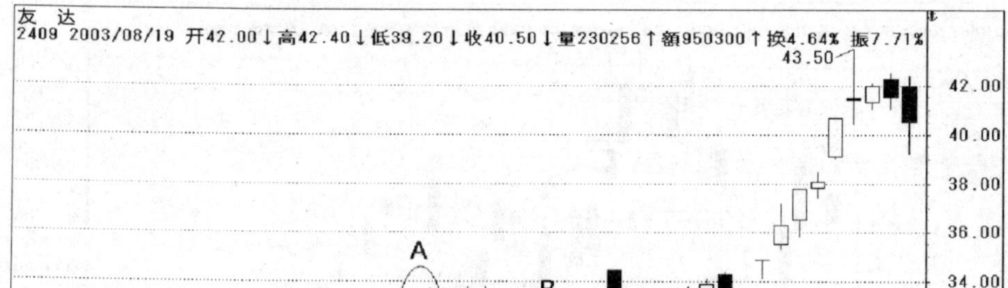

图 1-10 量增价平的范例之四

在图 1-11 当中，标示 A 为长线下跌后的一个反弹波动走势末端，从成交量 21 日均线走势中可以发现，均量走势是一个退潮现象，在这一段从最低点开始上涨的波动中，又属于震荡后再度上涨，因此有末升段涨势的味道。所以标示 A 出现量增价平，也就是量大不涨的走势，想要化解末升段的疑虑，必须设法持续出量，将 21 日均线下降的走势扭转成向上才行。

又价平当日，为收低长阴，属于“类避雷针”线形，后续再出现中阳以上，不以多头再度攻坚为定位，反而要注意是否为多头力竭，此时量能若未能持续递增，就有主力出货的嫌疑。接着股价在

图 1-11 量增价平的范例之五

365 元高点连续出现阴 K 线转折向下，若未能高位盘底再创新高，股价就会形成负反转，再经由其他技术面分析，主力已经出货完毕，那么股价出现重挫就不可避免。笔者记得在确认反转之后的某个研讨会中曾经讨论过，该段为机构最后的出脱段，该股后续不宜再做大波段介入，只有小波段的利润，后来股价就慢慢跌到 14.7 的历史新低(历史高点为 629)。

请看图 1-12，标示 A 左侧的 K 线图，呈现的是连续阴 K 线的下跌走势，我们可以说该段为某一个段落的主跌段，那么当标示 A 出现的技术现象为带有下影线的 K 线与量增价平的走势，表示该处有

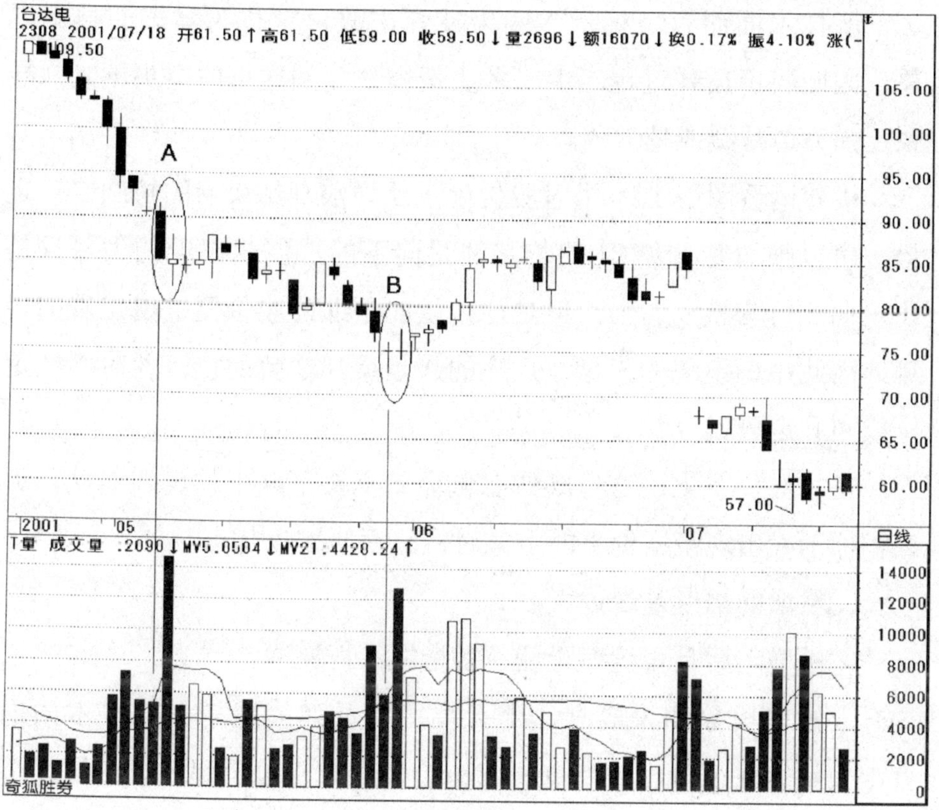

图 1-12　量增价平的范例之六

逢低介入的短线买盘，未来将有机会出现短线反弹，这是因为该股就要除权，所以有这些效应，但是急挫过程中要让它立即反弹，就股价波动惯性而言颇为困难，必须有其相对条件的搭配才行，所以在标示 A 介入的买盘如果出现短线套牢，则不意外。

接下来，股价缓跌到标示 B，因为空头下跌力道减缓，出现的多头技术现象会比较有利，至于标示 B 再度出现量增价平的技术现象，与除权日期又更接近，因此出现止跌反弹的机会较高。但是不要忘记这只是短期反弹的现象而已，尤其是除权造成的缺口，在空头走势中不容易填补，会让整个趋势持续向下。

就技术面而言，标示A因为反弹失败，定位为套牢的技术现象，因此股价反弹过程当中，多头很容易受到这里的空头压制，导致反弹力道减缓或是失败。

接着请看图1-13。当时股价处于反弹浪潮结束后的拉回修正走势，可以很清楚看见21日均量线是向下的，偶尔出现的大量只是让短期5日均量线向上，但是往往量能不继，股价便呈现止涨的走势，因此短期出现的大量，反应的只是反弹走势而已，暂时不能定位成回升走势。

在相对位置上，这里既然有机会是空头下跌中的反弹波动，那么当标示A出现量增价平的走势时，必须要注意几点：

①量增的幅度是否过大；

②量增之后是否量缩止涨，且量能不再递增。

上述的现象如果成立，那么往往是反弹的尾声，就技术面而言，大量点往往是相对高点，应该趁大量时将抢反弹波动的短线多单顺势出脱，出脱后就以当时最高点做观察，假设股价要持续反弹，未来必定会再量增并使价突破观察高点，从图1-13的走势观察，标示A的高点未过，就暗示该处为反弹高点，未来股价将会持续反应原来的下跌走势。

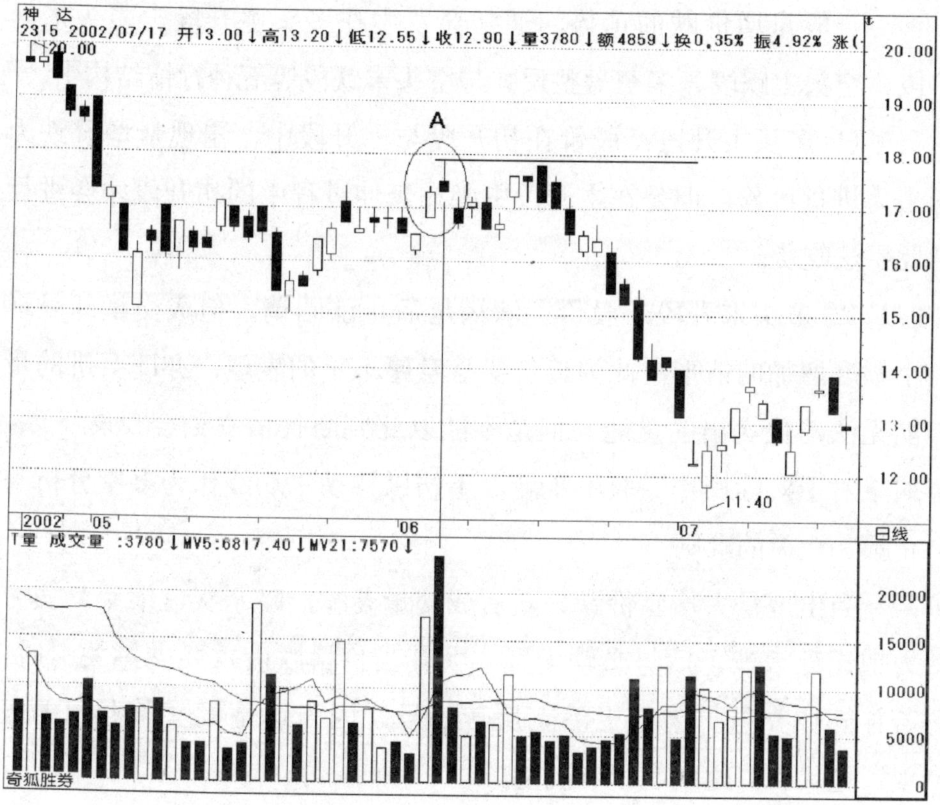

图 1-13　量增价平的范例之七

三、量增价跌

“量增价跌”为量价背离走势的典型之一。此种现象最常于高位满足后的初跌段中出现，暗示主力进行压低出货的行为，由于呈现的走势卖压相当沉重，未来下跌趋势将会持续进行。但是当大股东申报转让持股，或是主力将现股转换成融资时，就不能以压低出货看待，分辨的主要方法是观察股价的相对位置。

一般量增价跌的走势，通常会发生在多头主升段、多头末升段、空头主跌段、多空盘整反弹与空头末跌段等五种行情结构中。

(1)多头主升段：股价在初升段与主升段中，出现量增价跌为主力进货迹象，但是在主升段中必在延伸过程中的初升段才会进行此手法吃货。

(2)多头末升段：股价上涨满足后止涨回调，但成交量却呈现小幅度增加的情形，此为追价买盘意愿不足的表现，亦即买进的量能无法消化卖出的量能。但是不能以此判断行情立刻会反转下跌，如果对于实际操作经验不足者，不妨以移动平均线作为多空分析与止损、止盈的准则。

当出现量大增且价跌，随后成交量萎缩，暗示买盘缩手，卖方力道无处宣泄，后势必跌无疑。尤其当价格跌破重要支撑关卡时，若伴随成交量扩增则更确立反转信号，因为这是大家急着跑的表现，也代表高位卖压相对沉重。

标准的主力出货盘之一，会利用急涨走势创下高点后止涨，随即出现下跌并伴随成交量大幅度增加，当止跌后股价再度拉高并穿越前波高点，应开始将持股减量，进行获利出场的动作，如果当时开盘后股价就一路下滑，呈现开平走低或是开高走低，应立即出清持股。

(3)空头主跌段：股价在初跌段或是主跌段，量增价跌代表卖压相当沉重，代表会持续下跌，短线不宜贸然因跌深而抢进，除非在末升段低点附近，或是做出特殊的线形止跌。

(4)多空盘整反弹：在确定为空头时期的反弹波动时，通常为反弹结束的现象，属于空头的放空良机。在多头市场中，通常发生在回调整理波或是平台整理波失败，结果使股价向下跌破重要支撑，并让压回幅度扩大，或是改变原本的调整形态。

(5)空头末跌段：股价下跌幅度已经很大，通常会超过预期幅度，此时成交量忽然大增，表示有特定人士进场承接，如果大量当日留有很长的上影线时，表示拉抬股价过程遭遇空方卖压，因此定位成“介入拉抬失败”，唯一化解的方法是尽快将股价再度拉高，超越过大量成交这一天的最高点之上，否则股价将会续跌，而且下跌的幅度和速度将会加剧。

另外一种模式是主力认输，就是破底之后出现大量收中阳 K 线，但是股价没有出现反弹，反而持续向下杀多，通常这种是出现消息面或是基本面的利空所导致的现象。

正常而言，这是代表低位有买盘介入，盘势将有机会止跌走稳，属于底部不远的信号，可以注意恰当的买进时机。但是为防止实际操作经验不够熟稔者，无法分辨上述主力拉抬失败的现象，反而蒙受被杀多的损失，仍建议等待底部完成信号再介入无妨。

实际运用范例

请看图 1-14，当股价确定在多头涨升过程中，出现的主升段或是延伸波动时，主力往往会在震荡过程中先于高点出脱部分持股，并借机压低再行补货，这样做的目的除了有短线价差，也可以缓和指标过热的现象。

图中标示 A 出现了“子母”的 K 线形态，且为量增价跌的走势，此处就有短线出货的迹象，但是量并非最大，因此视为短线调节，后续股价压低并未跌破多头支撑，因此可以视为这里属于多头中的调整走势，并非头部区。

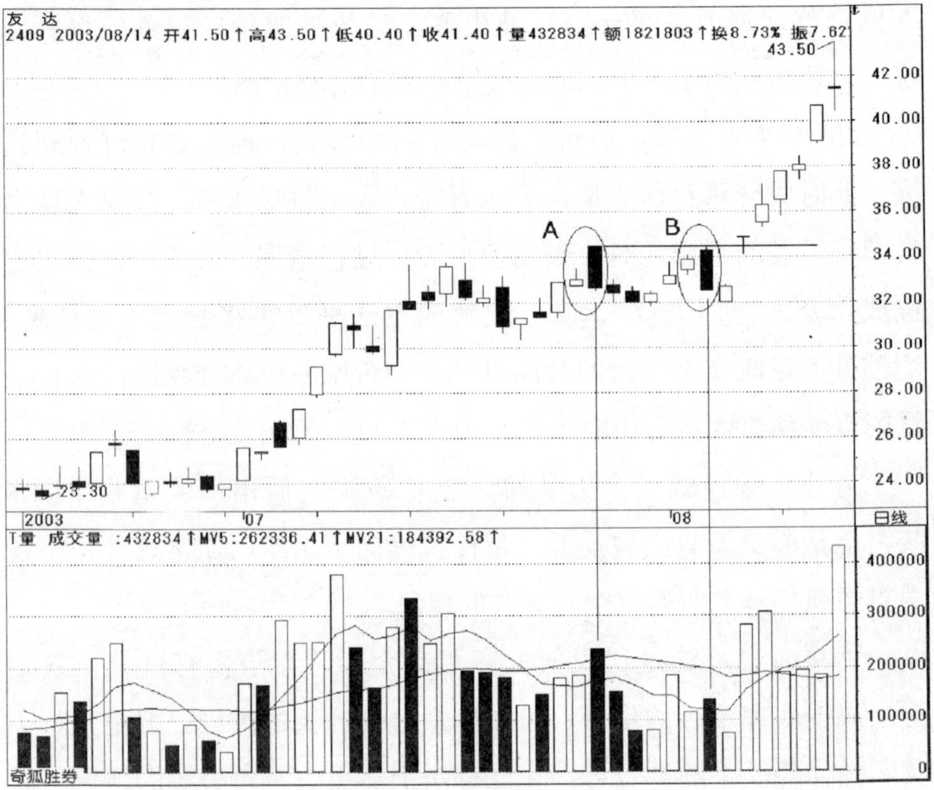

图 1-14　量增价跌的范例之一

接着在标示 B 又出现一次同样的动作，但是这一次因为量能没有标示 A 这么多，所以定位在“试单”，后续只要呈现量缩价稳，出现突破平台关卡，股价就会持续多头上涨的走势。

请看图 1-15。当我们利用种种预估股价的方法，推断友达股价在 79.5 元这里极有可能是波段满足点之后，量价关系只要出现对多头不利的走势，多头就必须趁反弹尽快退出，因为到达满足区的定位，是多头末升段，接下来的反应不是盘整就是盘头！

在股价满足之后，如果出现量增价跌，且量增幅度较大，随后并出现量能萎缩，此现象属于买盘缩手，卖方力道宣泄的情形，后

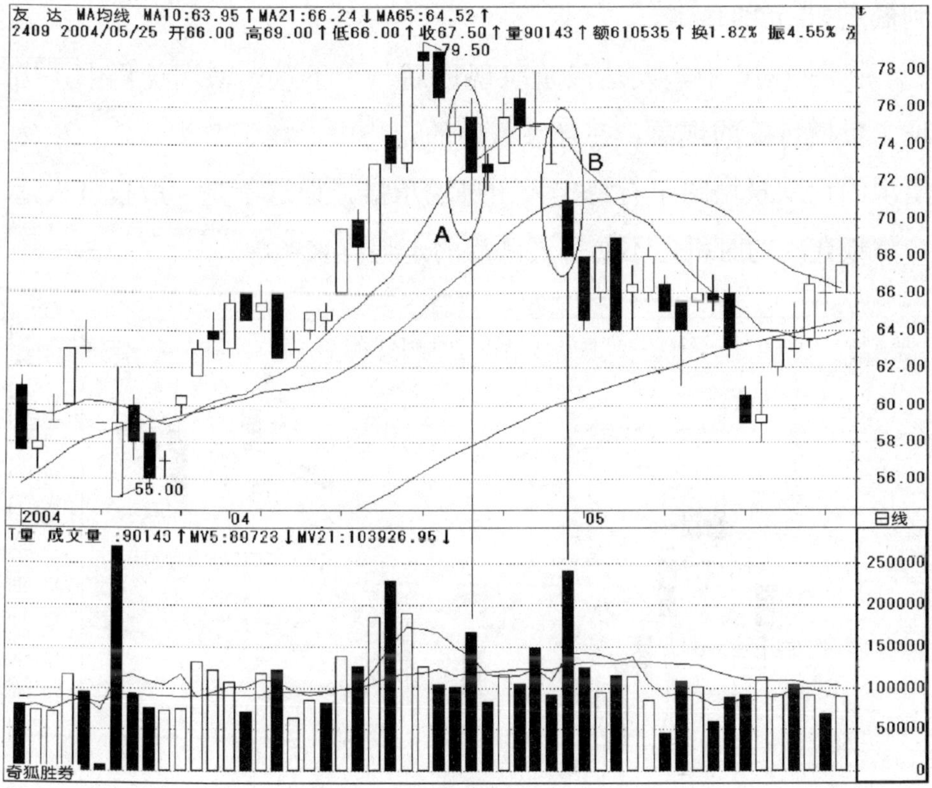

图 1-15　量增价跌的范例之二

势必跌无疑。另一个特性是跌破支撑就会出现大量，随即量缩，暗示多单急着出场，不但是高位卖压相对沉重，也是主力在进行出货的迹象之一。

在标示 A 之前，是属于量增价涨，但是长阳却伴随阴 K，且为阴阳相间，此为拉高出货手法之一，当标示 A 跌破最后一笔长阳低点（妙手乾坤的操作心法为跌破白无常反弹逢高出），且标示 A 为“量增价跌”，接着小反弹之后再出现标示 B 的“量增价跌”，跌破前正反转低点，亦即量价关系已经连续出现两次信号，警告多单要赶快退出，如果这里还在做发财的美梦，那么面对的将是后来修正到低点 33 元的事实。

在图 1-16 中，友达股价呈现最后一个下跌的浪潮过程中，出现了量增价跌的现象，在连续跌停的走势中，属于空头急杀，虽然出现的价跌量增暗示有特定人士进场承接，但这不是一般投资人适合积极介入的时机，不妨等缓跌后的走势再来考虑。

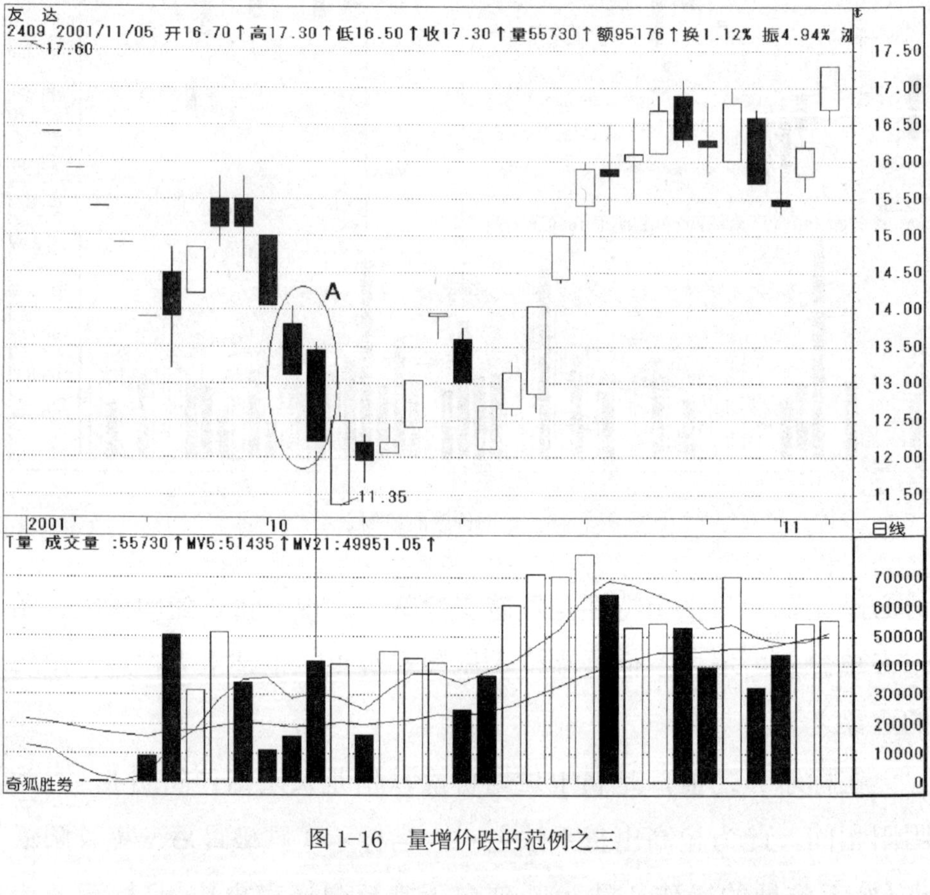

图 1-16 量增价跌的范例之三

标示 A 的跌势已经较前一段下杀趋缓，并出现量增价跌的现象，比较特殊的是 21 日均量线已经呈现向上推升，因此这里可以定位成买盘相当积极，投资人可以于底部完成时，设下止损观察点并尝试布局做多。当整体趋势确定翻多之后，便可以积极布局。

四、量平价涨

股价如果处于长期空头走势，筹码经过一段长时间沉淀，底部只要出现稍微放大的量能就可以让盘势出现止跌反弹，反弹的过程中因套牢的筹码早已认赔出场，或是套牢者已有长期抗战的心理准备，所以股价从底部反弹的过程不需太大的量能就可以止跌反弹，这是“量平价涨”的特性。

股价如果处于中期多头走势，股价上涨已经到达相对高位区，量平价涨则暗示量能无法随股价同步放大，该股如果股本过大，或是股性不够活泼，那么投资人应当心控盘主力是否因为资金准备不足，导致后续上攻力道减弱，甚至攻击失败。

一般量平价涨的走势，通常会发生在多头初升段、多头主升段、多头回调整理、多头末升段与空头末跌段等五种行情结构中。

(1)多头初升段：代表攻击力道不足，股价维持在盘整的结构。此即代表主力或大户尚未积极进场试单或是承接，为散户盘，所以对应的涨势不会持久。

(2)多头主升段：代表行情可能持续，不会立刻产生反转向下，然而这也是量能不继的表现，所以仍需随时注意卖点。如果是因为锁住涨停，那么可以视为持股者惜售，隔天理应有更高价可以期待，继续持股无妨。

正常而言，在股价往上推升的过程，量平价涨代表的是动能不足，如果当日出现收高中阳 K 线，量与昨日相当，宜防主力未大幅度买进，并以“打带跑”方式，利用盘中震荡幅度较大的过程，以之前先购入的筹码利用震荡区间做差价，这种模式在尾盘往往会出现虚攻的拉抬，因此涨势难以持久，只有利用次日开高增量再收高化解，如果开平盘宜防短线顺势压回。

(3)多头回调整理：当股价在多头格局中回调做底反弹，第一波的目标往往为前波下跌的最后负反转高点附近，出现量平价涨，暗示回升有限，该负反转高点将成为重要观察点。最好是回调整理过程中，出现底部完成的信号，并在突破底部颈线时能够带量上涨，且量能逐渐增温，如此才有机会突破前波负反转高点。

(4)多头末升段：股价上涨一段时间后，当有机会形成末升段走势时，出现量平价涨代表多空的力道进入均衡，上涨过程出现多空力道均衡不是一件好事，因为只要空头稍微转强，行情就有可能止涨下跌。

另外是股价在多头回调之后，突破前波高点再创新高时，可能需要量能克服前波高点压力，但是在压力突破之后，再续涨的过程所需的量能就会比较小，所以在此部分的走势也会出现量平价涨的现象。

(5)空头末跌段：股价处于长期空头下跌之后，量平价涨代表投资人处于观望居多，可能只是反弹而已，如果是在底部区出现连续日出阳线上涨，但是量却持平，没有明显放大的迹象，亦有可能是主力趁投资人尚未开始注意时，尝试进场试单拉抬，并测试下跌中套牢筹码卖压是否仍大。最常见的是在 V 形反转或是 W 底的打底过程，因此只要补量并出现日出阳线上涨，就有机会完成底部形态。

实际运用范例

请看图 1-17 所示的上涨波动属于主攻段的定位，在标示 A、B 出现“量平价涨”的技术现象，而价涨都是当日收最高的涨停价位，因此可以视为多头惜售，隔天将会持续创高挑战既定目标，所以多头继续持股无妨。

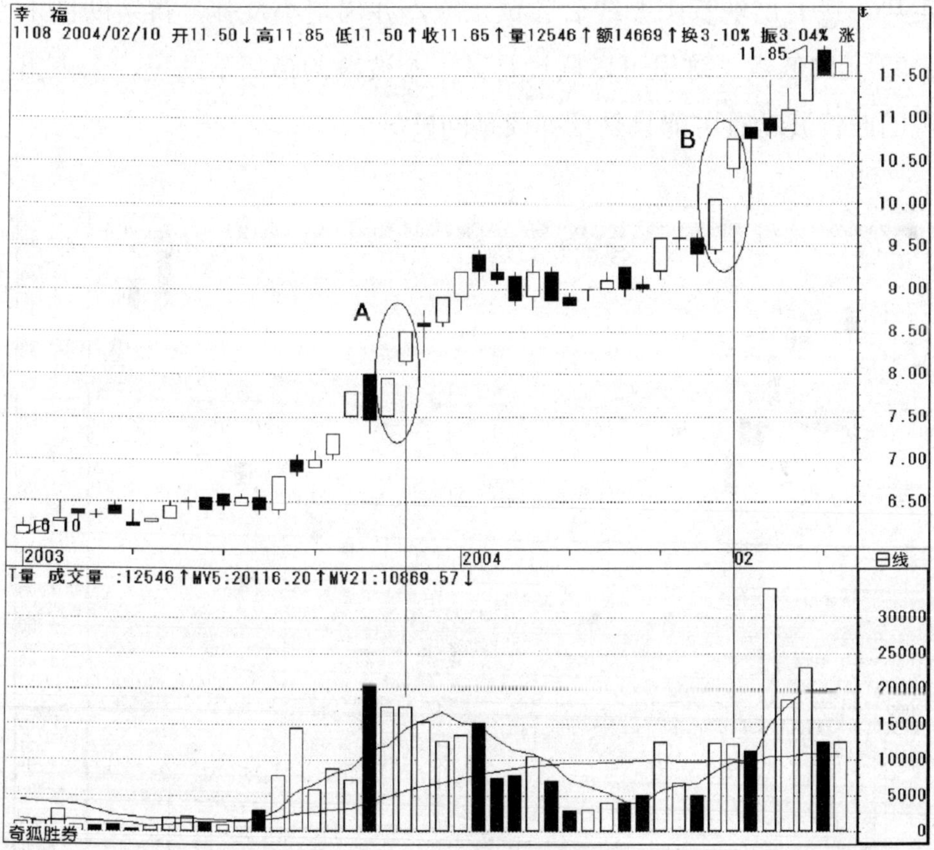

图 1-17　量平价涨的范例之一

此外，可以利用一些技术面的小技巧，例如形态对应比较，就能够推论可能的股价趋向，在标示A的惜售点后，股价涨了四天进入整理走势，那么一样是惜售点的标示B之后，也有机会再上涨四天，因此股价上涨到11.85元时，是告诉投资人已经要注意短线卖出时机，不宜再进场做多该股了。

请看图1-18的中纺股价在拉回修正时，先是出现急杀的空头走势，接着出现长阳K线后尝试止跌，并出现小反弹，再缓跌创下1.32元的低点，这里可以假设是某一个波段的最后下跌段，未来出现的股价波动有可能只是反弹或是回升。

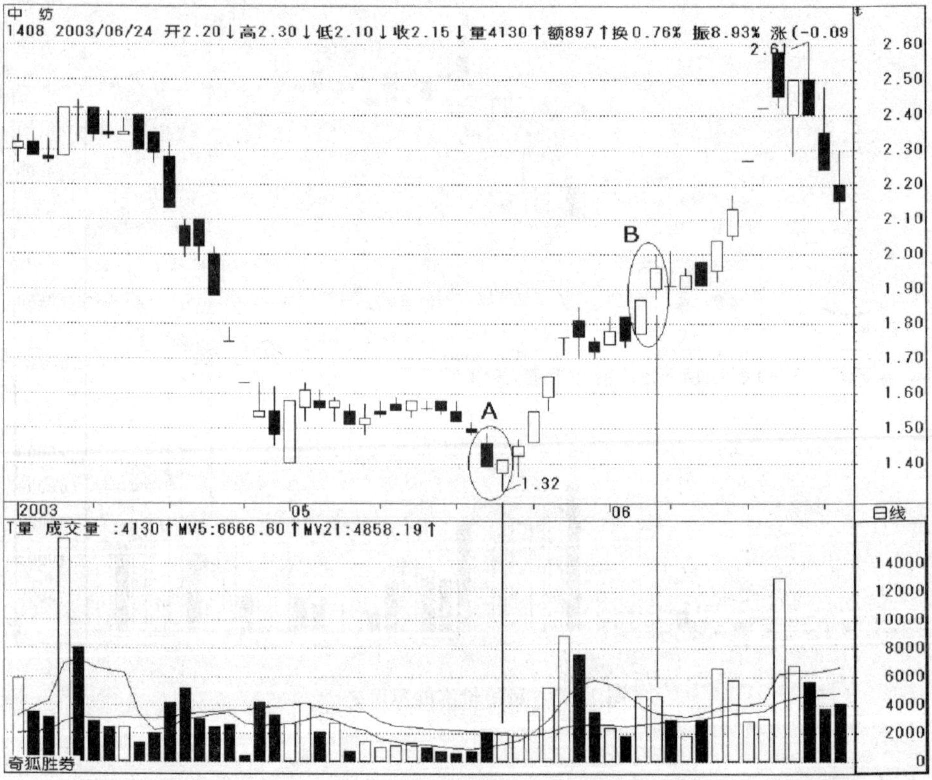

图1-18 量平价涨的范例之二

在标示A出现的技术面属于“量平价涨”，因为创下当时的最低点，此种现象只能视为投资人处于观望居多，如果接下来的走势是出现连续日出阳线上涨，就有机会将反弹走势扩大，甚至将反弹走势转变为多头回升行情。

在标示B出现量平价涨，是因为已经从低位涨升一段，自然会出现追价不足的现象，意味空手者不敢进场，持股者还在观望，必须等到将当时震荡高点以带量方式突破，才可以持续向上反弹，然而此时不管是反弹或是多头初升段，都属于投资人对后市产生疑虑的表现，因此再创高后挑战前波压力一定会反应拉回修正的走势，建议投资人在股价突破前波空方下跌起跌点的位置时，应该将短线持股多单出手，而空手者不宜于在此追价。

五、量平价平

量平价平的格局比较少见，通常会看见21日均量线呈现持平走势，如果此现象维持超过一星期，形成一种常态，代表目前的趋势将不会有重大转变，此格局发生在盘跌走势的股票居多，另外一种常见的现象发生在狭幅盘整过程的股票，因为量平价平为多空不明的暗示，投资人宜保守观望，等待量能增温的现象出现再做考虑。

比较特殊的现象是股价在连续急涨或连续急跌之后，突然出现量平价平的现象，暗示未来有可能出现“变盘”，此时短线投资人宜准备进行“逆向操作”，也就是急涨后出现量平价平时，短线多单准备卖出；连续急跌后出现量平价平时，短线空单准备回补。

一般量平价平的走势，通常会发生在谷底区、多头回调整理与空头盘整反弹等三种行情结构中。

(1)谷底区：当股价下跌已经有一段时间之后，出现量平价平的形态，暗示股价行为已经进入盘底期，但是这里仍属于多空不明的状况，没有信号不适合进场。

(2)多头回调整理：当股价在多头中进入回调修正，格局为盘跌走势时，只要出现量平价平的形态，暗示修正行为已经暂时告一段落，宜等待买进时机，买进前需先出现明确的止跌信号。

(3)空头盘整反弹：当股价处于空头的盘整或是反弹结构，根据经验法则，以出现反转的几率最高，亦即股价将在近期出现盘整或是反弹结束的信号。

实际运用范例

请看图 1-19。铼德股价在图中的相对位置，是股价拉回修正到接近前一个大波段的起涨点附近，因此这里可以先定位成谷底区，谷底区重视的是底部形态是否完成，并且出现多头攻击信号，如果没有这些现象，准备做多的投资人不宜躁进。

在图中标示 A 出现“量平价平”的走势，暗示股价行为已经进入盘底期，并没有规定盘底非成功不可，所以盘底过程属于多空不明的状况，除非对浪潮推演与生命 K 线的分析有相当程度，不然仍是建议先采取观望态度。从图中观察，盘底走势在标示 A 之后显然是失败的，因为本来就采取观望，加上底部根本没有成形，所以不至于产生错买的判断，自然就可以避开后面持续下跌的风险了。

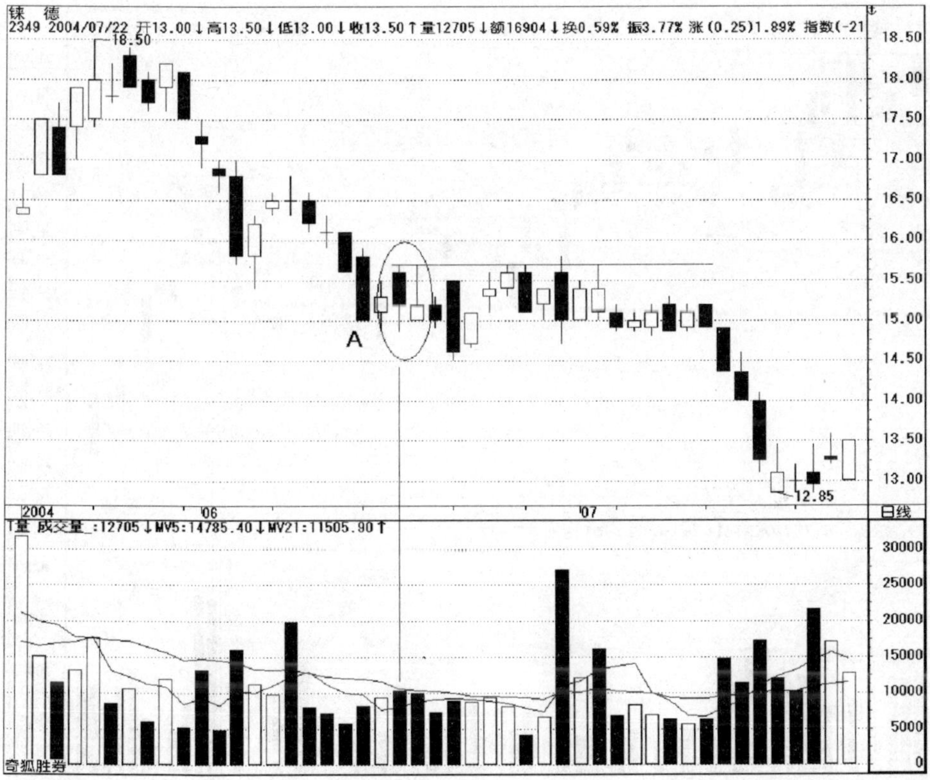

图 1-19　量平价平的范例之一

接着请看图 1-20。硅统股价当时处于空头下跌中的反弹走势，标示 B 出现的是空头表态的特殊线形回转线，因此这里的线形压力较大，未来反弹到这里时，股价涨势容易受挫。

在标示 A 之前股价波动走势，因为量能持续递增使得反弹走势角度较陡，在空头中的反弹如果暴量不涨，或是量平价平，都会有止涨反转结束反弹的疑虑，标示 A 之前是暴量中红，接着就是收小黑的线形，是谓暴量不涨，而且标示 A 这两笔为量平价平，也是涨势停滞现象，两种现象合并，再加上反弹高点已经撞过标示 B 的线形，股价怎能不拉回？

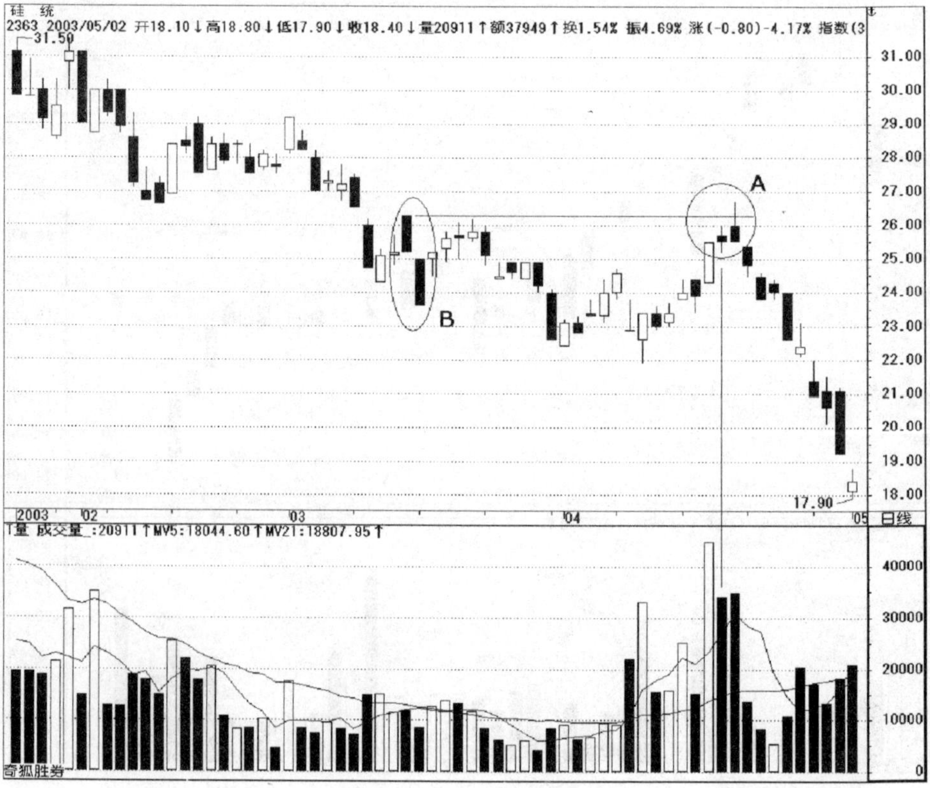

图 1-20　量平价平的范例之二

六、量平价跌

正常而言，量平价跌代表当时的趋势为盘跌走势，且盘跌的走势将暂时不会产生变化。若是发生在较高层级的趋势上涨过程中，出现量平价跌的形态代表散户退出，所以回调幅度不会太深，在散户退出后，主力补量就可以延续原级数的上涨趋势。反之，原本趋势就在下跌中，再出现价跌，代表散户持续卖出，股价将持续盘跌，这种现象通常发生于主力出货结束后，只有散户交易的“散户盘”。

一般量平价跌的走势，通常会发生在多头主升段、多头回调整理、空头初跌段、空头主跌段、空头盘整反弹与空头末跌段等六种行情结构中。

(1)多头主升段：当此现象发生在股价涨幅相当大后，先观察有无特别大量出现，导致股价回调。如果没有，代表主力并未完全出货，那么拉回幅度不会太大，正常还有再度上涨的机会，此时的卖压可以视为散户卖单。如果有其他的大量出现，那么就有可能是主力获利回吐卖压，此时警戒心较高的散户也会在压回过程中将持股卖出。

(2)多头回调整理：此时代表盘软，亦即股价震荡幅度不大，走势与气氛均相当低迷。假设回调幅度不超过上涨整个波段的0.382(指弱势回调)，股价仍然可以利用攻击表态的模式，回归到原本的多头上涨趋势。

(3)空头初跌段：代表卖压不大，下跌幅度有限，同时也暗示下跌趋势在短期内将不容易有所改变。

(4)空头主跌段：在主跌段末期出现，代表卖压已经缩小，盘势将有机会出现反弹，但是没有出现攻击信号以前，下跌趋势将不容易产生改变。

(5)空头盘整反弹：暗示当时属于低位的扩底时期，且为盘跌走势。

(6)空头末跌段：代表股价持续探底，但是因为卖压渐小，暗示低位已经有限。此时如果要行情出现止跌，建议观察底部支撑量、试单量或是攻击量等对多头有利的量能信号。在价的方面，最好是连续三日内不创新低，或是三日见低点，并出现带有长下影线的K线，或者是属于“多头反攻”的K线形态组合。

实际运用范例

请看图1-21，在标示B之前的该段上涨走势，一般定位成主升段行情，该段从7.7元涨到14.3元，涨幅相当大，且在涨升过程中爆出当时最大量122375手，接着股价就震荡拉回，形成标示B这一段的修正走势。

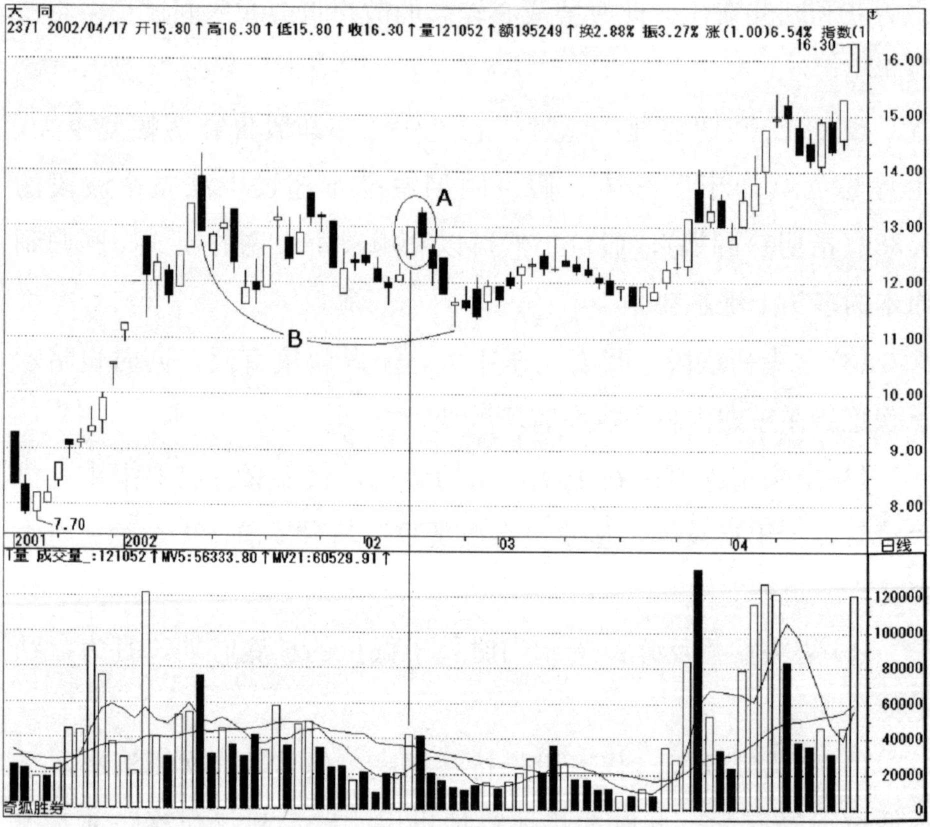

图1-21 量平价跌的范例之一

出现特别大量之后的拉回，并没有破坏上涨段的气势，投资人不妨将上涨段切割黄金分割率观察，自然可以明白多头仍属强势，像这样的震荡过程代表主力并未完全出货，股价在调整之后，还有继续上涨的机会，震荡的目的当然是为了让散户(不稳定的筹码)退出，当量缩价稳之后，主力便有机会再拉一段。

在标示 A 出现了“量平价跌”的现象，当处于对多方有利的调整过程中，出现这样的卖压可以视为散户卖单，也就是警戒心较高的散户认为股价行进到此，属于完成头部的结构，结果股价向下之后并没有重挫，反而盘出一个底部形态，既然出现对多头有利的攻击形态模式，股价自然会持续向上涨升。

请看图 1-22，佳能股价在当时正处于明显下跌的走势过程，我们可以看见 5 日均量线和 21 日均量线迅速向下并走平，代表量能急速退潮，主力、散户都退场，只留下高位套牢的筹码，因此这里可以定位为空头主跌段，出现的技术面以空方角度思考，当出现止跌信号之后，才考虑转换成多头反弹的角度。

在标示 A 出现量平价跌的技术现象，此时暂时可以视为卖压缩小，只要出现盘底的迹象，盘势将有机会出现反弹。假设没有盘底完成并出现攻击信号，下跌趋势将不容易产生改变。

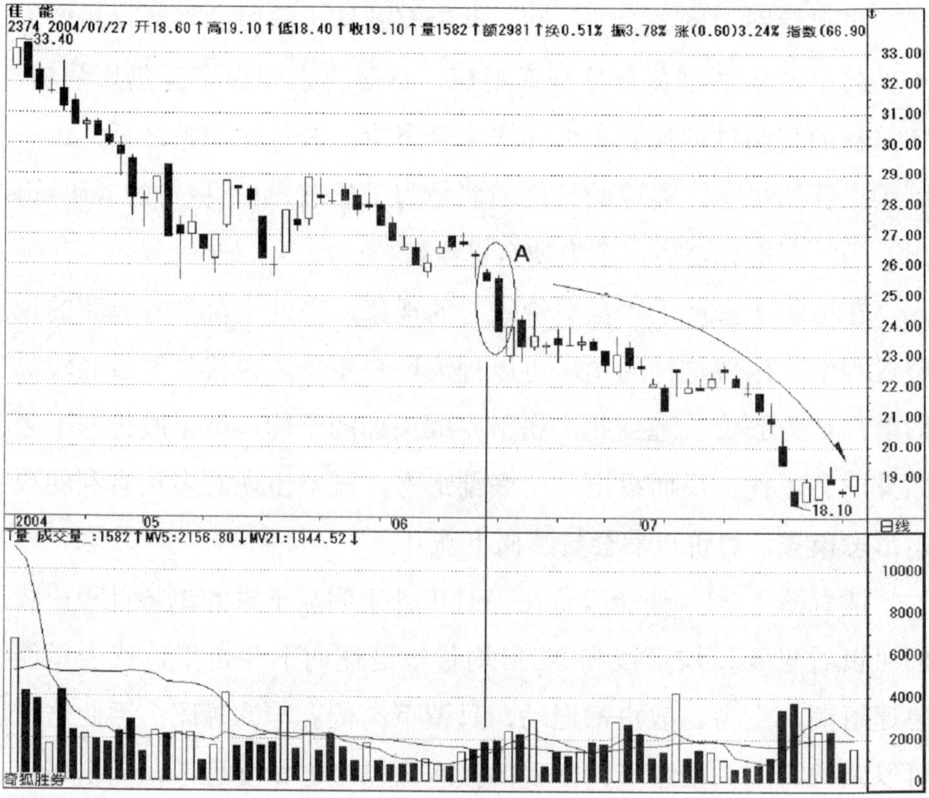

图 1-22　量平价跌的范例之二

请看图 1-23，胜华在 2001 年 9 月底跌到历史新低，标示 A 之前属于急跌(因受到“9•11”恐怖攻击的利空影响)，标示 B 之后开始缓跌，因此当时的定位有机会是末跌段的下杀，又标示 A、B 属于量平价跌的技术现象，暗示下跌的卖压减轻，但仍有持续探底的可能，只是低位已经有限，又标示 A 之前重挫，故止跌不易，而标示 B 为缓跌走势，就比较容易有机会出现止跌的走势。

在跌破标示 B 之后，第三天见当时最低 13.6 元，并出现主力进货拉抬模式拉出一段涨幅，便宣告下跌已经结束，股价开始进行反弹推动的浪潮。

图 1-23　量平价跌的范例之三

七、量缩价涨

当股价上涨，量能反而萎缩，无法同步放大时，称为“量缩价涨”，此为量价背离走势的典型之一。在正常的情况下，代表股价上涨过程中，多头往上推升的力道不足，可以视为反弹走势或是涨势末端，股价可能出现反转下跌，但是股票市场中往往出现非正常的走势。例如，投机股因为作手已经将筹码锁定，积极介入拉抬时也会出现无量上涨的走势。除此之外，有几种特殊情况会出现量缩价涨走势：①多头涨势的末升段喷出；②出现消息面、政策面或基本面的利多；③除权前，强迫短空回补的轧空走势；④股价暴跌之后，强势止跌的V形反转上涨。

除了特殊的上涨走势，出现量缩价涨都应该提防股价产生反转的信号，为了破除反转的疑虑，多头应该在量缩价涨之后，做出“补量盘”，亦即成交量增加并使股价同步上涨，此时多头危机便可以解除，接着只要以量增价涨的原则做分析即可。假设量缩价涨现象是因为涨停板锁死，导致成交量萎缩，宜视为持股者惜售，股价将会出现轧空走势，此时就不能以正常方法分析，必须采用“逆向思考”，当出现量增时就不是“补量盘”了。

一般量缩价涨的走势，通常会发生在多头初升段、多头主升段、多头回调整理、多头末升段、空头盘整反弹与空头末跌段等六种行情结构中。

(1)多头初升段：代表涨势有限。当时既然是定位成初升段，应是下跌趋势后的上涨走势，而成交量的不足，将不容易使股价持续推升，此时就必须注意这是否为一个反弹走势而已。

(2)多头主升段：如果确定股价已经在回升行情中，通常出现此现象是惜售或筹码被锁定，因此股价的走势往往为无量飙涨。投资人只要继续持股，当出现“量增价平”、“量增价跌”或是先量增再量减的价涨走势，股价就有可能已经进入止涨周期，未来有极高机会进入回调走势。

(3)多头回调整理：暗示的是回升有限。当股价进入高位并开始回调，理论中的“多头格局”应该呈现价跌量缩的走势，若该条件成立，并出现短期初步止跌现象后，整理过程中的反弹应该呈现量增价涨的多头盘态。如果反弹过程中却是量缩价涨，那么投资人必须提高警觉，当股价未来高点无法再创新高时，观察的重点转变为未来是否产生头部。

(4)多头末升段：代表涨势已弱，股价将进行回调或是反转而下。当股价突破前波相对高点，但是量能无法跟进，为技术面背离的现象，暗示涨势转弱，将构成潜在的反转信号。一般散户操作时经常于上涨过程中因为恐惧，将持股太早卖出，在涨幅相当大之后又因为贪念，死抱股票不放，主力往往利用这些心理，在低位让人误以为还会杀盘而进行洗盘的动作，在高位则让人希望还有更高点，进行拉高出货，所以此处必然会出现“高位诱多盘”走势。

(5)空头盘整反弹：原趋势为下跌，当下跌到某一个幅度满足之后进行反弹，为股价正常的现象。当股价到此位置出现上涨走势，成交量未能配合增加反而减少，视为套牢者拉高解套或是短空进行回补所导致的反弹现象。

(6)空头末跌段：股价重挫之后，低位逢特定人士介入撑盘而做出强势止跌线形，甚至部分个股由跌停拉至涨停锁死，隔日正常会持续再度创高，短线上想抢反弹者除非止跌当天就介入，不然续创高点时会比较谨慎，套牢者则不甘心在此低位赔本杀出，希望多反弹一点价差再行减持，所以量能反而会急速萎缩。

实际运用范例

请看图 1-24，国巨股价从 2003 年 4 月开始反弹到 2004 年 4 月已经历经一年，我们利用黄金螺旋测量大致上可以知道 24 元以上是反弹大浪的风险区，因此到该处附近更需要注意多头出脱时机，而非再积极追价买进，既然如此，标示 A 之前的走势，就有点多头

图 1-24　量缩价涨的范例之一

末升段喷出的味道。

尤其是标示 A 正好突破前波相对高点，且出现量缩价涨的现象，唯该价涨为涨停收高，量缩是惜售盘？还是诱多盘？必须先从细微处分析，再根据后续日线的价量格局对应，就可以分析是否将出现反转的危机。

而在标示 A 之后的隔一笔仍然是收涨停，但是却爆出 11 万手的大量，再量缩后又暴量，且 K 线又带有下影线，代表盘中涨停打开之后又拉高，如果这不是换手，就是诱多出货！接下来又出现连续的下影线，传统说法是有支撑，既然有支撑，那么标示 B 的出量再创高点，应该是要持续攻击，怎么会反而出现黑K日落线，并且跌破大量低点？

此外，标示C属于“草丛量”形态(请见本书第二章说明)，因此不排除在这里属于主力拉高出货手法，并且利用诱多盘，分批大量拉高，将筹码倒给追价的一般投资人。

请看图1-25，当时农银股价呈现压回的走势，可以定位在空头的趋势，成交量中5日均量线和21日均量线亦呈现量能退潮，因此出现的多头上涨行情，一般会先定位成空头中的反弹，所以抢短多单应该在反弹过程中逢高点先退出观望。

图1-25　量缩价涨的范例之二

在标示A出现了量缩价涨的结构，并撞到前波母线压力，而K线组合却是连续三笔日出，但是留下较长的上影线，这可以视为步步为营的变形，暗示前波有压力存在，因此这里很容易出现短线多单获利回吐卖压，或是套牢认赔的止损卖压，尤其以标示A的第一笔出大量为最。

请看图1-26，友达的股价从历史最低点11.35元开始上涨到62.5元高点，当时市场一片看好该股的前景，可是股价却从62.5元开始向下修正，修正过程中一直没有出现比较像样的反弹，直到15.6元的低点。

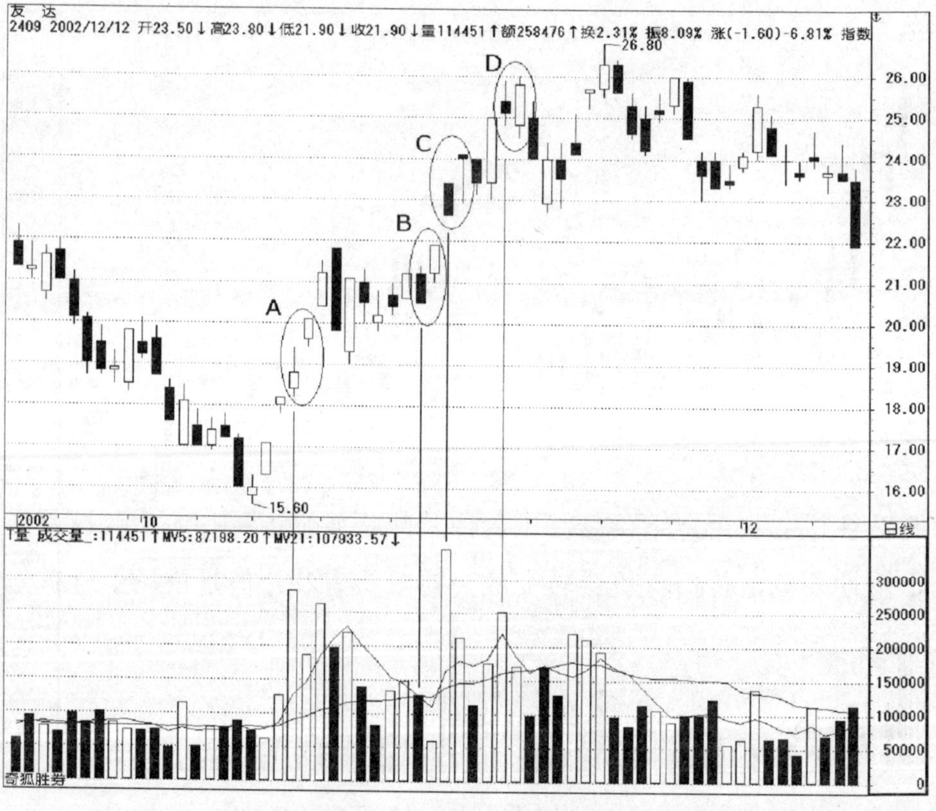

图1-26　量缩价涨的范例之三

就整个趋势而言，虽然股价拉高到 62.5 元属于长线翻多的积极走势，压回到 15.6 元并没有比历史低点 11.35 元还低，但也是修正得太深了，所以用股价重挫形容并不为过，也想必在高位套牢者受伤相当惨重，这是一档高位套牢，半山腰摊平，结果再度形成严重套牢的写照，因此当跌到众人失去信心，然后又出现反弹时，自然会出现短线惜售的现象，莫不希望多弹高一些，减轻损失。

从图中，标示 A、B 发现都出现量缩价涨的技术现象，而且第二根 K 线都是收涨停最高的量缩，正常而言，隔一天都会有新高点可以期待，因此自然会产生希望多反弹一些价差的心理，直到标示 C、D 虽然也是量缩价涨，但是价没有收最高，表示惜售的心态已经降低，反而是量能不继的现象，另一种暗示为标示 C、D 的第一笔出量，已经开始有人渐渐出脱手中多单，亦即反弹到大部分人认为的相对高点，当一般投资人发现这种技术现象时，应该也同步一起退出，避免错判情势反而追价买进。

八、量缩价平

当股价上涨一段时间之后，处于相对高位位置中的回调调整时，往往会利用量缩价平测试支撑。或是股价在谷底之后翻扬并处于短期高位，行情有机会转变成为对多头有利，但是市场上还有一些杂音，致使一般投资人仍处于观望状态，因此是等待变盘的先兆。

假设投资人手中持有见短期高位的股票，且持股成本为中值水平以下，那么可以随盘势观望，暂不宜有所动作。但是也可以先顺势退出观望，不过空手者在此却不宜追高，未来如果没有出现多头的攻击线形，这一个浪潮将会转变成为反弹浪潮，低成本的持有者还可以利用小段反弹走势先行退出，故当量缩价平后，最忌讳出现量增长阴跌破前波谷底。

一般量缩价平的走势，通常会发生在谷底时期、多头初升段、多头主升段、多头末升段、空头主跌段与空头末跌段等六种行情结构中。

(1)谷底时期：代表股价将继续往下探底，或是量已经见底将有机会反转。当出现K线止跌现象时，反弹的初期如果就呈现量缩价平的现象，代表涨势尚未确立，多头必须设法补量上攻，否则涨幅不会太大。

(2)多头初升段：在初升段中，出现量缩价平代表追价买盘不足，行情可能止涨下跌，故视为涨势尚未确立。而能确认涨势的为V形反转走势，因为下跌急杀后的末跌段，没有先做打底行为，即一股作气完成V形反转的多头攻击走势，投资人往往无法适时切入，当反转走势告一段落之后，股价处于狭幅震荡盘整，没有明显下跌，此时量缩价平代表的意义是低位买进者已经大幅获利，开始出现惜售心态并准备随时可以停利卖出，空手者却因涨幅过大导致不敢追价。

(3)多头主升段：此情况暗示大多数人保持观望的态度，代表积极追价的意愿已经降低，为买气不足的象征，未来行情将有可能下跌进入回调整理的走势。尤其是逢前波压力时，这种现象将更为明显。在拉回过程中，正常的操作策略仍是等待恰当时机介入。

(4)多头末升段：股价上涨波幅已大，代表股价于高位区，当遇到压力区或是创新高后出现量缩价平，股价将进入盘头走势，量增价涨却不容易再创新高。

(5)空头主跌段：表示卖压已经减缓，行情有可能出现反弹，但是反弹的幅度不会太大，尤其是反弹过程中再度出现量缩价平，代表支撑力道较小会再续跌，因此不需要积极买进，反而可以趁高出手放空。

(6)空头末跌段：代表持续探底中，但是卖压已经减缓，下探有限。最好在此开始进入盘底期，并出现多头攻击线形，止跌才有办法宣告确立。止跌后的分析重点在于末跌段高点是否能被突破，假设无法顺利突破，则视为反弹结束股价将再持续破底。

实际运用范例

请看图 1-27。升技股价在 2003 年 5 月初于低位盘底，最低点 6.6 元的 K 线结构为子母、母子的组合，其中 6.6 元的隔一根子线出现大量，后续就以此母子为盘底组合，我们可以定位当时为谷底时期，谷底期的买进原则以多头攻击信号为主，逢低买则有盘底失败再破底的疑虑，不建议一般投资人采用逢低布局策略。

既然以母子线作止跌，出现的量缩价平现象，只能说是多空均衡，涨势尚未能够确立，其中标示 A、B 正是呈现了这样的技术面，后续必须补量上攻，让谷底期转化成底部，多头才能扩张上涨幅度，而标示 C 的价涨量增，正是多头表态的量价结构。

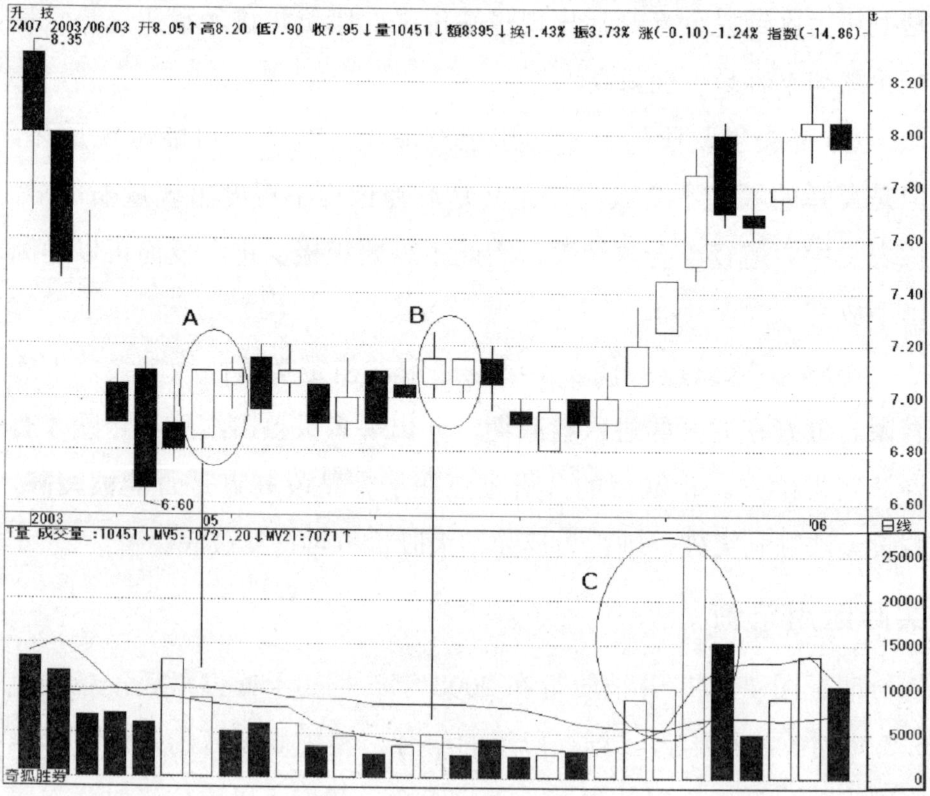

图 1-27 量缩价平的范例之一

请看图 1-28，微星股价在 2001 年初用带量子母线止跌后，迅速拉出一个强势上涨的波段，一般称为“V 形反转”，这里自然也可以定位成多头的初升段。正常情形下，在初升段中，出现量缩价平，我们会分析：追价买盘不足，行情可能止涨下跌。但是唯一例外的是 V 形反转走势，因为投资人在这一个强势上涨过程中，找不到适合切入的做多点，出现量缩价平有着惜售，或是不敢追价的意味。

在图中标示 A 便出现量缩价平的技术现象，当时股价正好又处于狭幅震荡盘整，并无明显下跌，但是涨幅已高，后续股价容易用

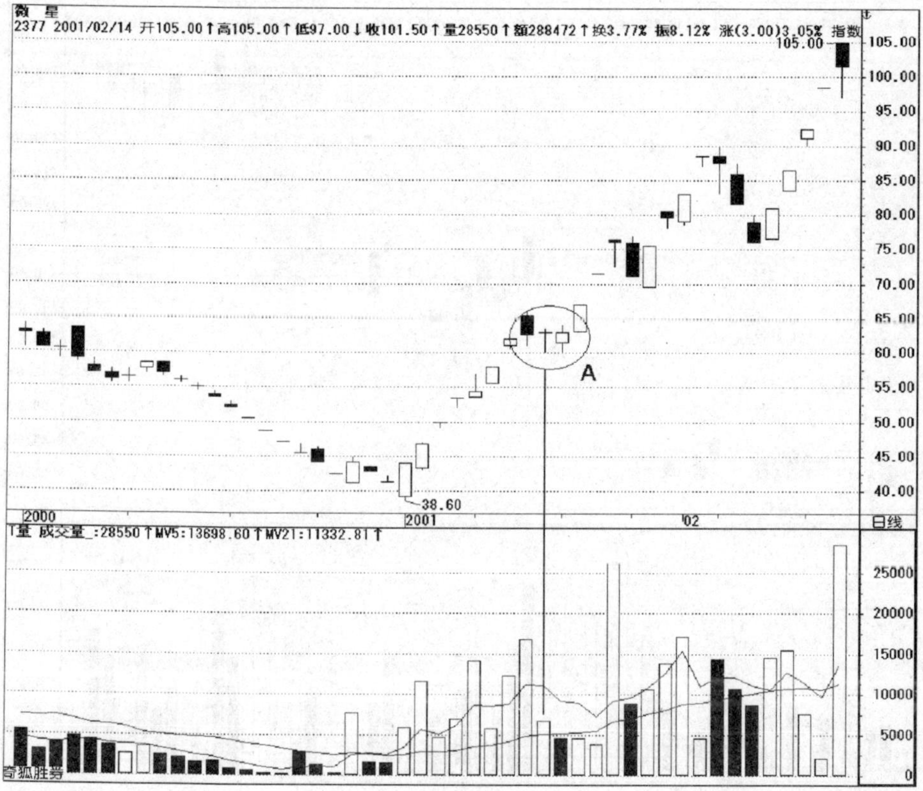

图 1-28　量缩价平的范例之二

震荡方式向上攻坚，主力会利用该段洗出不安定筹码，并做良性换手后，再一股作气强拉到既定目标区，当满足目标后才会进入震荡整理走势，其中目标的预估可以采用《主控战略移动平均线》书中揭示的黄金螺旋法则，推估到可能的上攻区，计算如下：

目标一＝(66－38.6)×1.618＋38.6＝82.93

目标二＝(66－38.6)×2.618＋38.6＝110.33

而这一波急拉的最高点在 112 元结束，各位投资人不妨仔细玩味主力的做线心态与手法。

接着请看图 1-29，广达股价从 77 元的盘坚走势转成轧空走势，

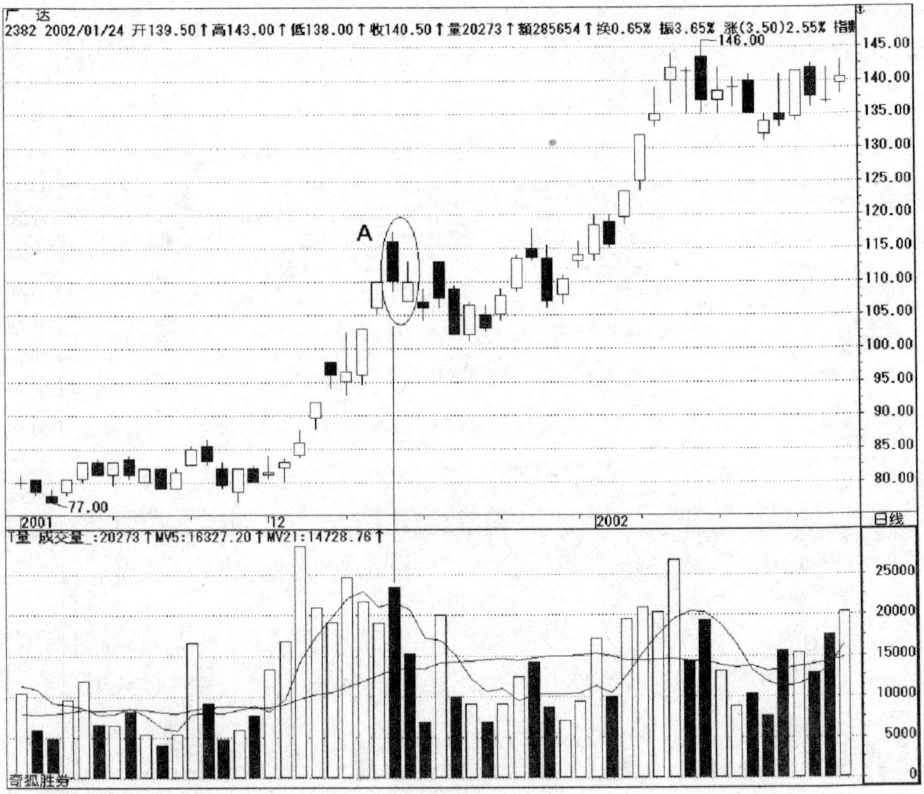

图 1-29　量缩价平的范例之三

该段轧空走势就可以定位成主升段行情，当主升段上涨一定的幅度后，便在标示 A 出现了量缩价平的技术现象，在主升段可能是末端的位置出现，暗示大多数人已经开始采取观望态度，积极追价买进的意愿降低，尤其是第一根为创高且出量，第二根的收阳量缩价平，极有可能是短线反弹，亦有可能是最后一批退出的多单，既然如此，在买气不足又临近高位的背景下，出现股价压回整理的走势，是可以预期得到的结果。

就股价波动而言，标示 A 的高点也撞进前波下跌的头部区，那么股价即将压回的分析，更可以明确掌握，在拉回过程中，只要没有破坏多头上涨结构，正常的操作策略仍是等待恰当时机介入，最差也会有一个末升段的行情可以期待。

请看图 1-30，日月光股价从反弹高点 34.5 元开始向下修正的这一段，可以暂时定位在空头的主跌段，在主跌过程中出现量缩价平，暗示当时卖压减轻，而且有买盘介入，不过通常此买盘是资金回补的力道，并非真正做多的买盘，所以出现的反弹幅度不会太大，通常反弹结束后会再继续下跌，直到底部完成才能算是对多头有利。

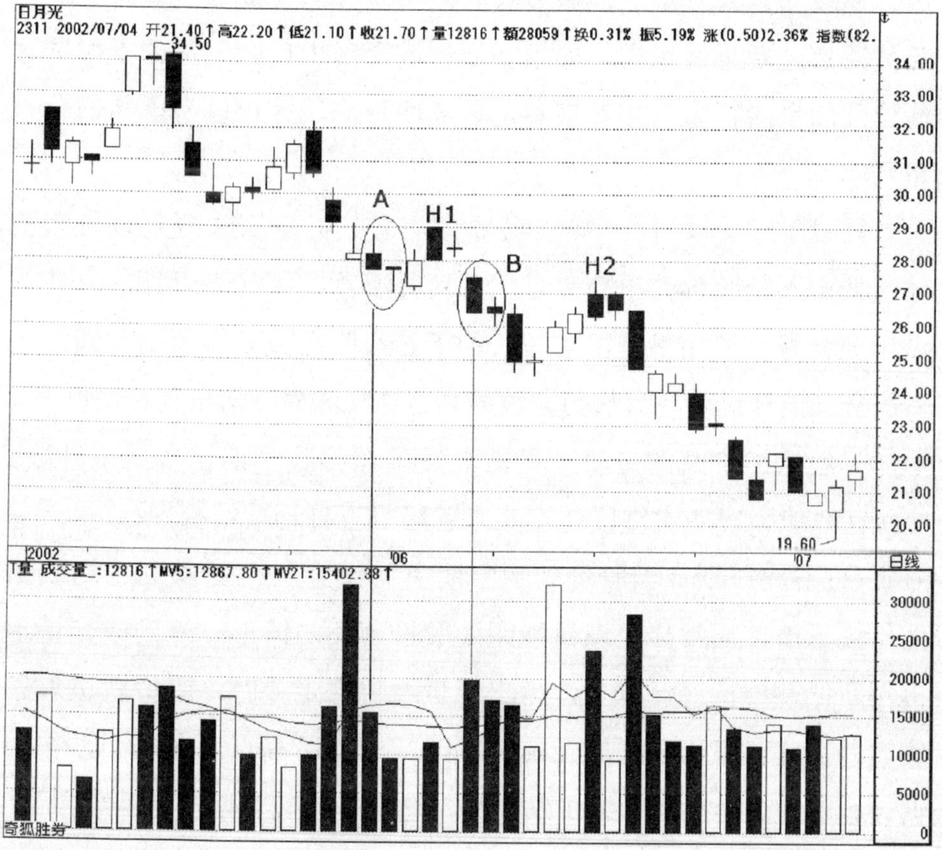

图 1-30　量缩价平的范例之四

在图中标示 A、B 便出现了量缩价平的技术现象，后续股价果然也对应到短线反弹，当反弹到 H1、H2 时，均出现了“母子”的 K 线形态，暗示反弹高点已到尽头(因为都是量缩价涨)，因此这里不需要考虑买进，反而可以趁机套现放空。

九、量缩价跌

量缩价跌是量价关系的常态，代表股价与量能的方向同步，买进力道减弱且人气涣散，做多者暂时不宜介入，最好是等待下跌趋势被改变之后再做考虑。如果在低位满足区出现凹洞量或支撑量这些特殊的量能行为，并紧接着出现盘底形态，才可以考虑逢低介入布局。

假设量缩价跌过程中，K 线是留有较长的上影线或是以长阴实体收低，不论股价的原趋势是上升还是下跌，都代表近期的行情难以乐观看好，但如果是留有较长的下影线收盘或是日落阳 K 线，之后股价又能涨过前几日长阴 K 线的高点，意味着行情可望止跌回升。

一般量缩价跌的走势，通常会发生在谷底时期、多头主升段、空头初跌段、空头主跌段与空头末跌段等五种行情结构中。

(1)谷底时期：当股价处于中期空头趋势，21 日移动平均线仍然持续下滑，通常会呈现量能跟随股价萎缩的情形。等到成交量不再创新低并维持三日以上，再出现量增价涨走势时，股价就进入谷底时期，此时股价反弹触及前波颈线或末跌段高点理应压回，在回调过程中，也会出现量缩价跌走势，这也是谷底时期的特殊现象。

(2)多头主升段：暗示股价上涨遭逢压力区，短线呈现拉回的走势，当量价关系企稳后，只要出现量增走势股价将会持续上涨。

(3) 空头初跌段：代表多方承接力道减弱，属于跌势的开始。反弹注意量价背离或是呈现大量不涨的迹象。

(4) 空头主跌段：代表股价将持续下跌，为探底杀多的走势。正常而言，长期多头的中期回调走势中，股价与量能的走势几乎呈现同步的状态，当量能出现极度萎缩，且 21 日均量亦呈现走平，如果股价又不再下跌创新低，就可以说卖压减轻，未来将会进入反弹的周期。

(5) 空头末跌段：当股价下跌走势已多，经过测量已经有满足的可能，且近期跌幅或是与均线的乖离已经缩小，而成交量同步萎缩到低点时，暗示股价底部已近。此时虽然仍属于买盘裹足不前，但也同时有持股者开始有惜售迹象，因此行情可望于近期进入谷底期。

实际运用范例

请看图 1-31，奇美电股价在拉回修正的过程中，21 日均量线持续向右下方移动，在标示 A 出现量缩价跌的技术现象，当然不是量缩价跌就会出现低点反弹，而是 A 处呈现的是当时最低量，此时只要成交量不再创新低并维持三日以上，接下来再出现量增价涨的多头走势时，股价即进入谷底期或是盘底期。在标示 B 就出现了量增价涨的走势，拉回呈现量缩价跌，最后完成一个底部形态，股价正式进入反弹行情。

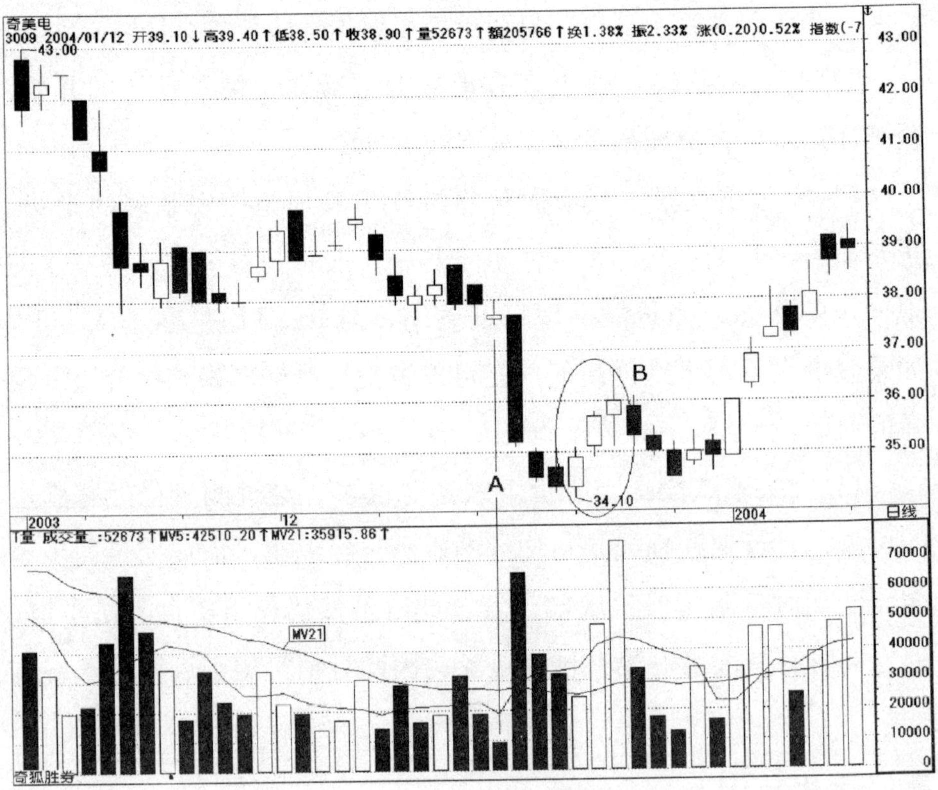

图 1-31 量缩价跌的范例之一

请看图 1-32，味王股价在上涨后进入中级修正的整理走势，在 2003 年 11、12 月这两个月的整理时间，量能萎缩沉淀，直到标示 A 之前，量价开始增温，颇有整理即将结束，股价将进入涨升阶段的气势，但是整个整理平台高点属于多头必须要克服的压力，当股价突破压力之后，呈现拉回震荡整理是正常走势，此时欲做多者必须在当时观察量价结构是否对多头有利。

从图中标示 A 发现，它是属于创高后的下跌，并呈现量缩价跌，此时暂时定位成卖压不大，还不能说是量缩价稳的结构，等到标示 B 再度出现量缩价跌的技术面时，我们发现股价不但不再创下

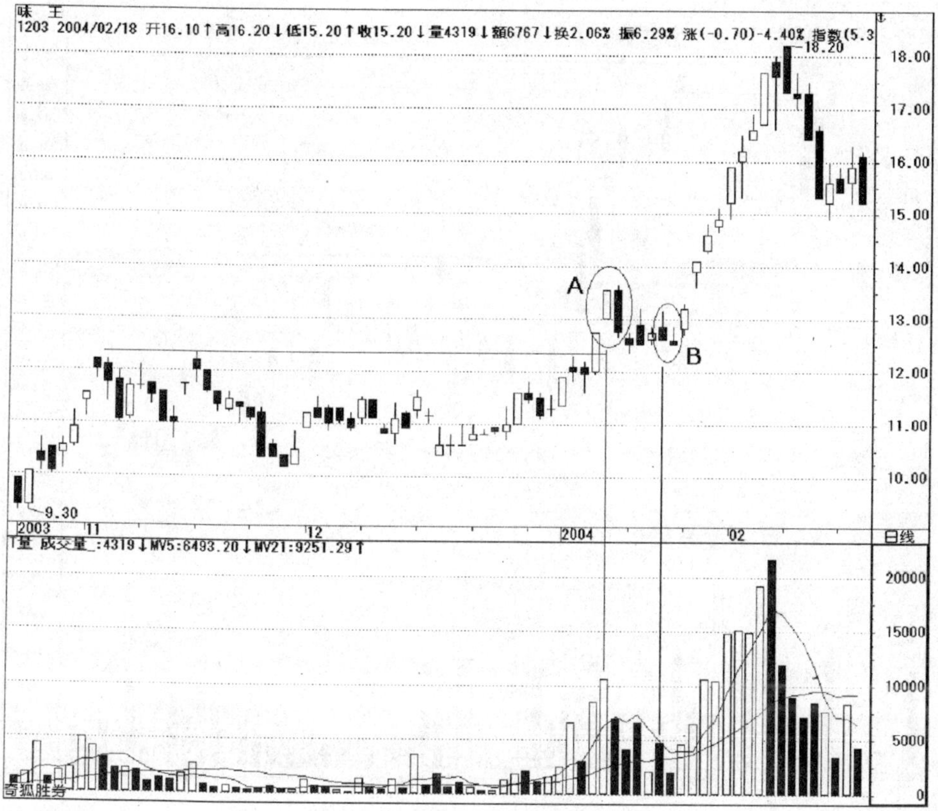

图 1-32　量缩价跌的范例之二

回调新低，反而出现多头日出线，因此可以断定多头已经测试支撑完毕，就等待攻击信号表态了。

接着请看图 1-33，39.6 元是当时矽品股价上涨的最高点，股价从高点迅速下跌，形成“V 形反转”，可以视为当时属于初跌段行情，在标示 A 出现量缩价跌，因为刚刚开始下跌，不知道股价多空趋势会反转，所以在相对的高位位置，最多定位成多方承接力道不足而已，等到趋势翻空，在标示 B 出现量缩价跌，更显承接力道不足，既然如此，出现的反弹波动就可以注意量大不涨的现象，逢高趁势布局空单。

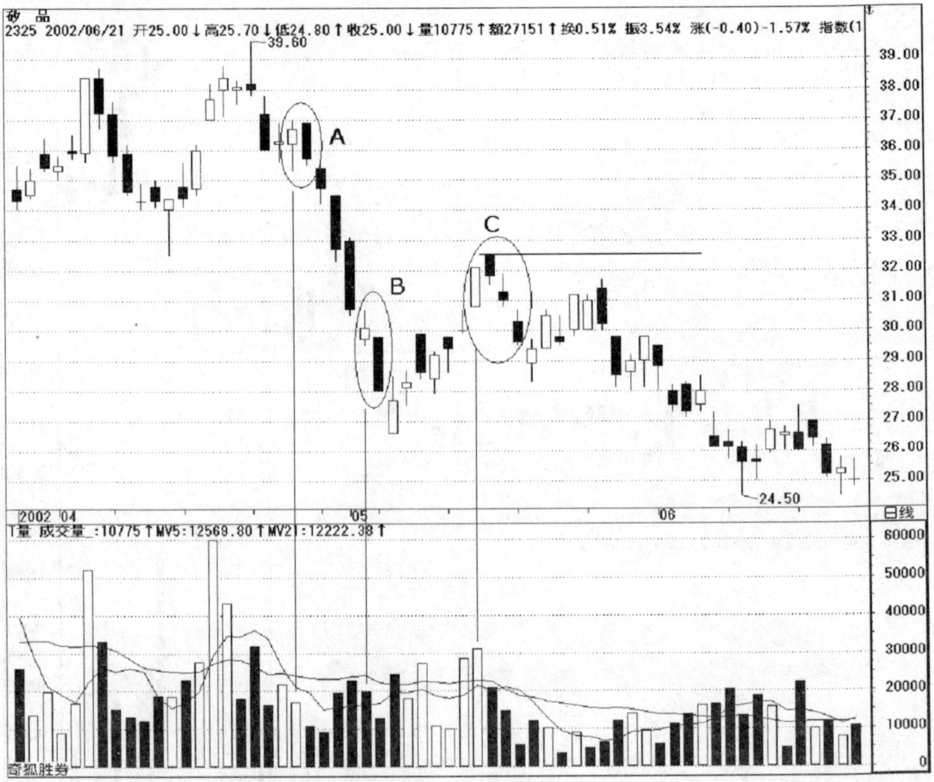

图 1-33　量缩价跌的范例之三

在图中标示 C，先呈现阳 K 线出量，隔一笔量缩收阴下跌，此即量大不涨的技术面之一，接着再出现量缩价跌的空头走势，因此暗示量大不涨的高点为压力所在，未来股价逢此必会出现压力现象，放空者亦可以此为做空止损点。

接着请看图 1-34，浩鑫股价在空头下跌过程中，除权后的反弹高点为 35.7 元，在空头时除权如果填权过程不顺利，往往还会引发另一个波段的下杀，尤其是参与除权者可以利用锁单方式放空，因此卖压往往会较正常技术面还要大，也容易引发空头的主跌段行情。

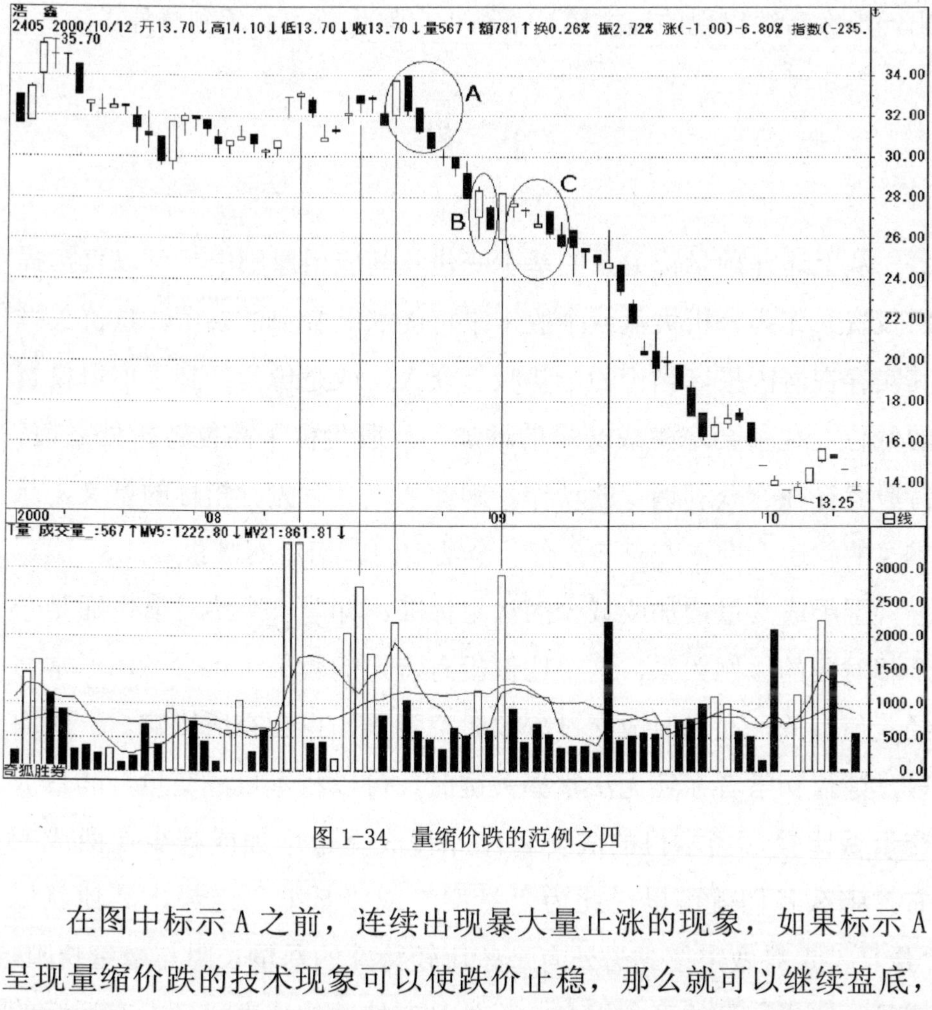

图 1-34　量缩价跌的范例之四

在图中标示 A 之前，连续出现暴大量止涨的现象，如果标示 A 呈现量缩价跌的技术现象可以使跌价止稳，那么就可以继续盘底，问题是标示 A 之后跌破整理平台，致使股价形成向下的走势，细查其原因，可能是标示 A 的第一笔量增过快，隔一笔量缩幅度又太大，反应的不是惜售的情形，而是量能无以为继。

标示 B 再度出现量缩价跌，再隔一根形成带大量的母线，接着标示 C 又出现量缩价跌的走势，这里因为有多头支撑，不排除有机会盘底，但带大量的母线后来被跌破，并出现一根“避雷针”的 K 线形态，不禁让人怀疑在母线进场支撑的特定人士，于该笔认赔退出，那么后续出现的连续黑 K 下跌，自然也就不必感到意外了。

小 结

从上述九种量价关系的基本变化及其应用原则中，可以直接提供投资人作为分析大盘或个股未来可能涨跌趋势的参考。量价关系其实存在着因果，当价的走势吸引众人，或是价已经到了值得投资的低位，往往会产生成交量的增加；而股价位于高位转折处之前，持股者往往有获利调节的动作，因此量就具有先行指标的意义，从本章的叙述，投资人应该会有一个基本的、初步的概念。

至于成交量增加或减少的认定标准，并非一个绝对值，而是一个相对应的比例关系，这个比例没有特定的数值可供参考，通常与经验值有关，在当时成交过程的时空背景，也会有所影响。一般而言，建议初学者在还无法掌握关键时，可以将本日成交量与昨日成交量做比较，当本日的成交量比昨日成交量增加或减少在两成左右，那么我们就可以说此为“量增”或“量缩”走势，其他就以“量平”走势做定位。另外有一些比较特殊的暴量长阴与暴量长阳，或是一些成交量的形态组合，另外具有特殊的代表涵义，在后续的章节中将会为各位投资人一一剖析。

本章重点整理

1. 量增价涨

(1)多头初升段：可能为底部完成的信号，新高量通常有新高价。

(2)多头整理结束：可能是股价回调修正结束的多头发动信号。

(3)多头末升段：注意多头力竭的信号，以防主力拉高出货。

(4)空头盘整反弹：量增价涨反弹持续，量增价不涨暗示反弹结束。

(5)空头末期的盘底：股价进入盘底期，筑底完成，趋势将由空转多。

2. 量增价平

(1)谷底时期：股价可能进入止跌打底，一般投资人宜暂时观望。

(2)多头初升段：暗示筹码良性换手，或是主力介入吃货。

(3)多头主升段：股价走势即将进入回调的先兆，有主力短线出货的疑虑。

(4)多头回调整理：整理过程中，注意是否破坏多头关卡，若未破坏则将出现多头末升段，被破坏则提防盘头。

(5)多头末升段：暗示主力积极出货，注意股价出现多空反转信号。

(6)空头主跌段：逢低买盘尝试介入，暗示将出现反弹行情。

(7)空头盘整或反弹：注意是否为反弹尾声，股价将持续下跌走势。

3. 量增价跌

(1)多头主升段：暗示有主力进行吃货。

(2)多头末升段：高位卖压沉重，无法消化卖压，股价将进行反转，亦为标准的主力出货模式手法之一。

(3)空头主跌段：代表卖压沉重，股价下跌趋势暂时无法改变。

(4)多空盘整反弹：空头为反弹结束的表现，多头为整理的修正幅度扩大。

(5)空头末跌段：特定人士进场承接，只是不能再破底。

4. 量平价涨

(1)多头初升段：暗示攻击力道不足，涨势不会持久。

(2)多头主升段：量能不足的表现，虽然行情可以持续，但需随时注意卖点。

(3)多头回调整理：暗示回升力道不足，股价持续整理。

(4)多头末升段：多空力道进入均衡，多头转强续涨，空头转强则形成反转。

(5)空头末跌段：大部分人处于观望，也有可能是主力进场试单。

5. 量平价平

(1)谷底区：多空不明，暂时采取观望。

(2)多头回调整理：暗示修正将告一段落，等待进场时机。

(3)空头盘整反弹：即将出现反弹结束的信号。

6. 量平价跌

(1)多头主升段：若无特别大量出现，通常是散户卖单。

(2)多头回调整理：走势低迷，等待积极的攻击信号。

(3)空头初跌段：卖压不大，下跌幅度有限，下跌趋势亦不容易改变。

(4)空头主跌段：卖压缩小，股价有机会出现反弹。

(5)空头盘整反弹：进入盘跌走势。

(6)空头末跌段：低位已经有限，注意止跌信号。

7. 量缩价涨

(1)多头初升段：涨势有限，并注意是否转成反弹波动的走势。

(2)多头主升段：筹码锁定，属于惜售行情，尚有高点可期。

(3)多头回调整理：暗示回升不易，并宜防盘整失败。

(4)多头末升段：涨势已弱，股价将出现反转或是盘头走势。

(5)空头盘整反弹：拉高解套或是短空进行回补所形成的反弹走势。

(6)空头末跌段：严重下跌后形成的反弹惜售走势。

8. 量缩价平

(1)谷底时期：持续探底或是量已见底，须以后续走势分析。

(2)多头初升段：追价买盘不足，涨势有限，V 形反转走势除外。

(3)多头主升段：积极追价的意愿降低，暗示即将进入回调整理。

(4)多头末升段：股价即将进入盘头走势，不容易再创新高。

(5)空头主跌段:卖压减缓，行情将有机会出现反弹。

(6)空头末跌段：持续探底，但是卖压已经减缓，低位有限。

9. 量缩价跌

(1)谷底时期：进行盘底走势，应注意底部完成信号。

(2)多头主升段：在遇压后回调，股价将有机会企稳。

(3)空头初跌段：多方承接力道减弱，属于跌势的开始。

(4)空头主跌段：股价将持续下跌，为探底、杀多的走势。

(5)空头末跌段：买盘停滞，卖压减轻，有机会进入谷底期。

第二章

关键量能分析要诀

在主力控盘过程中，常常会出现一些关于量能的特殊现象，为了区分这些现象，通常会赋予它一个专有名称，以方便沟通及传递信息，这些特殊的现象会依其所处波段形态位置不同，所代表的含义也不同，认识这些现象就好像学习 K 线，必须先认识“酒田战法”中种种 K 线形态组合的道理。在本章将针对量能退潮、波段起涨、中指量、顺势量、逆势量、草丛量、量滚量、攻击量、试单量、换手量、出货量、支撑量、防守量、凹洞量、谷底量、头部量、底部量、稀释量等共 18 种常见的特殊关键做基本阐述。

一、量能退潮

当 5 日均量线出现高峰后向下产生负反转，并且使 5 日均量线与 21 日均量线两条指标线产生“死亡交叉”时，称为量能退潮。又可以将量能退潮概略地分为短期量能退潮与中期量能退潮。这部分的基本观念请参考《主控战略开盘法》书中的陈述。

我们可以利用图 2-1 做一些简单区分：

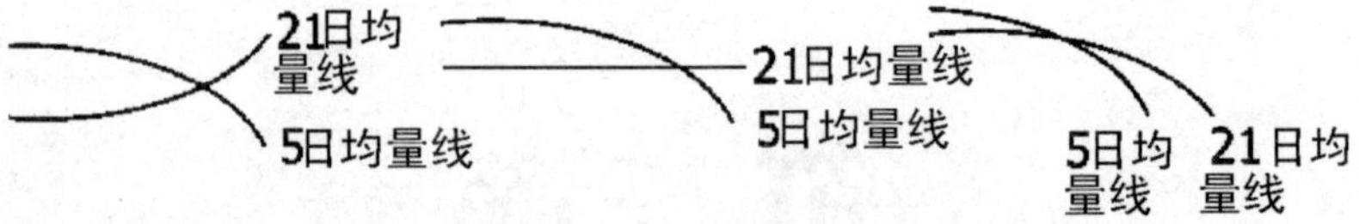

图 2-1　5 日均量线与 21 日均量线的死亡交叉

(1) 当 21 日均量线向上时所产生的死亡交叉，在多头时通常属于短期回调的走势，只要持续补量上攻，不会破坏多头涨升格局。

(2) 当 21 日均量线走平时所产生的死亡交叉，在多头时通常属于中期回调的疑虑，只要持续补量上攻，不会破坏多头涨升格局；如果量增不足，使 21 日均量线转折向下，那么股价的修正幅度或时间将会拉长。

(3) 当 21 日均量向下时所产生的死亡交叉，在多头时通常属于中、长期回调的走势，有可能使股价进入中级回调整理，甚至扭转多头走势，使股价进入空头格局。

(4) 一般而言，在多头时期观察量能退潮比观察波段起涨还要重要。

二、波段起涨

当 5 日均量出现低谷后均量线向上产生正反转，并且使 5 日均量与 21 日均量两线产生黄金交叉时，称为波段起涨。又可以将波段起涨概略分为：短期波段起涨与中期波段起涨。这部分的基本观念请参考《主控战略开盘法》一书中的叙述。

我们可以利用图 2-2 做一些简单区分：

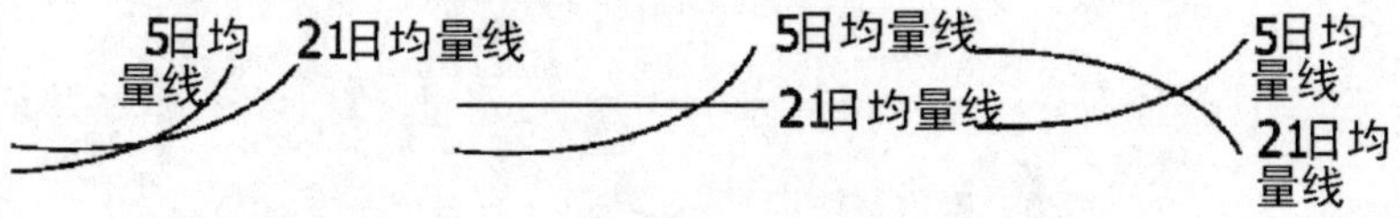

图 2-2　5 日均量线与 21 日均量线的黄金交叉

(1) 当 21 日均量线向上时所产生的黄金交叉，在空头时通常属于中、长期反弹的走势，有可能使股价进入中级反弹整理，甚至扭转空头走势，使股价进入多头格局。

(2) 当 21 日均量线走平时所产生的黄金交叉，在空头时通常属于中期反弹的疑虑，只要持续量缩，不会破坏空头下跌的格局；如果量增价涨，使 21 日均量线转折向上，那么股价反弹的幅度或时间将会拉长。

(3) 当 21 日均量线向下时所产生的黄金交叉，在空头时通常属于短期反弹的走势，只要出现量增不足，不会破坏空头下跌格局。

(4) 一般而言，在空头时期观察波段起涨比观察量能退潮还要重要。

实际运用范例

请看图 2-3，远纺的股价在标示 A，正好突破 65 日均量线，且 65 日均量线微微上弯，均量线的走势则是 5 日均量线带动 21 日均量线向上，形成中期波段起涨的走势。而在标示 B 因为 21 日均量线已经略为走平，这里死亡交叉所产生的量能退潮，将有中期退潮的疑虑。

在标示 C 所产生的黄金交叉，则是 21 日均量线已经向下走，所产生的波段起涨只能视为短期起涨信号；在标示 D 所产生的死亡

图 2-3　量能退潮与波段起涨的范例之一

交叉，因为均量线已经确定走平向下，所以将有机会让量能形成中期的量能退潮走势。

请看图 2-4，清三的股价已经下挫到 65 日均量线之下，暗示股价原本就处于中期空头走势当中，同时 21 日均量线也呈现明显的向下走势，亦即当时 K 线图为中期空头走势无虞。

在标示 A，量能结构曾经出现一次黄金交叉，但是因为 21 日均量线向下，所以该现象只能定位为短期波段起涨，这是在空头中反弹常常出现的技术现象，股价的反应是短线反弹而已，想要让股价形成空转多，仍需中期波段起涨的力道推波助澜。

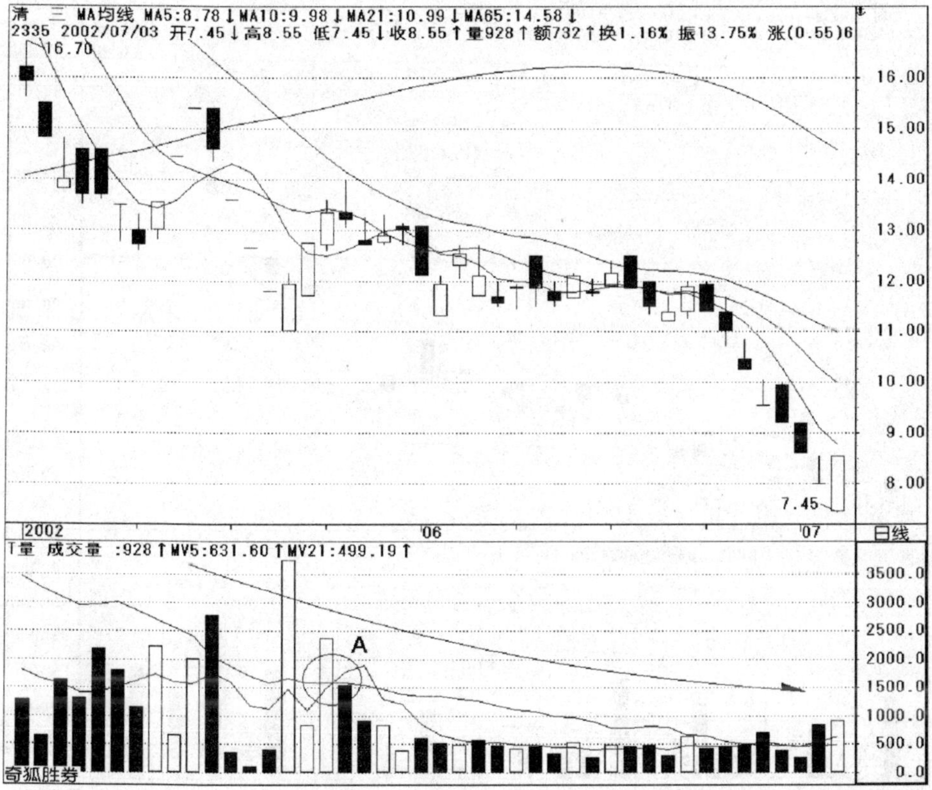

图 2-4　量能退潮与波段起涨的范例之二

请看图 2-5，光宝科的股价从 2001 年 10 月 3 日低点 15.8 元开始向上回升(当时只能视为反弹浪潮)的过程中，我们发现均量线已经早一步先走平，然后开始出现反复黄金交叉、死亡交叉的现象，图中的位置是股价已经推升到 65 日均量线之上，而 21 日均量线也持续向上走扬，所以属于中期波段起涨的走势中。

在标示 A 与标示 C 所产生的死亡交叉，因为总体趋势是上升，成交量为中期波段起涨的背景下，只视为是短期量能退潮，代表的是股价压回震荡洗盘而已，而标示 B 和标示 D 的波段起涨信号，则为推动股价上涨的技术现象。

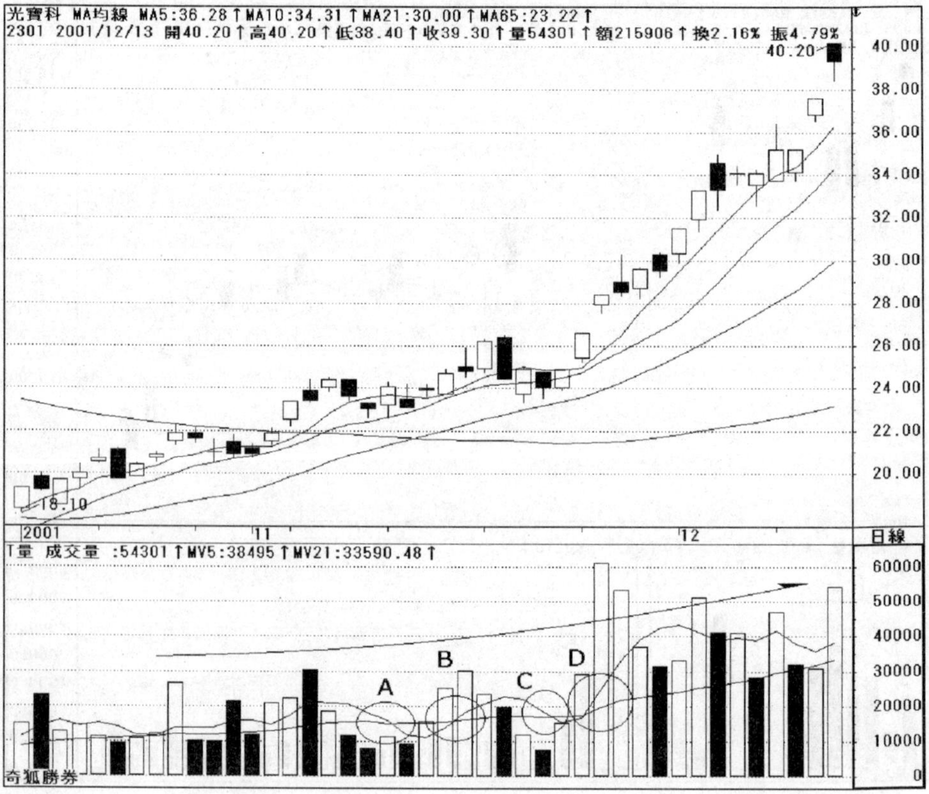

图 2-5 量能退潮与波段起涨的范例之三

接着请看图 2-6，光宝科的股价在图中很显然的是处于 65 日均量线之下，意思是当时股价属于中期空头走势，如果当时的 21 日均量线也是向下，产生的黄金交叉信号，只能定位为短期波段起涨，股价的上涨也只是反弹行情，就如图中所标示的 A、B 之处。虽然标示 E 的 21 日均量线有走平迹象，但是价正好遭遇 65 日均价线的下降压力，也不容易形成中期波段起涨的信号。至于标示 C 出现的死亡交叉，因为股价反弹修正与 65 日均量线的乖离已经有段幅度，所以在空头走势下，很容易将股价拉回测试支撑，又前波上涨的动能充沛，所以这一次的拉回会较具有支撑，应该不难理解。

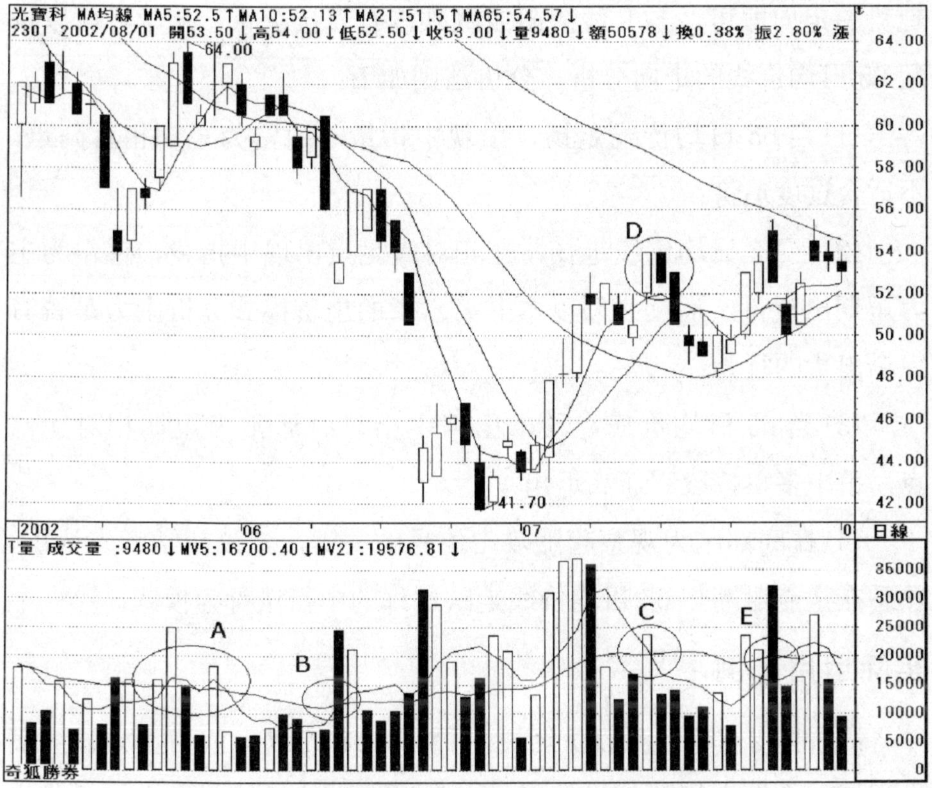

图 2-6　量能退潮与波段起涨的范例之四

三、中指量

中指量是主力控盘量能中的关键之一，在此处只介绍标准形态以方便投资人入门，分析时可以搭配多空量指标或是均量走势观察。

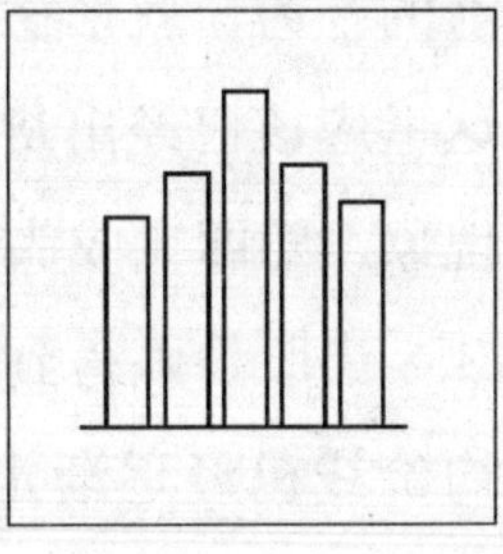

图 2-7　中指量标准形态

标准形态：取五笔成交量做观察，第三笔为这五笔的最大量，并以该笔分别向左右递减，则该笔即为中指量(图 2-7)。运用时只要注意趋势的走向即可，与K线阴阳或涨跌没有直接关系，初学者可以搭配65日均价线的走向分析。分析法则如下：

(1)当65日均价线走扬，出现中指量时通常为短期相对高点，不适合过度追价；

(2)当65日均价线走扬，在相对满足点出现中指量，通常为主力短期出货量，后续必须以本书第六章的出货模式分析主力是否有完全出货的行为；

(3)当65日均价线走跌，出现中指量时通常为短期相对止涨点，手中多单持股宜逢高退出；

(4)在底部区为观察起涨攻击信号的关键，建议初学者先认识、熟悉在量能退潮与65日均价线走跌过程的中指量行为模式。

实际运用范例

请看图2-8，台泥股价经过测量，19.8元以上就为主力做线满足区域，在图中标示A显然已经穿越过既定的目标区之上，且成交量出现中指量形态，暗示有主力短线出货嫌疑，在这里往往也有人会误以为是量缩价稳的走势，结果买进之后似乎会上涨，其实是进入盘头区域，如果没有及时退出，将会蒙受损失。

相同的，在标示B和C也是出现中指量形态，股价同步呈现止涨的行为，就形态学而言，此处也完成了头肩顶形态，暗示主力在这里应该已经出货完毕，标示C也出现“均线三合一下跌”的技术现象，随即完成头部。

当股价跌落到65日均价线之下，进行反弹的动作，此时65日均价线已经逐渐走平，在标示D股价反弹正好撞到65日均价线，成交量的部分又出现中指量，意思是反弹到这里将会是止涨高点，

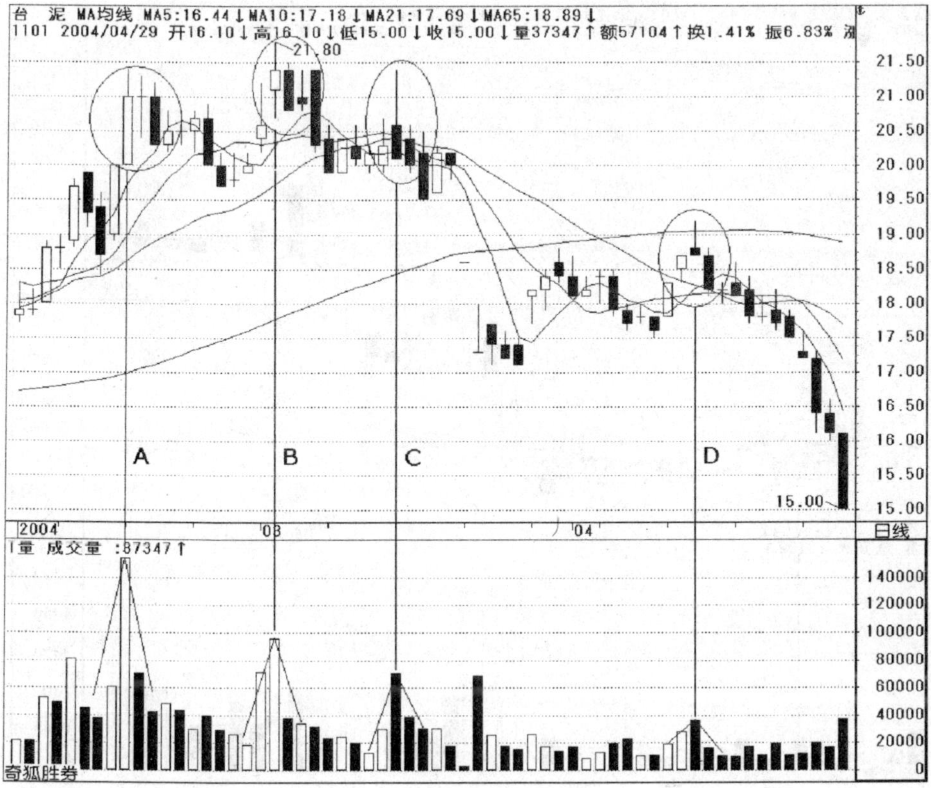

图 2-8 中指量的分析范例之一

也可以说是多头最后的卖出信号。

请看图 2-9，嘉食化股价为 2.8 元时，属于拉回修正浪潮中的相对低点，故当时可以假设股价是盘底阶段，出现的中指量正常仍然为止涨点，在底部区却可以视为攻击信号，我们可以发现从标示 A～D 这几次中指量的形态，虽然出现时股价已经涨升到当时小波段的相对高点附近，不过整体走势仍然持续震荡走高，没有因为出现中指量后股价止涨，接着跌破多头关键的现象，故可以视为在底部区有量能增温，或是主力进货的阶段。

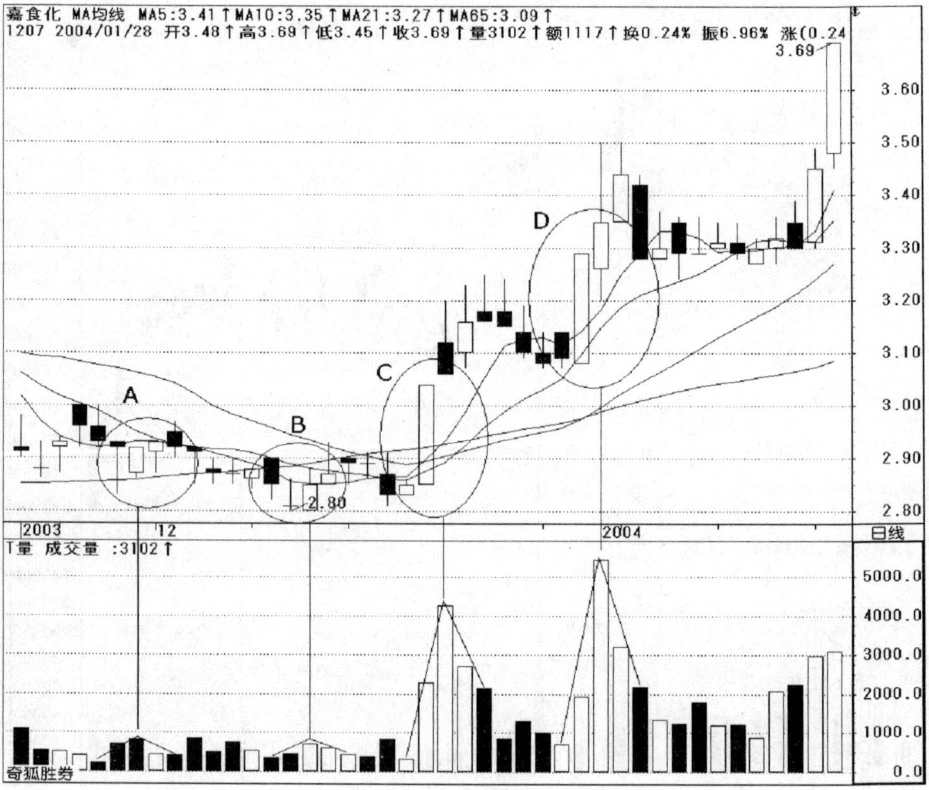

图 2-9　中指量的分析范例之二

接着请看图 2-10，精英的股价从高位反转之后，65 日均价线已经向下，呈现中期的空头走势，股价亦在 65 日均价线之下，当股价与均线乖离过大时，会出现反弹走势修正乖离，正常而言，当股价靠近该均线时，就要注意卖出信号。

既然是空头走势，成交量的现象只要出现中指量的形态，往往是短期出货(或是逃命)的相对止涨高点，因此在标示 A 和标示 B 出现标准的中指量形态，股价也正好靠近 65 日均价线，那么自然而然就会做出止涨的分析了，而这里也是最佳的融券做空点。

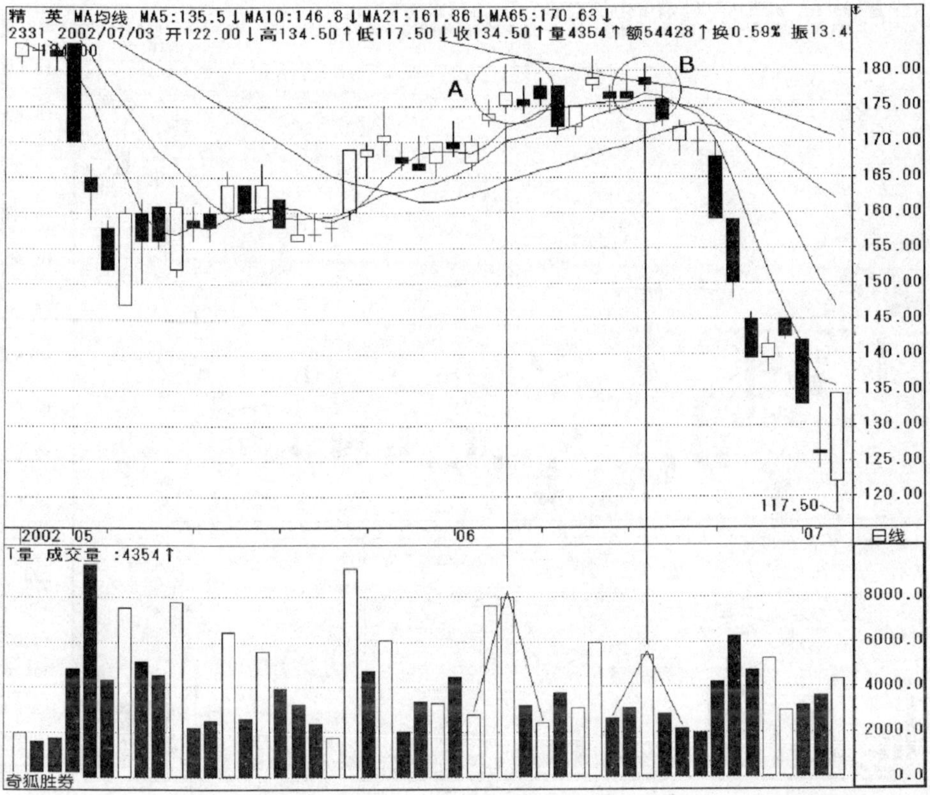

图 2-10　中指量的分析范例之三

请看图 2-11，国建股价在浪潮走多后，进行拉回修正的走势，接着股价便在 65 日均价线之下盘底，在盘底的过程中，可以发现出现了标示 A 和标示 B 这两次的中指量。很明显，中指量对应的股价行为就是止涨，止涨后股价持续震荡，并没有破坏盘底的结构，所以后续股价只要突破连接 A、B 两处的颈线，便可以确认股价将会进行上涨的波动，这也是中指量在底部区可以运用观察的重点之一。

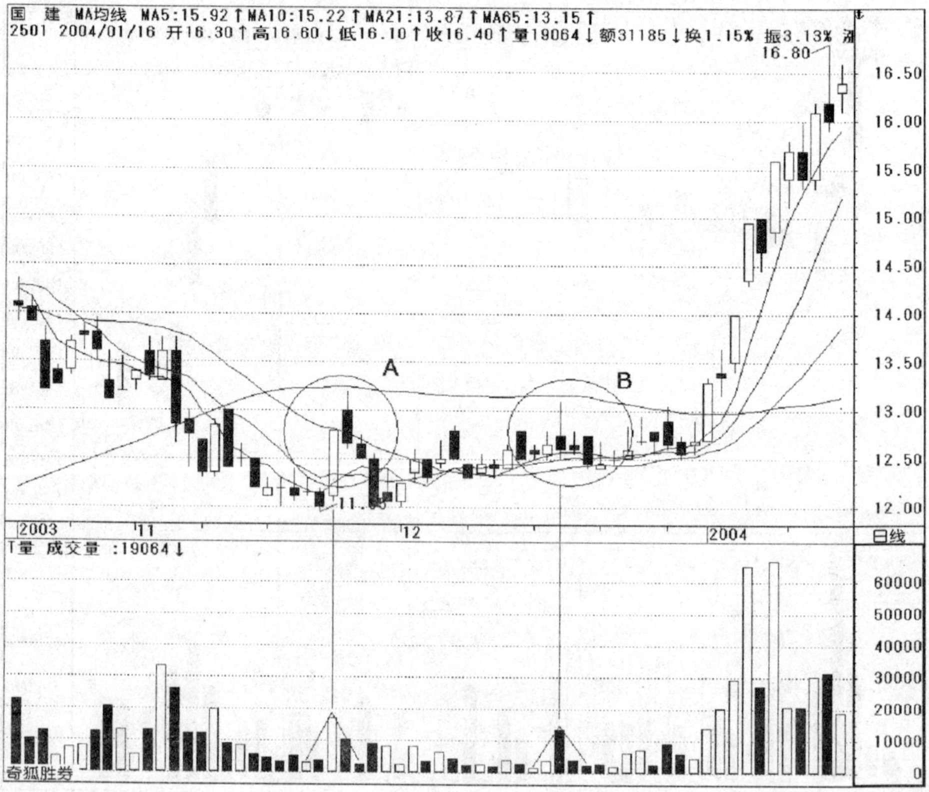

图 2-11 中指量的分析范例之四

四、顺势量

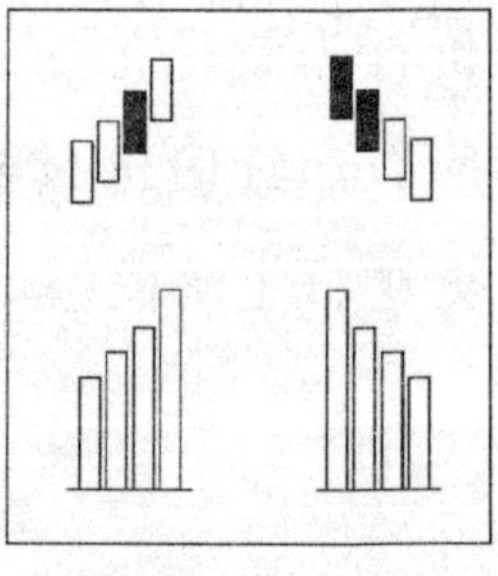

图 2-12 顺势量

量增价涨、量缩价跌是股价行进间的常态，所以只要出现股价趋势是上涨时，成交量跟随着递增；或是股价趋势是下跌时，成交量跟着递减，这种行为就称为顺势量。

顺势量的目的是观察小波段行情中多空的

正常力道。例如，当股价趋势在多头时，股价出现上涨顺势量的行为，那么该波段可以视为多头攻击段，正常而言，本波段具有支撑力道，且其正反转低点为重要支撑点。如果下跌顺势量发生在多头的整理过程当中，就可以视为量缩价稳，在具有支撑的背景下，宜注意做多时机。

空头下跌过程中，主力已经没有做量的必要，必须另择关键观察，才能有效掌握股价行为，因此顺势量比较适用于多头上涨行情与修正走势，或是空头走势中多头反弹的行情。

实际运用范例

请看图 2-13，台泥股价在 2001 年 11 月底进入突破压力后的震荡走势，这里能否让股价再持续向上挑战？除了利用 K 线观察之外，也可以运用成交量的观点切入分析。

图中所揭示的这几段股价走势，均属于顺势量的波动，也就是“量增价涨、量缩价跌”的多头走势，在还有上涨机会的震荡过程中出现，暗示筹码的稳定度相对较高，投资人可以在震荡过程中找寻适当时机进行多单布局。

在标示 A、B、C、E 这四个位置的上涨顺势量，暗示这些小段落是支撑段，没有跌破该段落最低点以前，支撑都算有效，投资人可以对应这些段落的低点，观察有没有被后续压回的股价正式跌破过。很显然，完全没有！也就是多头具有相当的支撑力道，而在标示 D 的下跌顺势量，可以说是上涨前的量缩价稳走势，因为出现标示 E 的上涨顺势量后，股价就呈现喷出上涨走势，直奔估计的目标 15.8 元附近，事实上该股涨升到 16.8 元才出现股价反转的行为。

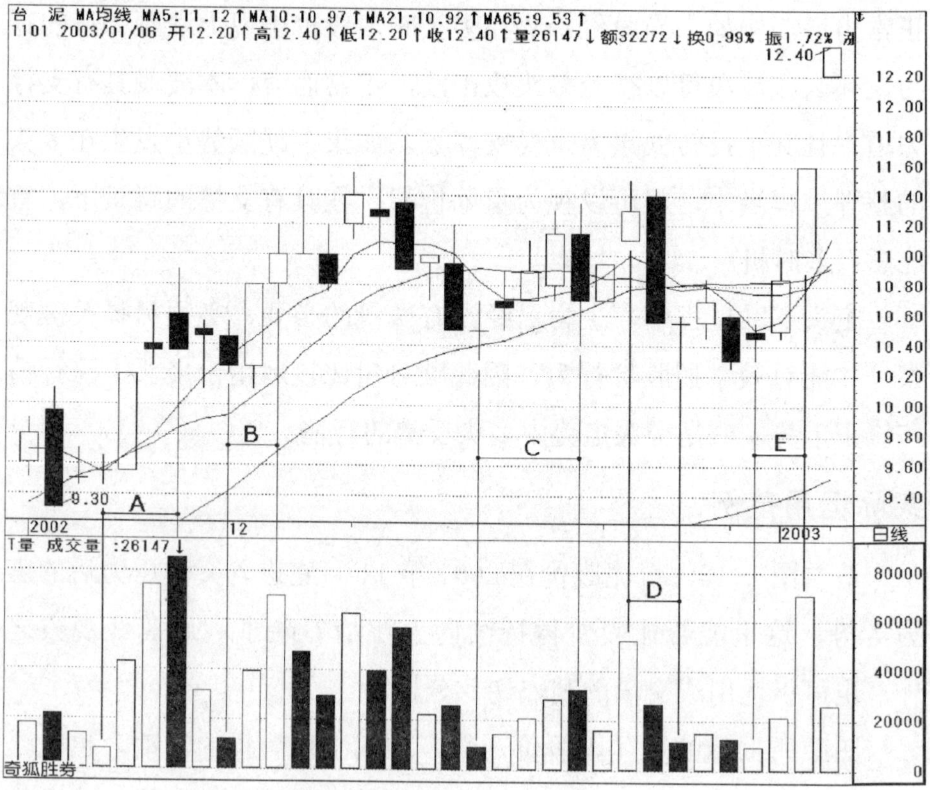

图 2-13　顺势量的分析范例之一

接着请看图 2-14，裕隆股价在浪潮翻多之后，进行修正走势，在正式进入修正过程以前，首先出现标示 A 这一段的上涨顺势量，也就是宣告该段低点为重要支撑，而正式进入修正之后，可以发现修正最低到达 22.5 元，只测试支撑点但未正式跌破，所以股价的整理过程对多头相对有利。

后续出现的上涨顺势量，分别为标示 B、C、D、E 之处，都呈现多头支撑现象，并且股价低点也一路垫高，亦即修正结束后仍然会出现多头上涨的浪潮，后来股价从 22.5 元上涨到 48 元后，才进入另外一个整理浪潮。

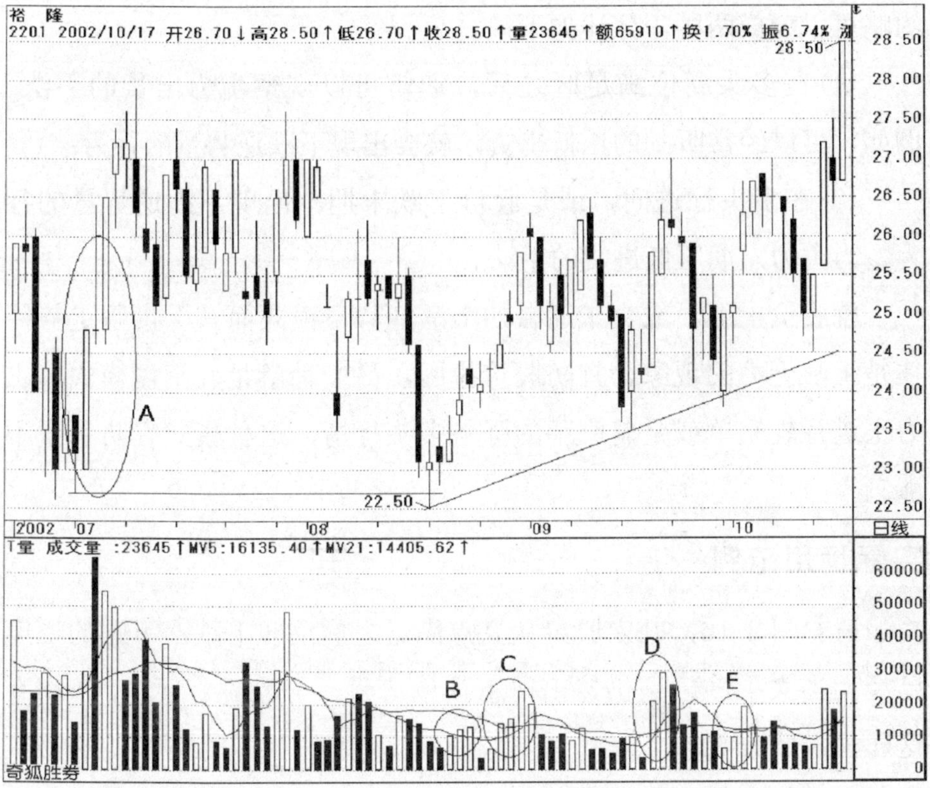

图 2-14　顺势量的分析范例之二

五、逆势量

量缩价涨、量增价跌不是股价行进间的常态，所以只要出现股价趋势是上涨时，成交量跟随着递减；或是股价趋势是下跌时，成交量跟着递增，这样的行为就称为逆势量(图 2-15)。

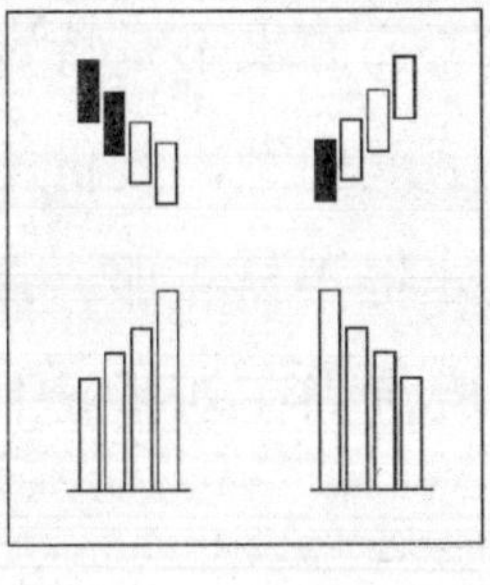

图 2-15　逆势量

就股价趋势下跌、成交量递增的下跌逆势量模式而言，其目的由于价行进间的位置不同，约略可以分成两种，分述如下：

(1)在多头高位满足区之后，通常可以观察主力出货的手法，例如，可以经常听到的压低出货，就会出现下跌逆势量的行为；

(2)在多头行进间，或是股价下跌末期，出现下跌逆势量的行为，为主力短期压低进货的手法。

就股价上涨、成交量递减的上涨逆势量模式而言，盘坚走势往往是上涨无力的现象，宜防股价拉回，另一种就是轧空盘模式，主力正进行轧空单或是轧空手的强势多头行情，这种模式宜防暴量不涨。

实际运用范例

请看图 2-16，旺宏股价从高点满足之后反转下跌，下跌的幅度已经相当大了，但是仍然出现下跌逆势量，分别在标示 A、B 都有这样的情形出现。

如果下跌逆势量是在刚刚完成头部时出现，就可以很肯定属于压低出货，但是已经在下跌一段时间与幅度之后，出现逆势量的分析就开始变得复杂，如果是特定人士压低吃货，理应完成底部。万一再度破底，这些小波段就会形成严重套牢，主力必须先对这边解套，后续才有机会出现多头上涨的行情。

如果不是特定人士进场，那么在这里出现的下跌逆势量将形成下跌中继，股价不幸会有腰斩的可能，当然这里就是重压，临近此处将不易克服，就算克服也会出现相当深的拉回，截至撰稿为止，股价尚在创新低中，目前的最低点是 4.72 元。

图 2-16　逆势量的分析范例之一

请看图 2-17，盛余股价上涨到历史新高 58.5 元后，股价随即反转，并在标示 A 和标示 B 出现下跌逆势量的模式，这属于满足点后的反转下跌，可以肯定是属于压低出货盘，也就是这两个下跌波段起点将形成重要的压力。

事实上，股价分别在 2003 年 7 月、2004 年 3 月与 2004 年 10 月共三次挑战标示 B 的这段压力，可是都没有完全把这段吃掉，压力的现象仍然存在，而且每次挑战后伴随的都是幅度相当深的回调，所以掌握了关键点的观察，就容易解读股价的波动。

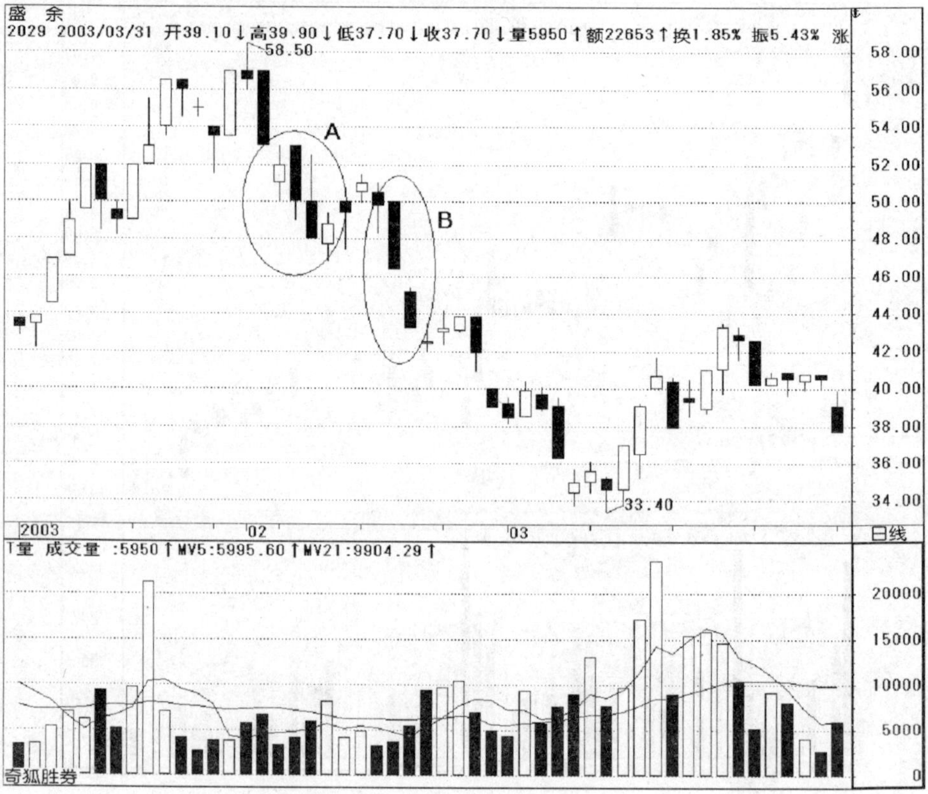

图 2-17　逆势量的分析范例之二

六、草丛量

当一只股票有特定人士介入，而股价在做线过程中拉抬股价不顺，或是发现大势不佳，或是发现拉抬过程筹码稳定程度不足的现象时，往往会放弃持续布局该股，此时必须尽快将手中持有的筹码释出，因此量能形态就会出现草丛量的模式。

另一种出现草丛量模式的情形是，部分资金充沛的中实户，先短期买进某一只股票(可由券商追踪观察其进出情形)，再藉由消息面释放短线利多，或是经由特定人士喊进拉抬，让散户进场追逐短线，此时中实户再将短线筹码倒给追价的散户投资人，藉此赚取短期价差的手法，当发生这种现象之后，股价走势会随之疲软，后市不易创高或是创高后立刻因为量能不继，导致股价反转。

草丛量的标准走势是增量中长阳，且股价收最高或是次高，或是盘中曾经因为散户追价造成涨停现象，但是又无法收涨停者更为准确，也可以是日出阴 K 线，这是代表主力急着出脱的现象。虽然草丛量有时亦为拉高进货手法之一，但是出现的几率较低，所以出现这种现象时，宜提高做多的风险意识。

实际运用范例

请看图 2-18，幸福的股价从 4.38 元开始拉抬到 6.50 元的高点过程中，就出现了草丛量的量能形态，也就是图中标示 A、B、C 的这三笔，该三笔都是突然量增，随即呈现量能急缩的状态，其中 B、C 这两笔是属于日出阴线，有主力急着跑的暗示，所以在这段急拉的走势过程，必须对应到整个股价波动观察，结果会发现它是头部区完成后的下跌过程中出现的一段反弹行情，既然是反弹行情，伴随草丛量的形态且股价急涨，故视为逃命波的走势。

事实上幸福的股价在这一波拉抬到 6.5 元的高点后，股价就开始呈现回调走势，一直下跌到 3.63 元才止跌。

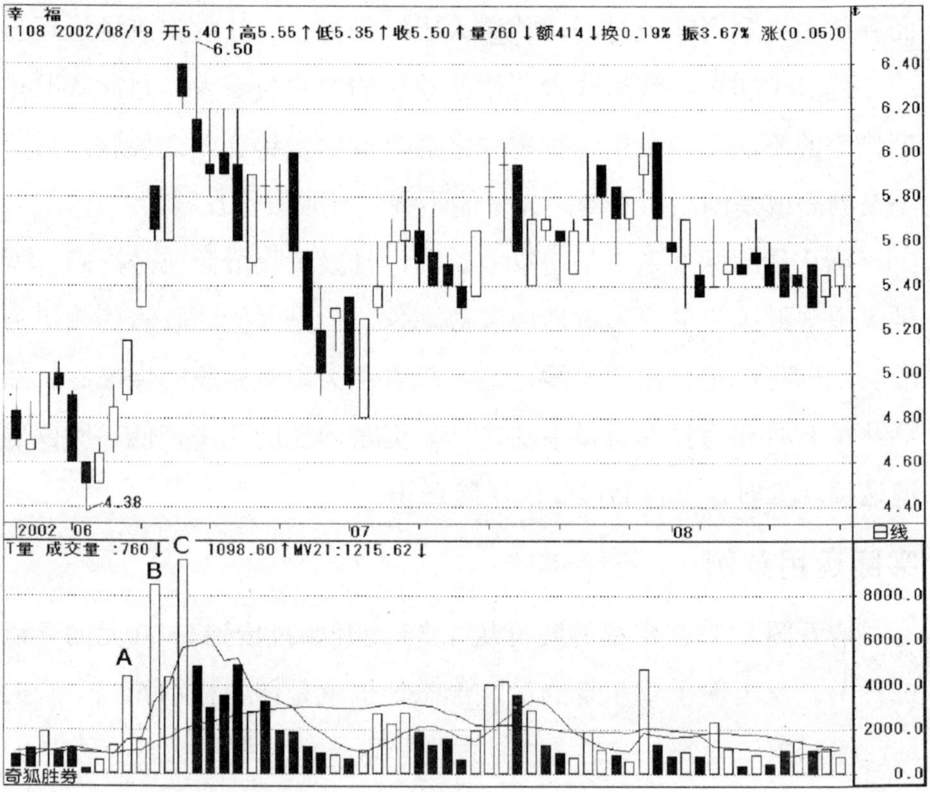

图 2-18　草丛量的分析范例之一

接着，请看图 2-19，铝新的股价属于扩底盘整的反弹波动当中，股价从 27.7 元开始往上反弹时出现草丛量形态，也就是标示 A 所画的圈圈处，再与 K 线搭配分析，很明显是属于上涨无力，因此可以推论筹码的稳定度较差，或是控盘能力不稳导致的走势，随后股价在 37.8 元附近的高点位置暴出两次大量，接着股价形成下跌，暗示这里有倒货嫌疑，并且形成一个套牢区域。

事实上该股从 37.8 元开始向下修正到 27.1 元(跌破前低 27.7 元)后才又开始向上反弹盘整，这一波的反弹草丛量就不明显，反而有积极攻击的走势，但是推升到 40.9 元之后，就见到最高点并

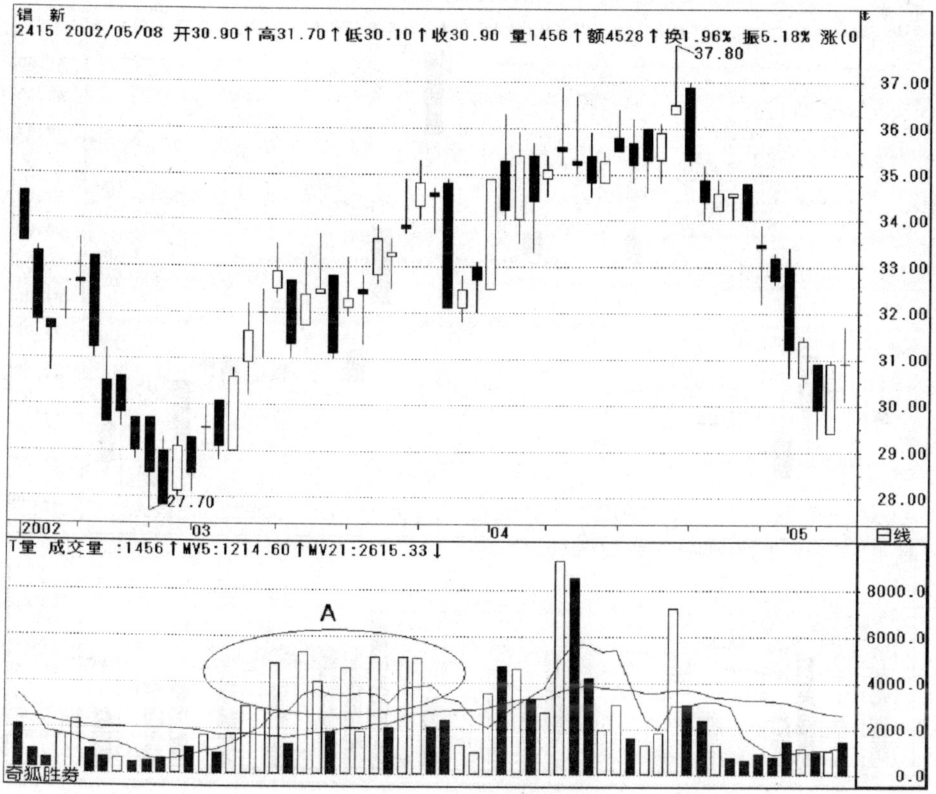

图 2-19　草丛量的分析范例之二

暴量形成岛状反转下跌，至此才知道从 27.7～37.8 元这段主力是属于出货不完全，或是出货不顺，或是主力在 37.8 元附近有另一次套牢，而这一次拉到 40.9 元的目的是先解套，之后的拉回没有出现对多头有利的走势，截止目前撰稿为止的最低点为 9.5 元，所以没有一点技术分析的基础，散户恐怕只有任人宰割的份。

请看图 2-20，台苯股价从 2002 年 3 月 15 日开始进行到 41.9 元的这一段涨势，是上涨过程中最后一段浪潮的攻击，这样的分析属于实战讨论会中的基本推测法则，在这段走势过程中，出现了标示 A 画圈圈处的草丛量形态。

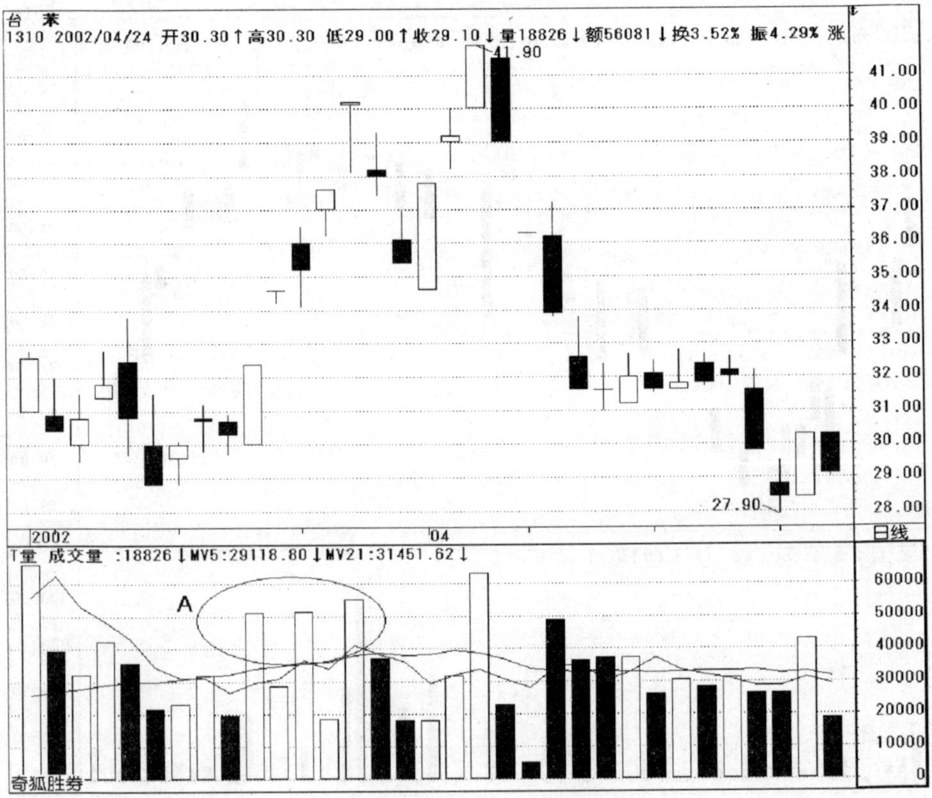

图 2-20 草丛量的分析范例之三

已经是最后一段上涨走势过程中，出现草丛量的行为，往往是最后主力拉高出货的阶段，在创下 41.9 元的高点之后，股价不创高立即反转下跌，形成回转线的走势，更证明主力在拉高出货之后，进行压低出货的手法！

七、量滚量

量滚量有点类似顺势量的走法，一般在空转多后的走势中出现居多，与顺势量的形态不同的是，量滚量不需要股价呈现递增的行为，且为法人股的攻击模式居多(图 2-21)。

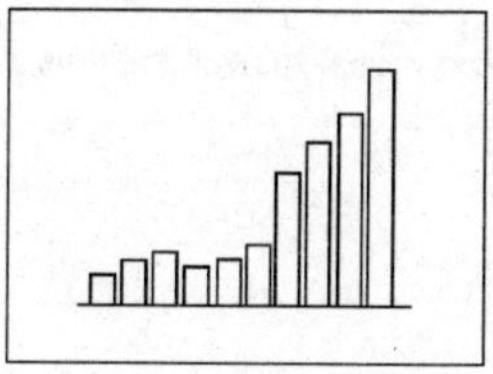

图 2-21　量滚量

通常量滚量的起点会伴随股价第一笔的攻击 K 线，为量能退潮、盘局后或是空转多的攻击。观察量滚量除了可以经由计算之外，也可以搭配“多空量”的轨道观察，正常而言，量滚量的第一笔会在多空量之上，代表量能发动，而后的每一笔量能属于温和递增，增加的幅度宜控制在三成以下才算标准。

量滚量最忌讳量缩，代表量能不继，称为“量缩不宜”。当出现量缩之后，股价正常就会随着止涨而进入修正，如果是在满足区出现修正，就必须要有盘头的心理准备。量缩之后股价出现的修正何时结束？建议观察“凹洞量”、“支撑量”或是“中指量”等低位的种种量能现象。

实际运用范例

请看图 2-22，旺宏股价在 2004 年 2 月 24 日上涨到 10.95 元之后进入短期震荡，接着在标示 B 出现股价创高的中阳线，且量能在标示 A 的圈圈处，呈现的走势就是属于量滚量形态。出现量滚量形态股价也随着创高攻击，即暗示该上涨段为一个段落形态的支撑。

而旺宏的 K 线走势图利用量滚量将股价推到 13.45 元之后，隔一日出现量缩的形态，就是所谓的量缩不宜，所以股价在量能不继的背景下，很容易就会产生顺势拉回的走势，此时的拉回只要守稳之前量滚量格局所产生的支撑波段，不会破坏多头结构，股价未来自然还有上涨空间，实际上股价从 13.45 元拉回之后，修正的最低价是 10.85 元，根本没有破坏多头涨升格局，因此可以在当时注意止跌后的多头买进信号，赚取另一个波段上涨的利润。

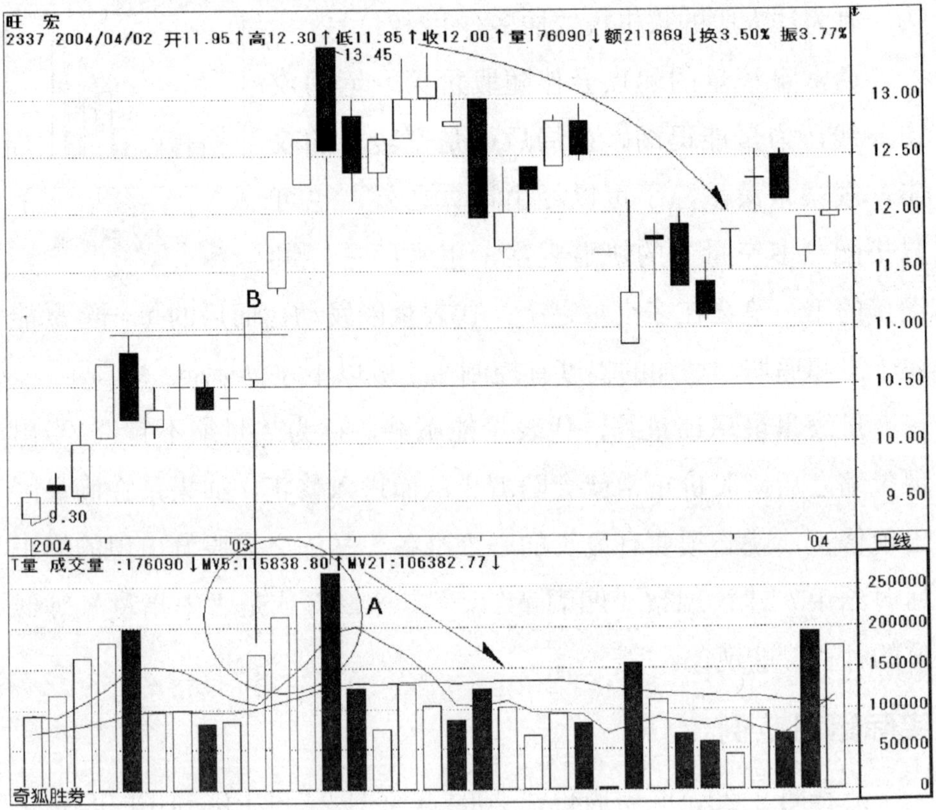

图 2-22 量滚量的分析范例

八、攻击量

利用攻击量分析的主要目的是观察股价是否具有空转多的动能，只要是成交量出现量能退潮的现象之后就可以套入运用；只是低位区(即长期量能退潮之后)利用本法分析、介入时，必须加以严设止损，以防攻击失败形成短线，或是中线套牢。攻击量的成立条件如下：

(1)当日成交量大于21日均线，或是大于多空量；

(2)攻击量应于当日，或是隔一日使5日均线大于21日均线；

(3)攻击量当日必须量大于前一天，且使5日均线呈现向上的走势；

(4)K线宜出现中阳以上,如果是十字线、阴K必须呈现价涨3.5%左右。

另外可以利用计算法则推算出单笔攻击量的行为，或是前一日成交量在多空量之下，当日成交量站上多空量的上限轨道时，也是标准攻击量形态。单笔攻击量的观察重点在于股价是否能顺利推升，或是呈现主力行假攻击真出货的行为。

实际运用范例

请看图2-23，金宝的股价在2002年1月9日开始进行多头中的回调走势，当股价在1月17日出现反弹时，当时的均量线呈现的属于量能退潮，所以出现攻击量时，最好是底部完成，如果尚在打底阶段，攻击的过程必须注意是否出现多头气势。

在1月23日当天出现反弹创高，成交量为攻击量形态，即标示A的位置，虽然成交量符合定义，但是K线却没有中阳以上的走势，反而留下长上影线，所以这是属于打底过程中攻击失败的表现，因此股价将会拉回继续修正。

在标示B再度出现攻击量的形态，当日留下跳空缺口，且股价收最高的中阳线，所以多头有机会攻击成功，假设在今日买进，只要设定该根K线低点为做多止损点就可以了，因为这里被跌破就是多头攻击失败，没有跌破就属于攻击成功，自然此处就形成一个观察点。

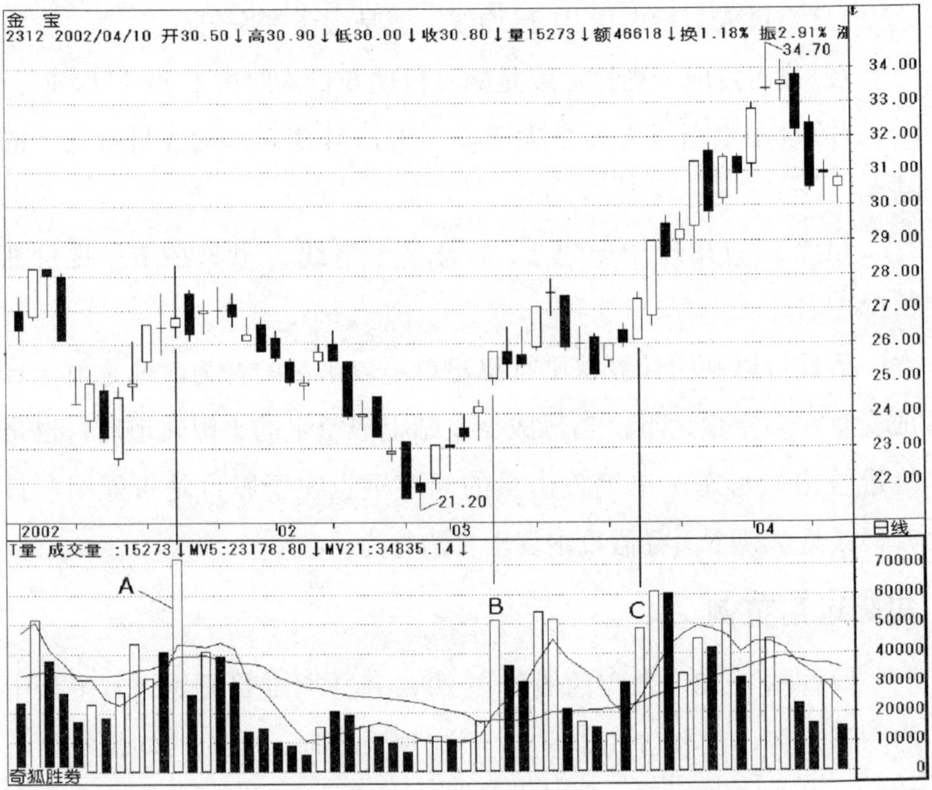

图 2-23　攻击量的分析范例之一

接着续看标示 C，这里是均量线呈现黄金交叉，在短期死亡交叉后出现的攻击量形态，因为前一小段的拉回并没有跌破标示 B 的观察点，已经证实 B 处属于多头攻击成功，而 C 处又出现攻击量，就视为多头再度攻击信号。这两个信号显然 C 处比 B 处安全，而且来得有效率。

请看图 2-24，汉磊的股价在 2003 年 9 月打出一个底部形态，当时的均量线呈现死亡交叉后的形态，出现标示 A 的攻击量能时，股价为一根长阳线收最高，并且完成底部形态，所以该根 K 线为多头第一次的攻击信号。

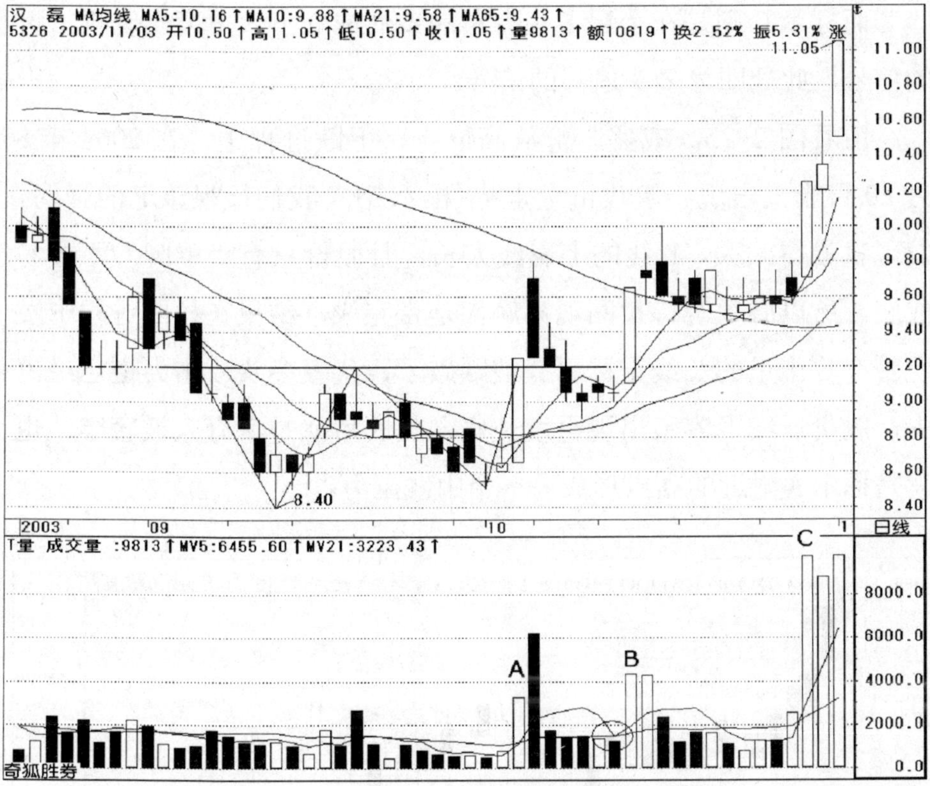

图 2-24　攻击量的分析范例之二

紧接着股价压回，让均量线再度呈现死亡交叉，此时又出现标示 B 的攻击量形态，对应的股价仍为一笔长阳线收最高，这是多头的第二次攻击信号，到目前为止都属于主力底部最后进货区域，而且也暗示进货即将完成。

标示 A、B 这两次的多头攻击信号，已经将股价推过 65 日均线，并且在回测过程中，测试季线的支撑力道，很明显这里是“葛兰碧法则”中要注意的买进点，假设这里回测是没有破坏多头结构的，那么两次的多头攻击信号其目的其实是要完成某一个次级浪潮中的初升段。

而标示 C 则是在上述多头有利的条件成立下，再度出现攻击量的信号，此处即为多头追买的信号。

请看图 2-25，威盛股价从高位一路下跌过程中，在 2004 年 8 月 20 日当天出现一笔攻击量走势(标示 A)，我们检视该笔的强弱，发现量暴得太大，K 线的上影线太长，且股价只有“单脚”不容易成底，所以必须等待拉回观察底部是否完成，结果在拉回过程中发现带有攻击量的 K 线于标示 B 被跌破了，代表多头攻击力道已经消失，股价后续很容易出现再度破底，破底后就是又有人被套牢，也就是标示 A 附近的高点形成另一个中线压力。

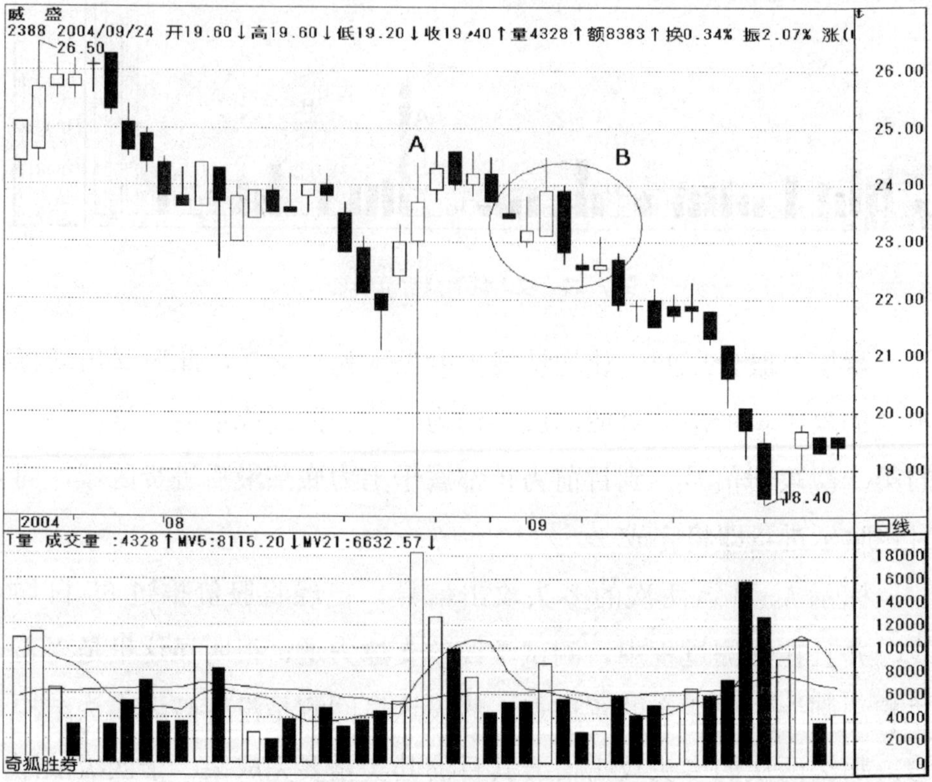

图 2-25　攻击量的分析范例之三

九、试单量

试单量发生在两个位置，一处为低位区，股价打底准备上涨之前的暖身运动，称为低位试单量；另一处发生在股价涨升一段时间之后，股价处于高位整理中，尚未明显转弱时，出现的量能增温现象，称为高位试单量。试单量之后往往伴随攻击量的发动。在此处只讨论低位试单量。低位试单量分析法则如下：

(1)当 21 日均线向下时，均量行为也属于退潮走势中，股价仍持续创低，于低位满足区之后开始注意；

(2)若当日成交量大于前一天，且大于 5 日均线，并在当日或是三日内，使 5 日均线呈现正反转向上的走势；

(3)当日为中长阳 K 线或是价涨阴 K。

满足这些条件时就是试单量，暗示低位有特定人士进货或是试单，虽然当日不一定是买点，但是需要列入观察股当中。一般而言，低位出现两次试单量，往往接着就会出现多头攻击的行为，进而完成底部。

实际运用范例

请看图 2-26，国联的股价在标示 A 有支撑量的迹象，并且出现短线反弹，反弹过程中在标示 C 出现岛状反转，股价进行压回，当时正好发生美国“9•11”恐怖攻击事件，使股价迅速下挫，同时也使标示 B 形成一个套牢区，通常这里的反压相当重，且极有可能是特定人士套牢在此，未来必须要先对此做出解套之后，才能有利于

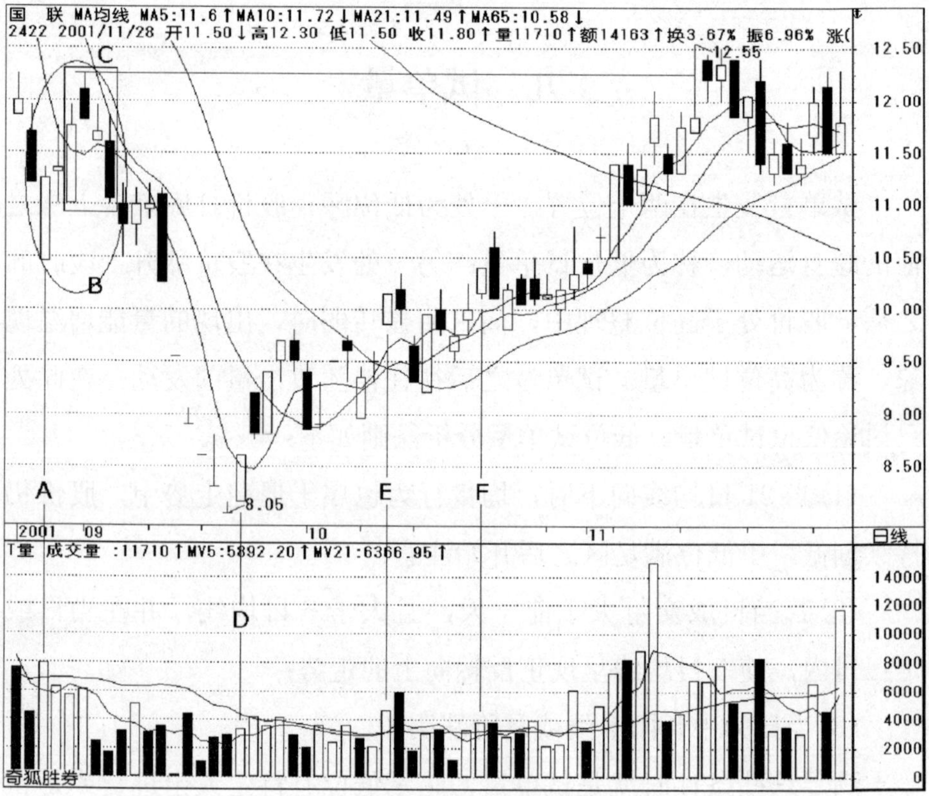

图 2-26 试单量的分析范例

股价出现波段的涨势。

在图中标示 D、E、F，分别出现试单量的信号，股价亦呈现盘坚走势，暗示此处有主力试单，或是尝试进货，这种进货模式请看后续章节探讨。当然我们还可以利用盘中即时走势图、内外盘与上下五档的变化力道做细微部分的观察，重点是股价走势呈现的是多头波动，那么只要维持这样的波动，就能够克服标示 C 的压力，当标示 C 的压力被克服之后，就可以认定多头的浪潮已经发动，正常的目标将在 27.3 元以上，而该股整个波段高点是在 35.2 元结束。

十、换手量

在多头格局的上涨过程中，才有所谓的换手量。当股价呈现峰顶一波比一波高、峰底一波比一波高的多头格局中，股价推升到前波套牢压力的高点附近，必须提供更多量能化解套牢筹码与短线多头获利回吐的卖压，才有可能将股价推升到更高点。

这种模式的特点是股价出大量突破前波高峰之后，随即出现量缩整理的走势，但是股价维持高位整理，整理时间约为一星期内，股价便随即上扬，展开另一段多头的波段行情，此换手量称为行进间换手，行进间换手又可以分为关前换手与关后换手两种模式。当换手完成后，换手量当日低点为未来波段回调支撑的重要观察点。

另外一种模式并非消化卖压，而是主力在强轧空走势过程中，藉由不同的外围主力进行换手，目的是锁定筹码，借机轧空头与空手的喷出行情，这种换手模式，主力通常采一日的走势就完成换手，故称为一日换手。

实际运用范例

请看图 2-27，大同股价于 2004 年 1 月底经过了约 100 天的中段整理之后，开始出现上涨的走势。整个中段整理区间的最高价为 9.8 元，这也是一般所设定的关卡价之一，当股价向上涨升推动，于标示 A 出现日出长阳线，并利用上影线穿越关卡价 9.8 元，同时也暴出 67551 手的成交大量，这就是关前换手模式。

换手模式的重点就是为了消化最后的套牢筹码，有利于股价继

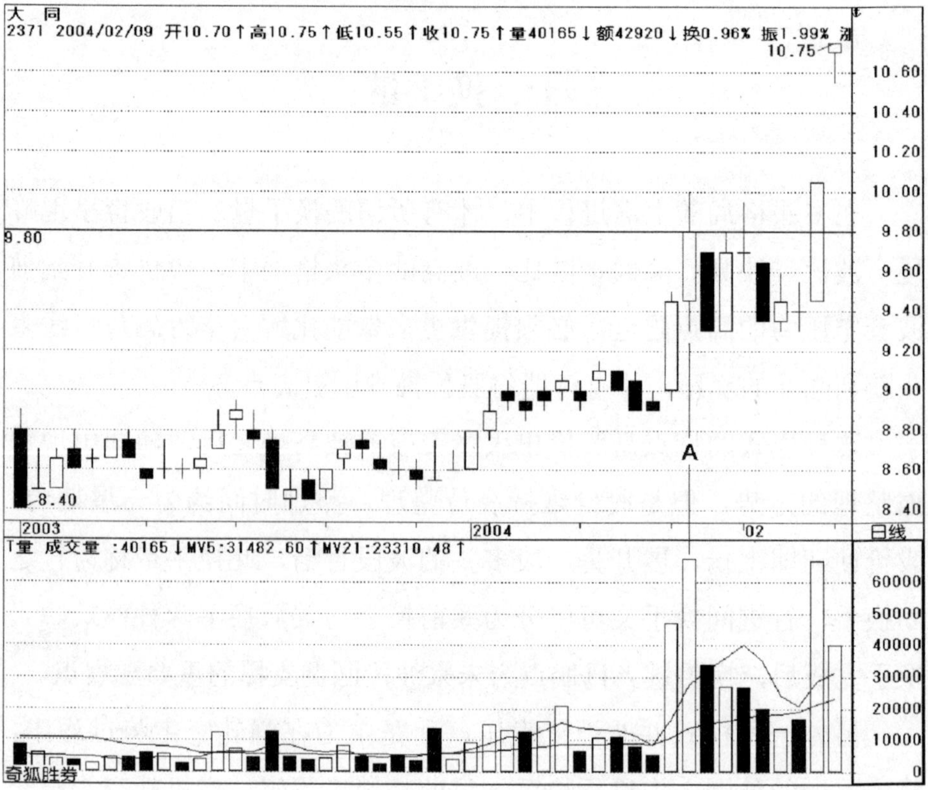

图 2-27 换手量的分析范例之一

续向上挑战，但是在换手过程中难免会有短线客户介入，造成部分筹码松动，因此伴随着出现的是震荡洗盘，这部分在后续章节关于洗盘模式会深入探讨。

我们可以发现在标示 A 之后量能迅速萎缩，股价却没有下跌，因此是量缩价稳的走势，再出现多头的攻击，就会呈现波段上涨走势，并往既定目标前进，笔者曾于个人网站中私人讨论区中探讨过，当时估计的标准上涨目标是在 12.7 元左右，事实上大同的股价在这一个波段上涨到 14.9 元才出现较大幅度的修正。

请看图 2-28，这一范例也是在网站上网友于个股游戏专区所提出的讨论问题。在 2004 年 11 月 17 日网友发表文章探讨该股说："请问 2504 这种走势，要死不死、要活不活，看在每日收最后一盘量都蛮大的份上，所以加减买，还望各位指点适当的止损及加码判断。"

当时有不少网友热心探讨，笔者在 2004 年 11 月 18 日提出的想法是："还差一次对线的解套，解套完才有再冲的机会，守住 7.85 元就有机会。"又在 2004 年 11 月 25 日发表看法说："明日再创高，理应会进入短期震荡，但是只要守住今日低点，合理目标在 9.75 元附近。"

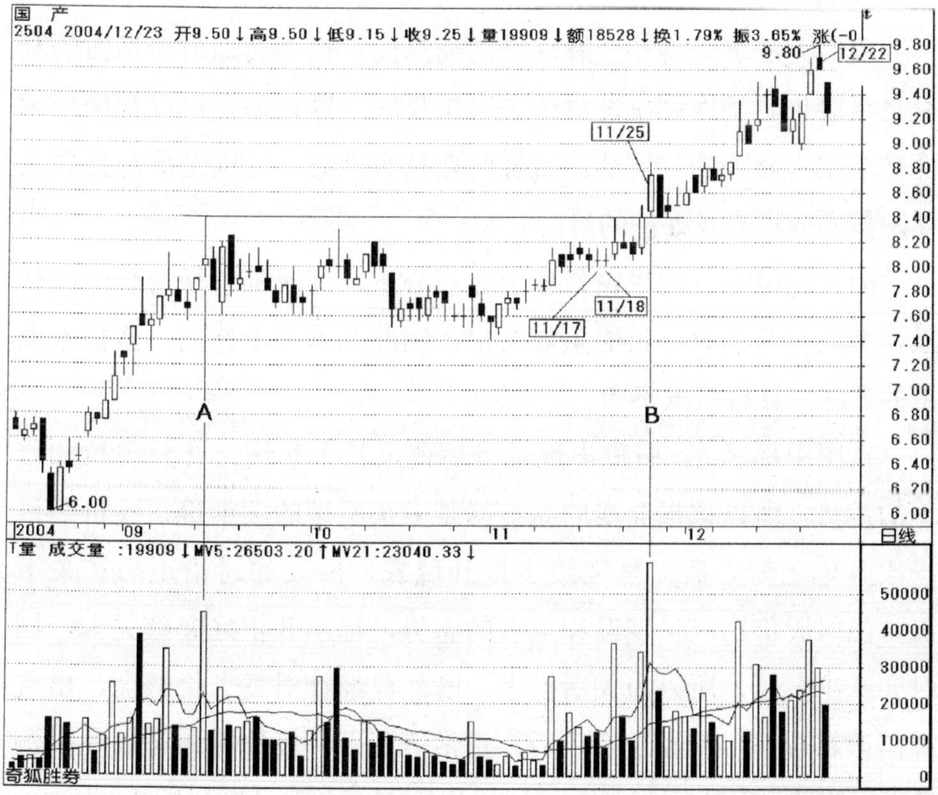

图 2-28　换手量的分析范例之二

当时在讨论区没有特别说明推断的理由，事实上股价是上涨到9.8元后，当日收黑，且于隔一日出现消息面的利空，也就是说实际走势与消息面的关系，令人玩味，摘录了某报的报导如下：

> 土增税利空　营建摇晃
>
> (2004/12/23)
>
> 突遭“土增税减半恐难再续办”利空袭击，营建类股今股价软趴趴……
>
> 由于土地增值税降低，可活络不动产交易，如果减半措施取消，势必对房地产市场产生巨大震憾……

我们无法事先得知会有这样的消息面，也不会知道消息面的利空之后股价是呈现利空洗盘或是直接反转下跌，但是可以利用技术面推断主力合理的、可能的目标区在什么地方，这也是散户投资人学习技术分析自我保护的目的。

因为在网站上的讨论是属于游戏心态、交流推断行情看法的性质，并没有将当时分析的重点写出，因此在本书中补充一些技术面上的看法，让投资人参考。

在图中标示A，股价出现暴量后留下长上影线，并呈现拉回修正的走势，所以该根K线的高点就是多头所谓的关卡价，股价经过一段整理走势之后，呈现缓步推升现象，网友的讨论正巧在关卡前，当时股价已经呈现温和上涨的态势，标示B正好突破关卡，同时亦暴出大量，所以为关后换手，既然已经针对关卡价解套，出现震荡诚属合理，而经过换手后，正常情形下，股价应该可以往推测的目标前进，所以上涨过程中只要利用移动式停利法则分析就可以了。

接着请看图 2-29，中兴电股价走势在中期修正之后见到 10.4 元的低点，股价随即拉出连续的日出阳 K 呈现多头攻击的积极走势，画水平颈线的位置是下跌波中的某一个关卡，而股价是直接拉过关卡之后才出量，所以属于关后换手，很显然，这是换手成功的模式，既然如此，就暗示未来仍然有上涨空间，正常而言，该波段的目标估计值约在 14.6 元，而满足该价位后将进入修正走势，修正结束之后，通常还有一个波段的上涨。

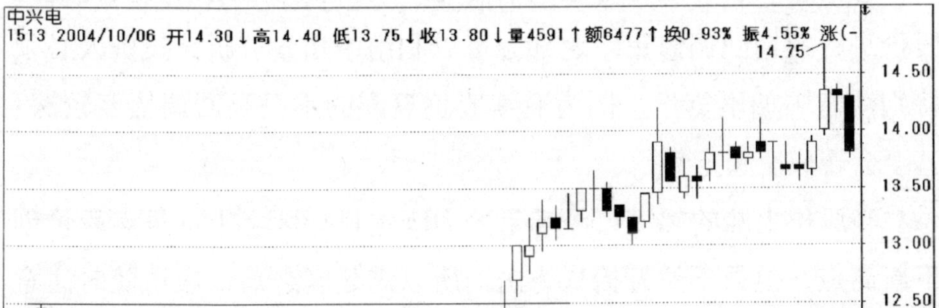

图 2-29 换手量的分析范例之三

十一、出货量

出货量的认定方法相当多元，除了利用指标辅助之外，也可以利用计算模式估算，只是此法不适合在书中公开，因为一公开，模式就会产生变化，所以这里只介绍部分基本模式，完整的出货行为模式描述请参考本书第六章。

出货量一般可以分为短期出货与中期出货，短期出货反应的是股价进行短期回调修正，这部分可以利用中指量分析。投资人必须特别注意中期出货量，因为后续股价反应的不只是回调幅度较深，甚至会转成空头走势。

当股价上涨的幅度已经满足主力既定目标区之上，虽然股价创下新高点，但是千拉万抬只为出，所以满足区之后，应该随时注意出现的异常大量，因为大量暗示有主力逢高调节筹码嫌疑。观察重点如下：

(1)波段涨势已经满足后，成交量原本不大，21 日均线有走平的忧虑，此时成交量忽然放大，为调节筹码的迹象；

(2)大量约为 21 日均线的两倍以上，或是穿越多空量的上限值；

(3)大量当笔如果收阴，应防隔日不创高、价跌的走势；

(4)大量当笔如果收阳，阳 K 实体 1/2 处守不住，或是隔一笔价不涨且收阴，或是呈现 K 线日落的下跌走势，为出货量的疑虑；

(5)在出货量之后，往往会伴随着量能退潮的现象。

实际运用范例

请看图 2-30，味全股价在 2004 年 4 月 20 日标示 A 当天呈现上涨到 18.3 元，为当时波段新高点，且暴出 45950 手的成交量，当笔为收阴的 K 线。当时已经为大浪满足点，也是极短线满足点，暴出大量有出货的疑虑，既然如此，就以该根 K 线为定位点，观察后续股价可能的走向加以确认。

股价在标示 A 之后没有出现多头续涨，反而以连续的黑 K 向下，这里就可以推断主力已经出货完毕，股价将有极高的可能形成

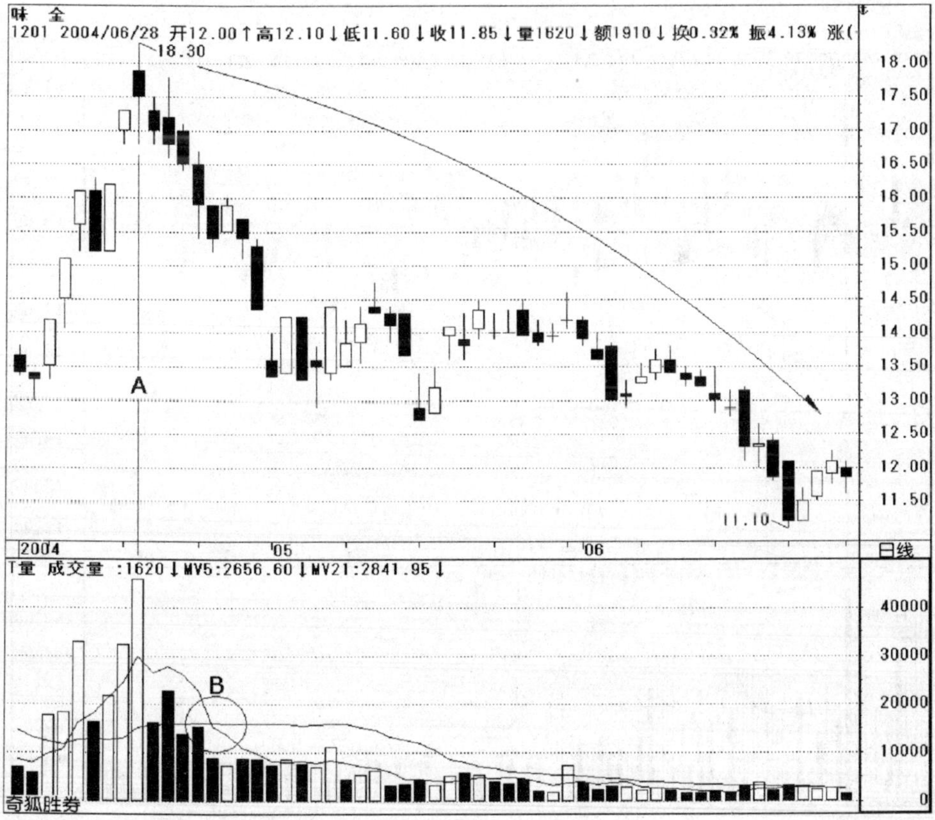

图 2-30　出货量的分析范例之一

反转，因为没有成交量的动能推升，就无法维系股价在高位，接着在标示 B 又呈现出量能退潮的现象，更证明了多头浪潮已经走完，股价将进行所谓的对分理论修正，亦即将修正到 11.4 元以下。

接着请看图 2-31，茂硅的股价分别在标示 A 和标示 B 出现出货量的迹象，当然在这两者之间也有出货的行为，这里暂不探讨。其中标示 A 是创下当时反弹的高点，当笔立刻收低并对前根红 K 线形成戳入，显然空头在这里发挥力道，并有压低出货的味道。

后续股价则是直接压低之后才反弹，请注意成交量均线走势，21 日均线是持续向下，虽然盘整过程中曾经尝试产生波段起涨，但

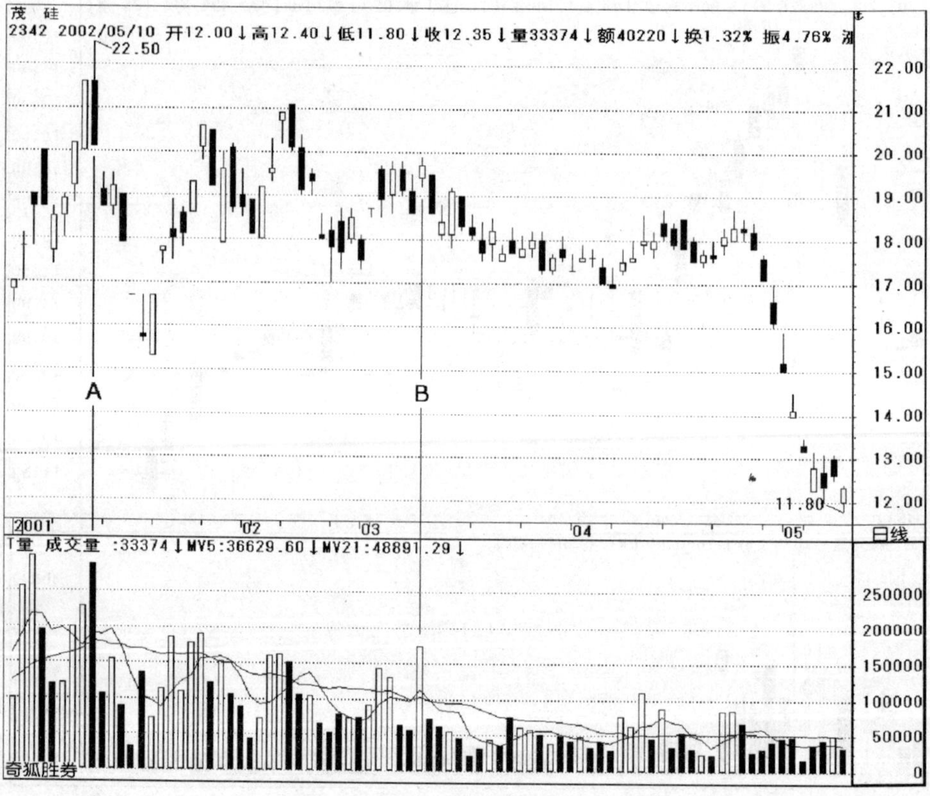

图 2-31 出货量的分析范例之二

都是属于反弹波动的短期波段起涨信号而已，所以这里有震荡出货的味道。

标示 B 这一笔则是再拉高出货，分析重点如下：①21 日均线是持续向下的；②股价收阳的隔一笔反向收低，并为日落阴 K 线；③后续的 K 线迟迟无法撞到标示 B 的该根 K 线。从以上这些现象，就几乎可以认定作手已经出货完毕了。

十二、支撑量

支撑量一般是属于中、长期空头走势或是多头中级回调过程中，在短期出现大量，并使股价暂时止跌的现象，代表短线有特定人士介入支撑股价。这种走势如果发生在消息面的利空之后，且股价呈现“超跌”的走势，那么投资人可以在严设止损的背景下，大胆介入反弹做多。

支撑量有两种积极性的基本做量(价)方法，一种是单日出现大量止跌，K 线形态为低开收红且收高，或是呈现“阳子母”的形态，隔一笔随即收高，并且迅速展开底部反弹；另一种为当日出现大量之后，K 线形态不拘，但是第二日的成交量立刻急速萎缩，接着价量呈现温和递增，股价低点渐渐垫高的现象。支撑量的分析重点如下：

(1)股价呈现超跌，尤其是大盘利空之际，特殊机构往往会介入撑盘；

(2)单日成交量约为 21 日均线的两倍以上，或是穿越多空量的上限值；

(3)出现支撑量理应出现反弹，并完成底部形态，不可以再度破底，以防再度形成套牢筹码。

实际运用范例

请看图 2-32，旺宏股价在 2003 年 4 月 22 日开始出现连续重挫的走势，当时台湾正爆发非典疫情，但是加权指数在 4 月 28 日就见到最低点进行盘底动作，旺宏该股则是持续下跌到 2003 年 5 月 23 日当天(即标示 A)才见到最低点 3.88 元。相对于大盘而言，显然已经超跌许多。

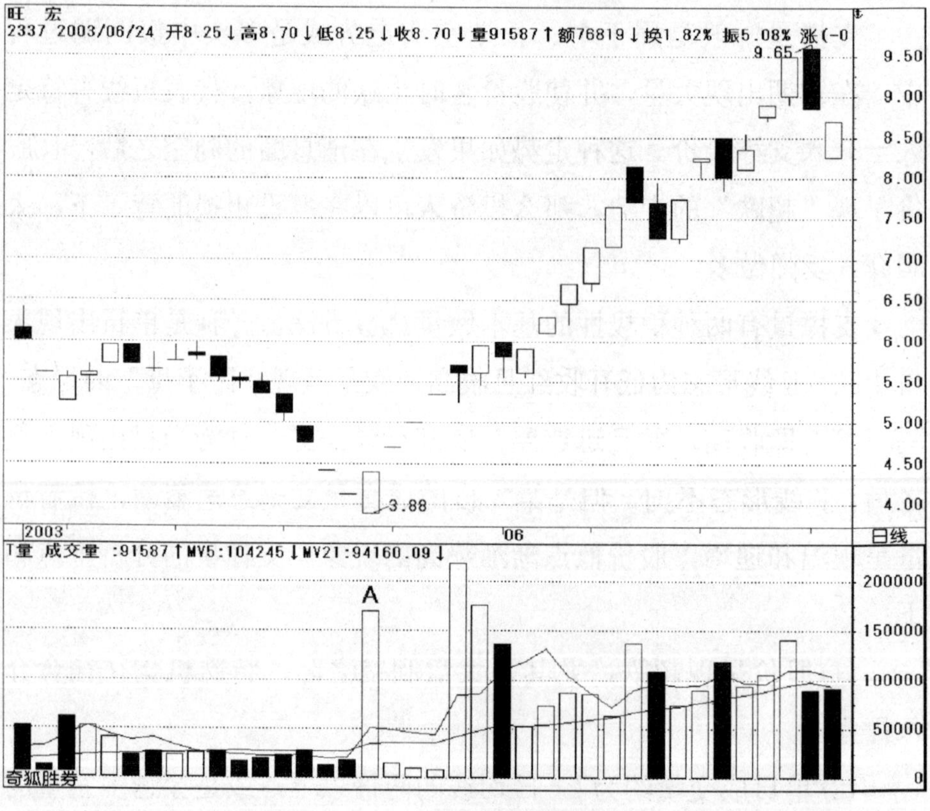

图 2-32 支撑量的分析范例之一

当天旺宏股价呈现的是止跌信号最强的K线组合之一——玉柱线，同时暴出大量，因此该形态极有可能止跌，且为特定人士进场的迹象，这一根大量代表的是散户止损的卖单全部转到了有心人士的手中。

也就是说当这种现象出现时，当时无法进场做多，也必须在震荡休息过程中介入，因为这种走势的反弹，至少都有两个波段，如果搭配大盘正好呈现回升走势，股票的反弹走势往往会让做多者相当满意。

接着请看图2-33，这是另一种大量支撑的模式。飞宏股价在2004年10月1日创下当时下跌的最低点9.05元，K线形态为一实体日落阳K线，成交量爆出大量，即标示A的地方。在标示A之后立刻连拉3笔日出阳K线，形成底部四手红盘，成交量亦递增呈现顺势量的走势，此为特定人士介入拉抬的迹象。

在笔者的网站上，有网友在2004年10月26日提出该股讨论，笔者对该股的回答是："已经有人进场布局了，至于现在他要怎么做线，目前的轮廓还不明朗。"10月28日我又回答说："布局是整体看，尤其是要看量，再看K线走势观察其企图心，所谓的有人布局就是有人开始放钱进去要做线了。"

至于如何做线，标准的走势是再上涨一个段落，所以该股后来合理的上涨幅度是可以推估的，根据实际操作技巧推算标准满足点应等于14.75元，也就是在图中倒数第6根K线完成满足，这也是短线多头的出场点。

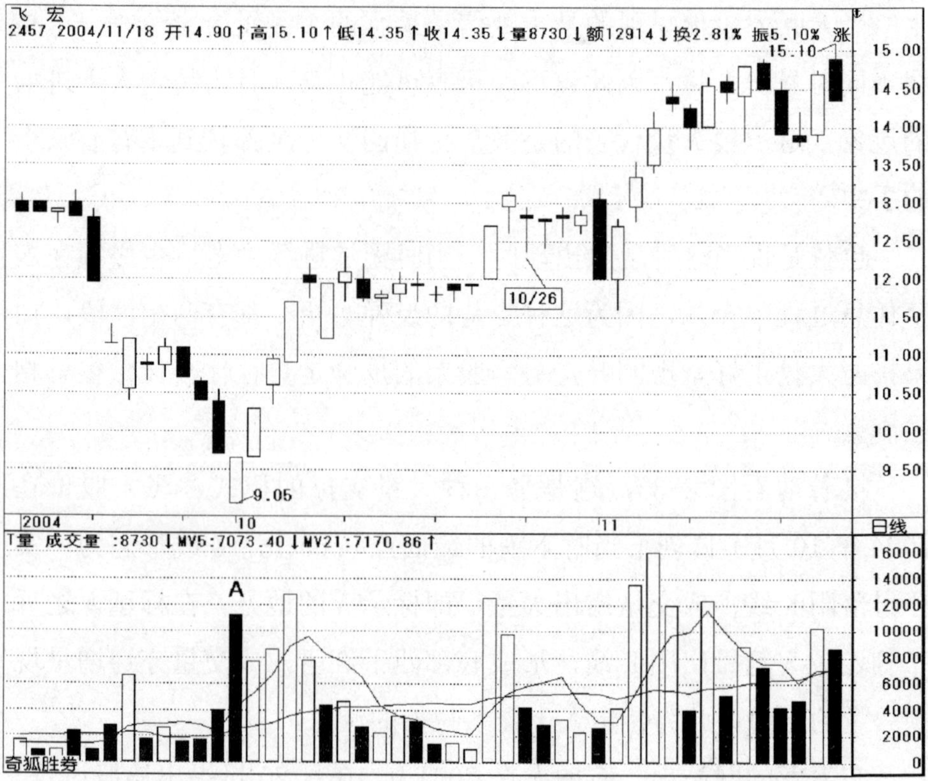

图 2-33 支撑量的分析范例之二

十三、防守量

只要在股价上涨或是反弹向上的行情中，出现成交量暴增为 21 日均线的两倍以上，或是成交量穿越多空量的上限值，暂时视为有短期出货量的疑虑。正常而言，股价有极高可能进行回调的走势，而这种回调的过程中，最基本的就是观察防守量出现后股价的变化。

当然这种量能扩增的现象，有可能是短期出货行为，也有可能是中期出货行为，如果要维持一个多头“大涨小回”的走势，那么短期出货行为是不可避免的，因为这属于良性换手，换手后主力是否能够有效掌控筹码的稳定度，观察重点就以防守量或是凹洞量的行为分析。

若是股价已经在相对满足区，且又有中期出货量的嫌疑时，如果出现的防守量守不住，那么随后出现的就是量能退潮的现象，股价将进行幅度比较大，或是时间比较久的修正，甚至是出现多空反转的走势。防守量的分析重点如下：

(1)找出对应股价高点附近可能的出货量；

(2)通常防守量较该出货量减少约 4 成；

(3)出现防守量时不需要注意均量的走向，亦与 K 线阴阳无关；一般而言，多头较强势的 K 线组合有利于多头防守。

实际运用范例

请看图 2-34，华硕股价在 2003 年 6 月 9 日当天的成交量是 17041 手，亦是当时最多的成交量，计算其概估的防守量为：17041×0.6(减少约 4 成)＝10224 手，在标示 A 的成交量分别为 9215 手和 9588 手，都满足防守量的定义，那么我们就可以取标示 A 对应的 K 线低点为价的防守点，并在低点画一条水平颈线作为观察。从后续的股价发展可以很清楚地发现，当回调到该处之后就形成支撑，并为正反转低点，且展开另一个波段的上涨行情。

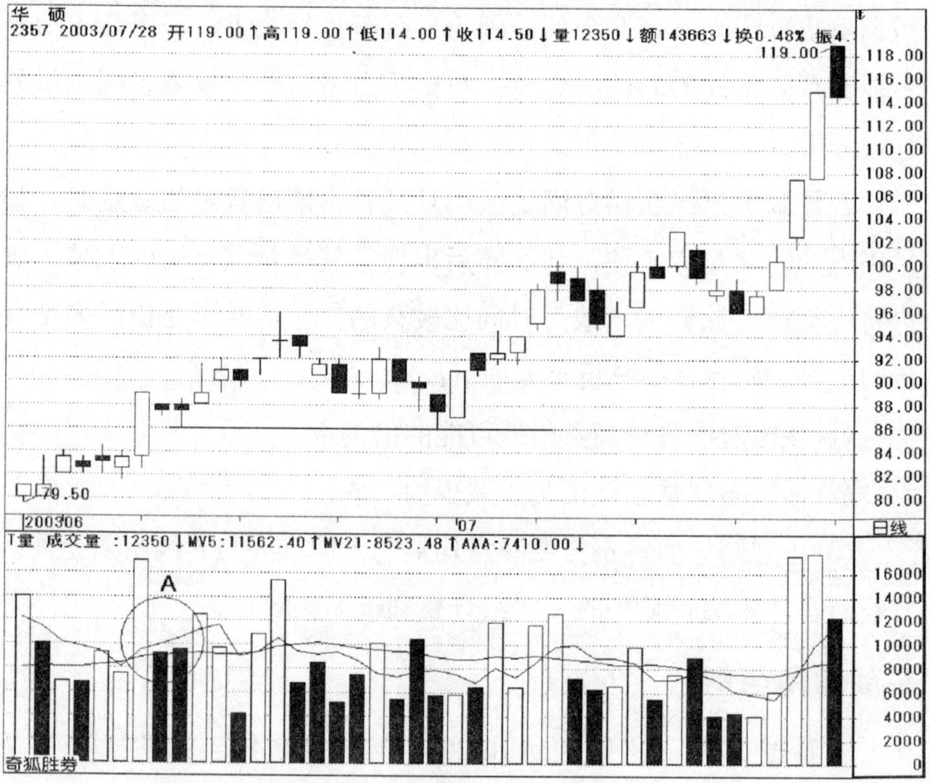

图 2-34 防守量的分析范例之一

请看图 2-35，鸿友的股价在 2003 年 7 月 28 日当天的成交量是 39927 手，也是当时最多的成交量，计算其概估的防守量为：39927×0.6＝23956 手。在标示 A 股价拉回，并出现成交量小于 23956 手，因此就量的角度而言，股价必须设法防守，所以我们就取标示 A 对应的 K 线低点为价的防守点，并在低点画一条水平颈线作为观察。股价在第一次测试之后创下新高点 29.4 元，再从这一个高点回测时跌破这一条颈线，这种走势就称为防守失败。

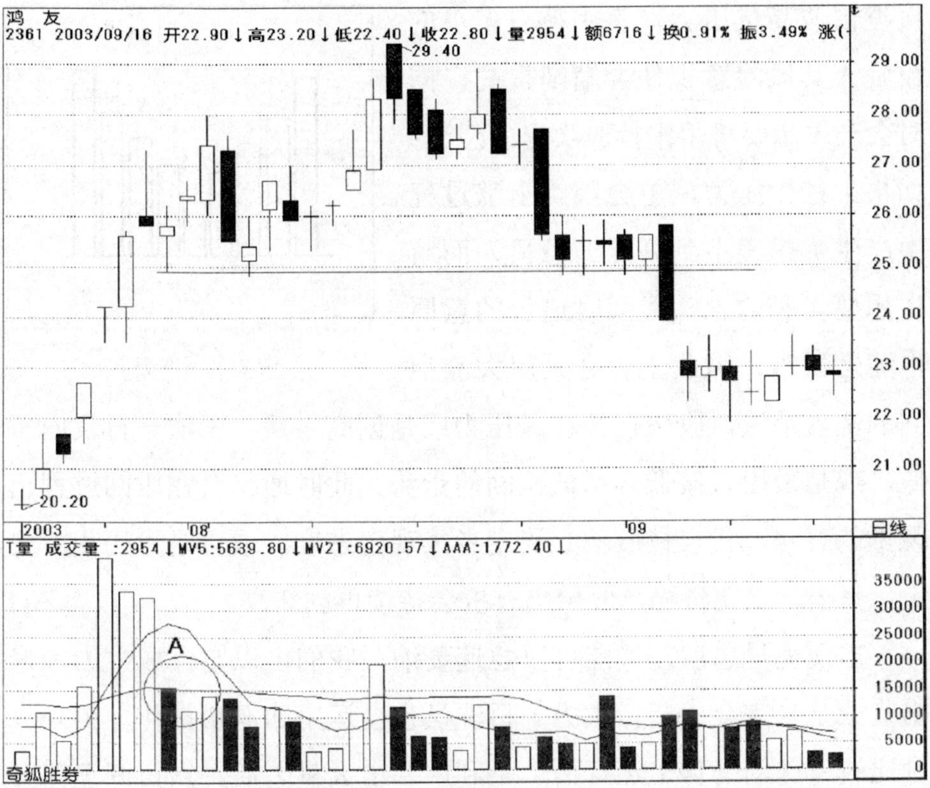

图 2-35　防守量的分析范例之二

十四、凹洞量

凹洞量主要的目的是观察量缩程度，代表的是价量关系降到极低点(图 2-36)，因此股价有可能随时出现向上弹升，所以发生的时机可以在股价涨势中，也可以出现在空头下跌过程中，属于主力常用的量能控盘“暗号”之一。

当股价出现价涨量增，属于持续上涨的多头走势时，股价只要

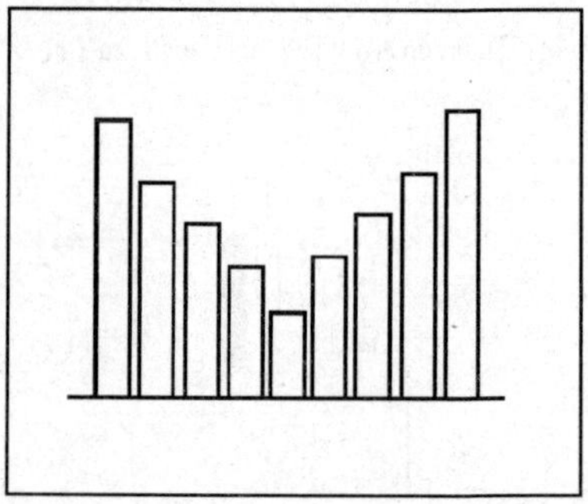

图 2-36 凹洞量

接近前波高位压力，手中持有多单的投资人其风险意识便会渐渐提高，同时会产生想要将手中持股卖出的想法；如果上档无压力，更会因为上涨过程中产生忧虑卖不到高点的恐惧，而萌生想要卖股的念头，同时追价的意愿也随之低落，因此主力会采用大涨小回的洗盘手法，股价往往在逢压力或是创高之后，于次一日反向压低，或是采用直接低开掼低压回的走势，此时通常会在压回过程出现量能急缩，代表持股信心稳定者采观望态度，或者是筹码相对安定，只要一呈现价稳，股价仍有机会持续再创新高。

出现大量之后，量能可以急速萎缩，我们可以定位成主力尚未出货或是未完全出货，主力一日洗盘也会运用凹洞量操作。另外一种比较特殊的强势上涨行情，是利用暴出大量之后，次日开盘即开高并于盘中出现拉霸盘直奔涨停价位，且形成涨停锁死，或是开盘即一价到底，此时量能极度萎缩形成凹洞，则暗示短线与中线操作者持观望状态，主力控盘者所掌握的筹码稳定，整体气氛属于惜售心态浓厚，股价上涨速度将会相当惊人，此即喷出走势。

而在底部区，除了日线的短期运用外，也可以观察周线的变化，进而掌握中线的筹码稳定程度，当出现底部凹洞量的行为时，必须经过短期底部的确认，依经验法则分析约有三星期左右的反弹行情可以操作；并在反弹结束之后，观察整体格局是否有机会形成中期底部。

凹洞量的分析重点如下：

(1)当日量必须小于最近大量的一半，或者利用多空量进行观察，当量缩到下限值之下就可以称为凹洞量；

(2)出现凹洞量关键点时，宜对应到股价低点附近；

(3)空头行情中，下跌过程中尚未有底部形态的凹洞量现象，往往会有再跌三天的杀短多效应。

实际运用范例

请看图 2-37，昆盈的股价在 2002 年初从 28 元开始盘坚向上，这里属于上涨过程中的调整走势，通常利用盘坚走势做调整是强势行情，因此股价有机会在调整之后再度上涨一个波段。

当图中标示 A 的现象出现时，检视它的技术面，发现符合凹洞量的条件，同时股价是对应到一个相对低点，随即在隔一根 K 线出现量增日出阳 K，暗示短线已经止稳，后续出现的一个波段涨势，自然也就不必感到意外。

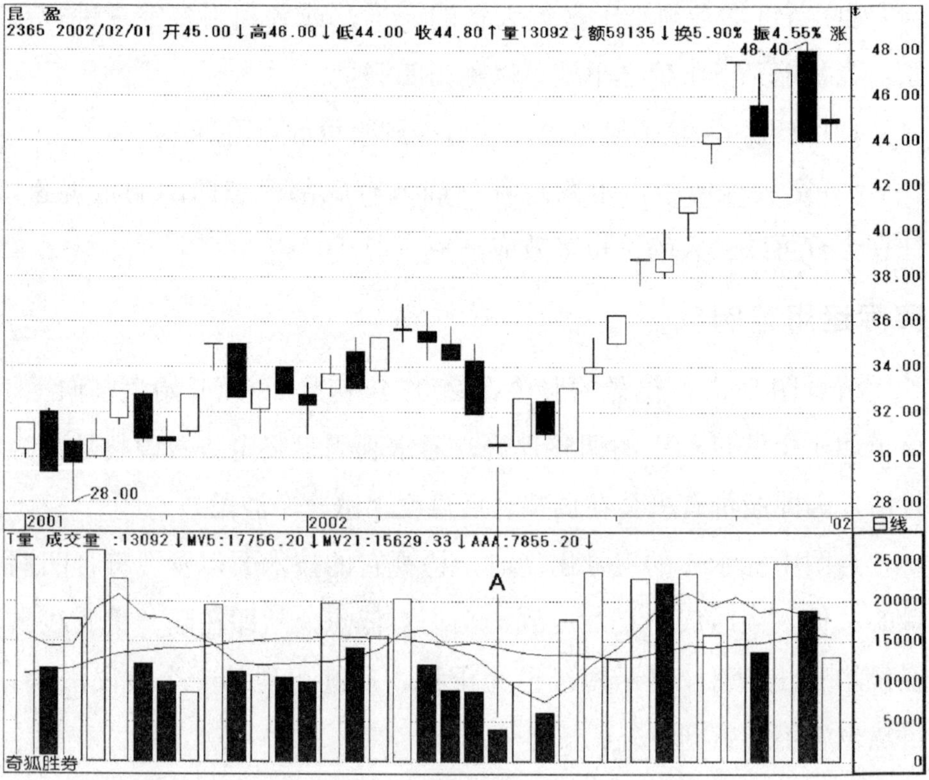

图 2-37 凹洞量的分析范例之一

请看图 2-38，碧悠的股价在 2001 年 10 月底附近见到当时的最低点，股价开始进行反弹，在向上弹升的过程中，股价是否形成回升行情尚无法得知，但是从走势过程中可以先预知短期日线翻多，至少会有相对的小波段利润，等到股价浪潮确定翻多之后，就可以掌握更大波段的利润。

在图中标示 A 是属于股价短线上涨后的压回，成交量形成凹洞量的现象，标示 B 也是一样，而且多对应到相对低点，所以股价会持续反弹，请注意当时股价波动是属于高点创高，低点垫高的多头波动，也就是说在标示 A、B 之后出现的买讯将会相对可靠，尤其

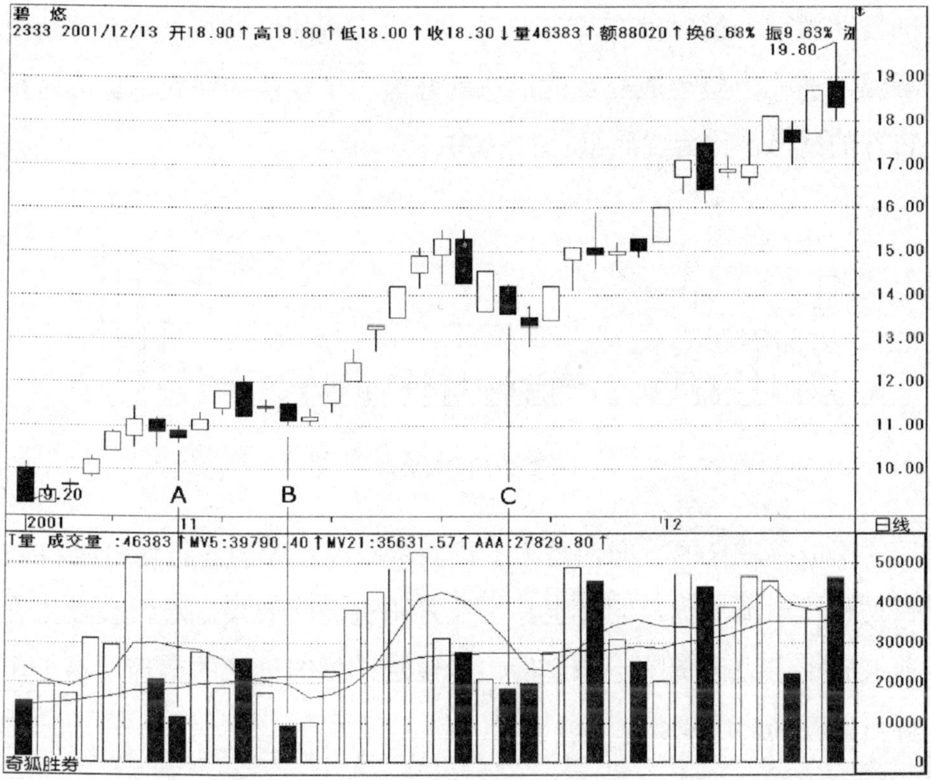

图 2-38 凹洞量的分析范例之二

是上涨目标尚未完成的前提之下。

标示 C 于急涨之后拉回，拉回的幅度不深，且成交量出现快速萎缩，形成凹洞量现象，这就是所谓的大涨小回，也就是在此出现的量缩价稳现象，代表未来至少还有等幅的上涨走势。

十五、谷底量

谷底量是指在底部区或是平台整理过程中，股价呈现狭幅的区间震荡整理，暂时没有明确方向时，成交量渐渐缩减，然后再渐渐增温的变化。整个成交量的形态就好像一个较浅的锅底形态，这种特殊的情形，称为谷底量(图 2-39)。

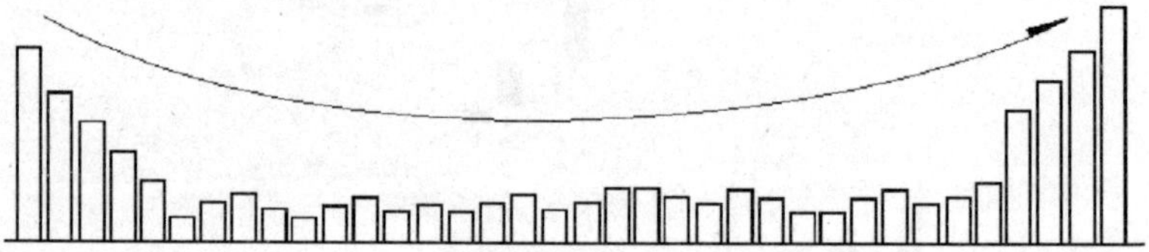

图 2-39　谷底量

形成谷底量的目的，是为了让原本距离过大的 5 日均量线和 21 日均量线渐渐靠拢，同时也具有让筹码沉淀的效果，通常会发生在前波属于主力进货的走势之后，呈现这样量缩价稳的整理，易于出现量价齐扬的现象。

实际运用范例

请看图 2-40，福懋油的股价从 4.63 元开始拉抬一个小波段，此为主力拉高进货区，拉高进货后正常会随着洗盘的动作，所以在图中画圈圈处的震荡过程，成交量会出现萎缩的现象。观察成交量的萎缩变化，正是谷底量的现象，因此在成交量出现这样的征兆时，就可以注意波段起涨、顺势量等有利于多头走势的量能现象。

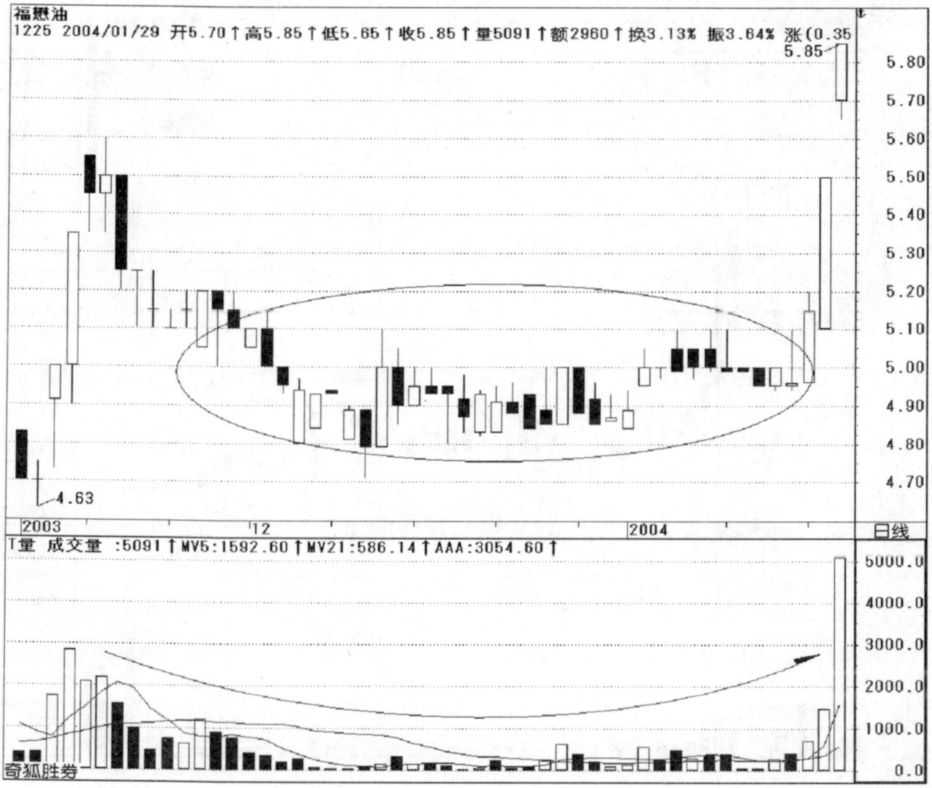

图 2-40　谷底量的分析范例之一

同样的观察方法亦可以运用到图 2-41 中，竹商银是属于股价拉回修正之后，在相对底部区呈现横盘的箱型震荡，大家可以将手边的股价 K 线图拿出来对照，将会发现 14.35 元的低点是属于浪潮的修正走势相对强势的走法，因为它的低点是逐步垫高，而所有的修正浪潮过程，就以这里的成交量呈现相对较完美的谷底量走势。

当股价有机会修正结束时，成交量又出现谷底量的现象，操作者宜注意波段起涨、顺势量等有利于多头走势的量能现象，且于股价出现多头发动走势之后，积极介入布局做多。

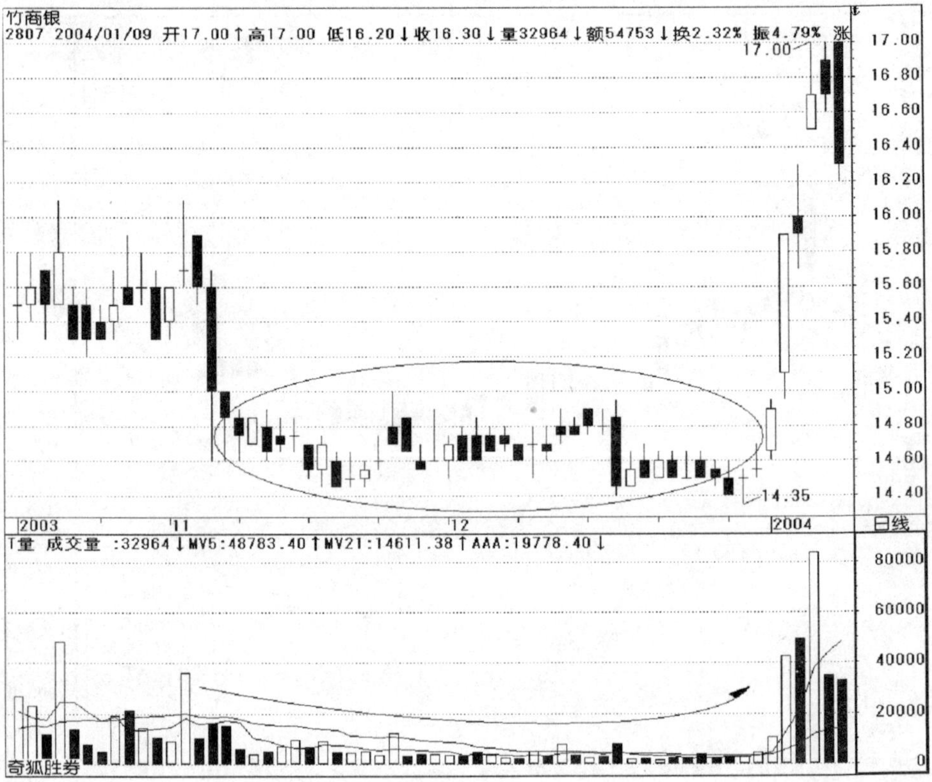

图 2-41 谷底量的分析范例之二

十六、头部量

当股价上涨到既定满足区之后，股价正常的行为会进行盘头反转，所以我们利用形态学中的各种头部形态观察时，取出的颈线之上称为头部区，因此属于头部区的成交量就称为头部量。

当形成头部量之后，成交量必须经过筹码沉淀，才能有利于股价的反弹或是盘底，也就是在头部量之后应该注意稀释量的观察。一般而言，在空头走势中，当头部量被消耗掉之后，会先出现一次比较像样的反弹，反弹后仍会持续下探低点，再经过一次沉淀之后，才容易于该低位区进行盘底的动作。另一种做线模式在稀释量中再举例探讨。

实际运用范例

请看图 2-42，光磊股价的周线图在 2000 年 4 月 1 日至 2000 年 7 月 7 日形成一个头部的现象，亦即图中标示 A，总计成交量共 1040438 手，这个数字也是周线图中的头部量。

当时光磊股价属于长线翻空后的调整浪潮，形成头部暗示周线又将走空探底，那么可靠的探底满足区除了利用形态测量之外，也

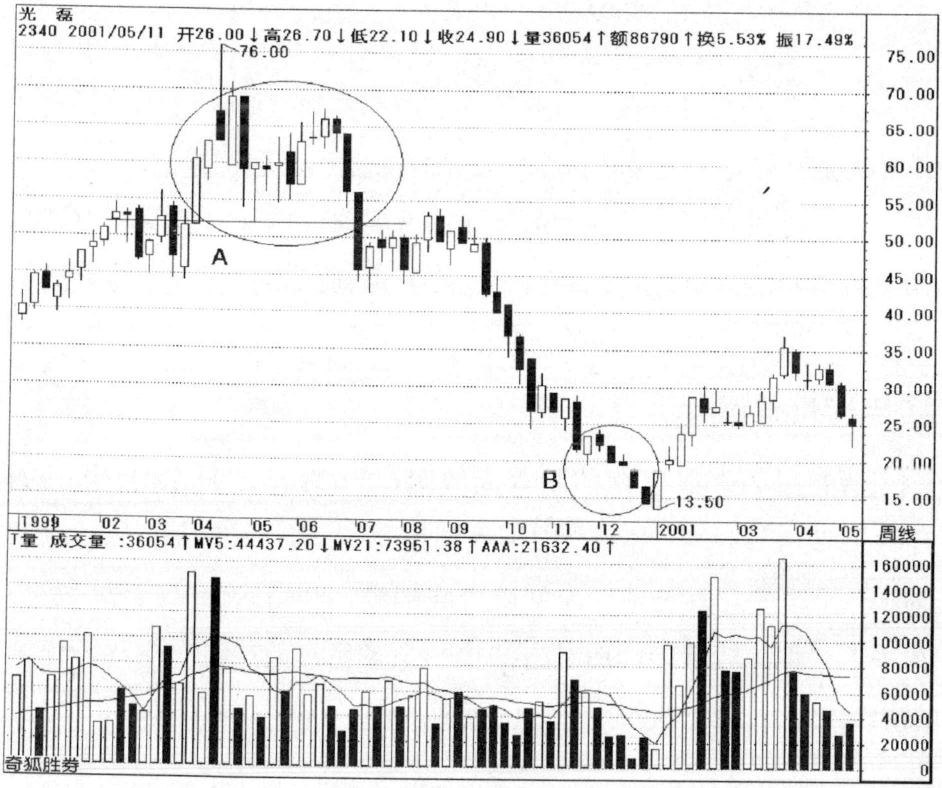

图 2-42　头部量的分析范例

可以利用量能的角度观察，也就是完成头部区之后，将成交量依序扣减，在图中标示B，已经将头部量完全扣减，因此这里将是相对底部区，正常而言，在价的走势完成底部之后，将会出现中线反弹浪潮。

因为只是将头部量做初步扣减，所以定位在反弹，正常而言必须扣减头部量的两倍以上，才有完全稀释的作用。

十七、底部量

当股价下跌到预估满足区之后，股价正常的行为会进行盘底的动作，等待筹码沉淀、萎缩之后，再进行多头攻击完成反转的动作，而当我们利用形态学中的各种底部形态观察时，取出的颈线之下称为底部区，因此属于底部区的成交量就称为底部量。

股价完成底部之后，就可以计算该底部区成交量的总合，再利用量能的角度分析，搭配股价不同的预测模式，估计到主力大概的换手量、出货量或是可能的出货区。

实际运用范例

请看图2-43，铼德的股价周线图在1998年8月15日至1999年4月30日这里打出一个中期底部形态，计算这里成交量的总和为1960040手，这些成交总数就为底部量。利用底部量推算出货与换手的关键比较繁琐，而且方法也相当多元，无法在书中逐一详细列出探讨，因此不列入本书讨论范围。

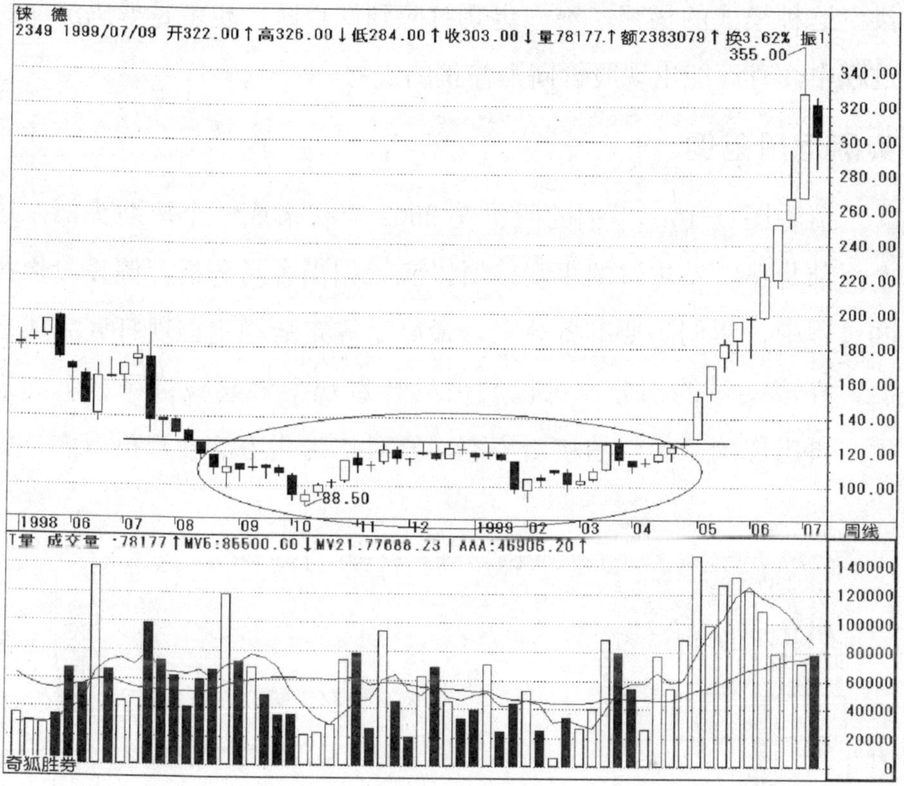

图 2-43　底部量的分析范例

十八、稀释量

一般定位稀释量有两种看法，一种是当股价上涨过程中，融资余额过高，股价却进行反转下跌时，必须要将融资余额消耗掉一定程度，称为融资减肥，筹码才会出现安定的作用，此为稀释的目的。

另一种是形成头部量之后，完成头部量的消化程度达到两倍以上，就完成稀释的作用，这些被消耗掉的成交量总合，就称为稀释量。这种模式的稀释，不一定会对应到低点区，也就是筹码沉淀的过程中，有可能出现股价向上修正的走势。

实际运用范例

请看图 2-44，幸福的股价在 2002 年初形成一个短期头部，这个头部是已经发生过的事实，所以应该相当容易分析。假设股价拉回过程中，我们想要准备介入，最好是等走势稳定出现打底完成之后，在成交量的部分，可以利用稀释量观察筹码被稀释、沉淀之后，再出现的“价”的攻击姿态，则对作为买方的散户投资人，将

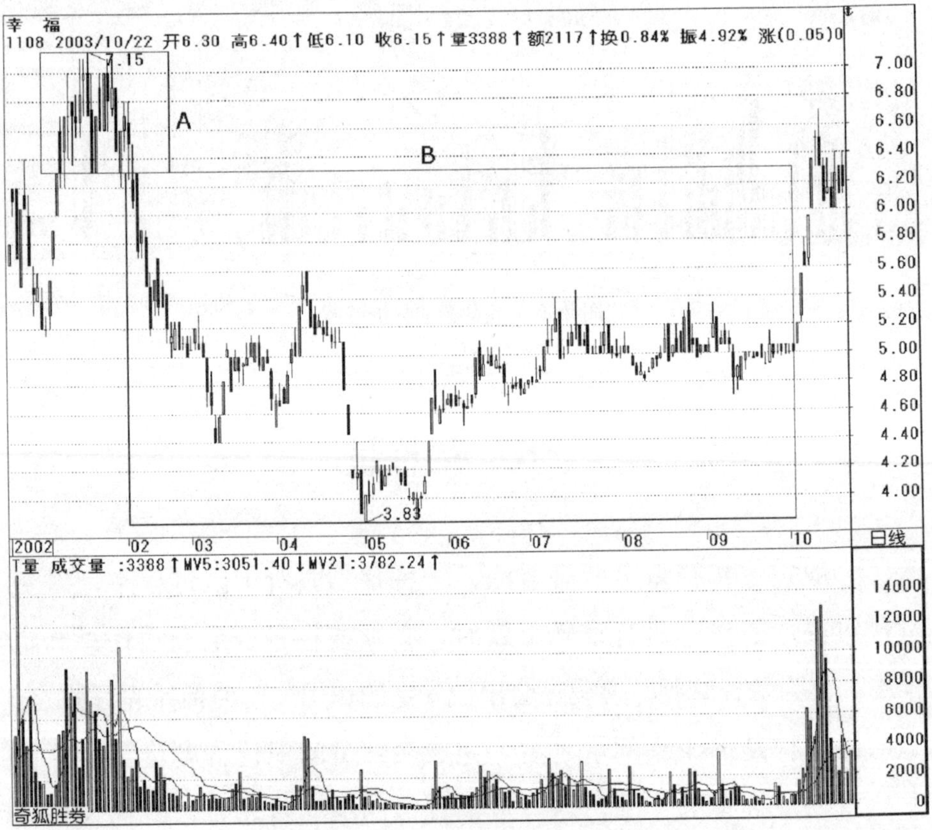

图 2-44 稀释量的分析范例之一

会更加安全。

利用图中标示 A 的框框计算该处的头部量，总计有 105154 手，如果要稀释完全，大约要 105154×2＝210308 手，当跌破头部颈线开始扣减，当扣减到图中标示 B 的框框位置结束时，已经扣减掉 182228 手，也就是说只要再出现扣减 28080 手，筹码就视为完全稀释。

但是这里已经非常接近稀释完成，且在股价已经垫高过程中，剩余的成交量可以利用攻击盘走势拉高，让最后一批套牢的成交量，在这一段拉高过程中释出。这种做法的意思是说：股价经过长期的沉淀之后，有部分的投资者已经先认赔杀出，有的人是打算硬拗到解套，作手为了让股价可以顺利拉抬，必须要让这些硬拗的筹码可以退出，因此会拉一波攻击盘到套牢区，而这些等待很久的散户发现股价已经到达自己套牢的成本区，自然会将股票卖掉，此时也会有短线客户同步追逐，所以在这里作手完成最后一批筹码的稀释之后，就会同时进行换手、洗盘的动作，这一段洗盘之后的股价再度涨升，走势将会比较凌厉、速度会比较快、角度会比较陡，这也是实战讨论会里的独门推浪法则当中某个三部曲的走势。

接着看图 2-45 体会作手们的做线节奏，标示 A 的方框指的是头部区，标示 B 的方框指的是整个筹码稀释的过程，标示 C 则是下降趋势线，这是利用整理形态所画出的趋势观察线，当股价穿越标示 C 的下降趋势线之后，进行的是最后筹码稀释的动作，也就是解套、换手或洗盘，接着从 6.05 元的低点开始拉抬，这一段多头最高则是拉到 12.8 元，涨幅正好超过一倍。

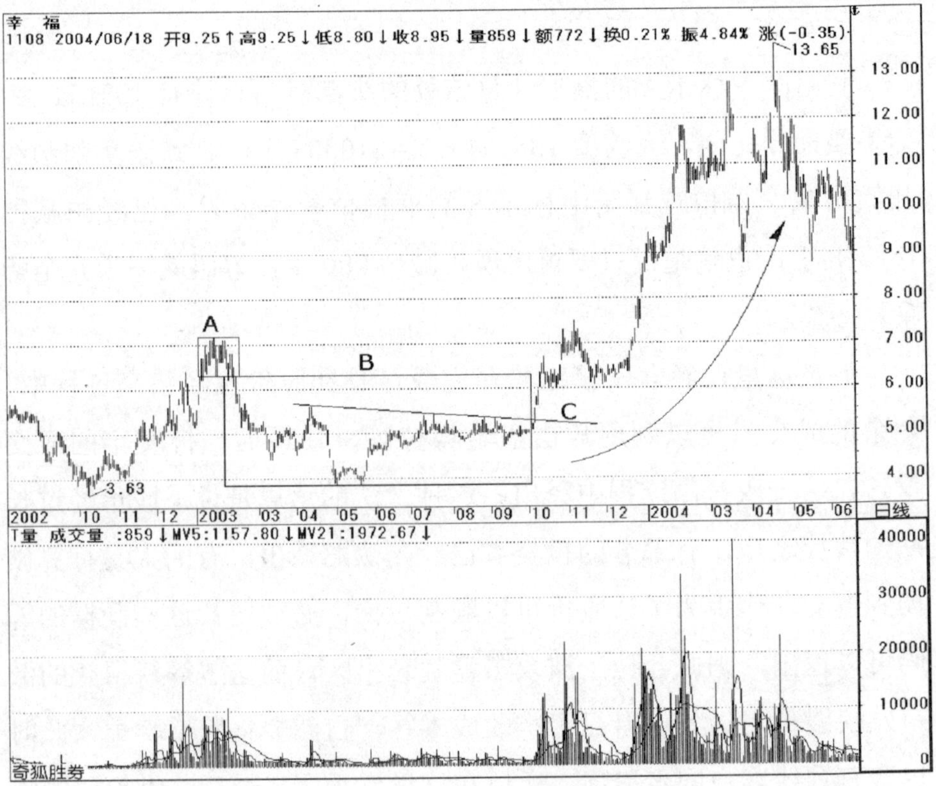

图 2-45 稀释量的分析范例之二

本章重点整理

(1) 量能退潮：当 5 日均量线与 21 日均量线产生死亡交叉后，称为量能退潮，通常股价会出现回调或是下跌的走势。

(2) 波段起涨：当 5 日均量线与 21 日均量线产生黄金交叉后，称为波段起涨，通常股价会出现反弹或是上涨的走势。

(3) 中指量：属于主力控盘的关键量能之一，一般取 5 笔成交量做观察，中间那一笔为最大值，并分别往左右递减。

(4)顺势量：成交量随着股价上涨而增加，或是随着股价下跌而递减的现象。

(5)逆势量：成交量随着股价上涨而递减，或是随着股价下跌而增加的现象。

(6)草丛量：成交量忽然放大，紧接着急速萎缩，如此反复几次，形成增—减—增—减—增—减的特殊现象。

(7)量滚量：顺势量的特殊情形，第一笔会伴随攻击走势，且大于多空量，随后保持量能温和递增。

(8)攻击量：主要目的在分析能否提供股价由空转多所需要的动能。

(9)试单量：主力进场尝试拉抬，测试买卖压的特殊现象。

(10)换手量：多头上涨格局中的特殊现象，当在突破压力时，必须以换手量消化卖压，股价才有持续攻坚的力道。

(11)出货量：凡是在满足区有出货嫌疑的量能表现，均可以称为出货量。

(12)支撑量：空头走势中，出现止跌的短期大量，暗示有特定人士进场承接，唯不得再破底。

(13)防守量：当出现量能暴增后股价回升，且量能减少约该笔大量的 4 成之后，就可以定位为防守量。

(14)凹洞量：量能萎缩到当时极低点，暗示股价有机会弹升，属于主力量能控盘的暗号之一。

(15)谷底量：股价在底部区或是平台整理过程，出现类似圆弧锅底形态的量能现象。

(16)头部量：完成形态学头部形态中，所有量能的总合。

(17)底部量：完成形态学底部形态中，所有量能的总合。

(18)稀释量：指融资减肥或是头部量被减少到一定的程度。

第三章

量能相关指标剖析

关于量能的指标，除了均量线之外，也有技术分析研究者将量取代价，演算出量的 W%R、KD 与 MACD 之类的指标，这些指标的实用性尚待验证。除此之外，只有少部分经过实际检验并在市场中被广泛使用着。在这一章，只就多空量指标、能量潮指标、成交量市价趋势指标、量强弱指标与逆时针曲线等五个关于量的指标，做基本的运用介绍。

这些指标的部分现象，隐约可以看出主力进场布局或是出货的痕迹，不过这只是对整个 K 线模式、主力做线技巧与量价关系尚不熟稔的方便分析法门，正统之道仍是回归 K 线与量价关系做研究，才能精确地掌握主力进、出货的玄机与奥妙。

一、多空量指标

一般的投资人对于成交量的分析，如果没有经过长时间观察、练习，常常迷惑于两条、多条均量线的变化而不知所措，因此对于

"量增"或"量缩"之类的形容词更有不知如何判别的困扰，因此特别研发多空量指标，并添加上下限观察，以利初学者分辨短期凹洞量、低位区的支撑量、行进间的推升量与高位的出货量。

公式：

多空量=(6日均量+13日均量+26日均量)÷3

上限=多空量×1.382

下限=多空量×0.618

上下限的参数值适用于个股，用在指数类上并不恰当。运用时是采用"量破价"的法则分析，故先有"量"的行为，才有对应"价"的走势，再从价的走势回归到量的反应，所以是一个短期量价循环分析技巧。

短期应用原则

本文只就该指标短期运用原则探讨，所有关于量能的代名词均指在本指标出现的现象，与其他定义无涉。如果成交量大于多空量时，称为量增走势，此时宜注意成交量是否大于上限，超越上限就必须分析是属于支撑量、推升量或是出货量。如果成交量小于多空量时，称为量缩走势，此时宜注意成交量是否小于下限，跌破下限就必须分析是否属于凹洞量或是人气退潮。

(1)当股价在低位区出现成交量超越上限，为短线"支撑量"，股价理应尝试出现止跌，假设止跌现象成立则将进行反弹行情，股价不止跌则续创低点，必须等到出现下一个凹洞量或支撑量再尝试做止跌。

(2)当股价在底部完成后出现成交量超越上限，为短线"推升量"，股价理应出现波段行情，假设股价没有对应上涨，则为盘底失败，必须等凹洞量出现后才能有利多头再度攻击。

(3)当股价在行进间出现成交量超越上限，为短线“推升量”，股价理应持续上涨，假设出现股价上涨无力并呈现修正走势，则怀疑此为“出货量”，必须等到股价止跌，并出现推升量再创高点之后，才可以化解危机。

(4)攻击盘中出现超越上限的成交量后，连续三日萎缩，且成交量跌破多空量，价守住支撑点，通常为短线洗盘。

实际运用范例

图 3-1 台泥的股价在 2003 年 5 月初压回到 9.85 元呈现一个低落点，随即在标示 A 出现成交量小于多空量下限的技术现象，此现象在本指标就可以视为凹洞量。出现凹洞量股价理应尝试止跌，而标示 A 处的 K 线为一根日出线，正是尝试止跌的表现。

股价尝试止跌后，出现类似打底的步骤，打底过程中，量能也忽增忽减的震荡，直到标示 B 呈现跳空的日出“蜡烛”。一般而言，投资人看见带有上影线的 K 线，多少会有怀疑的成分，但是在成交量方面出现突破多空量上限，所以是推升量走势，暗示此处为量价齐扬，股价有机会完成底部。

标示 C 的大阳 K 线仍然是推升量，并且突破价的底部颈线，完成一个底部形态，也就是说标示 B 的量先表态，接着标示 C 再出量呈现攻击，而标示 D 的推升量则为再度攻击信号。图末标示 E 之处是 2003 年 6 月 12 日，出现一根极大的推升量，因为此处属于相对高位区，将有机会形成“出货量”，请见图 3-2 叙述。

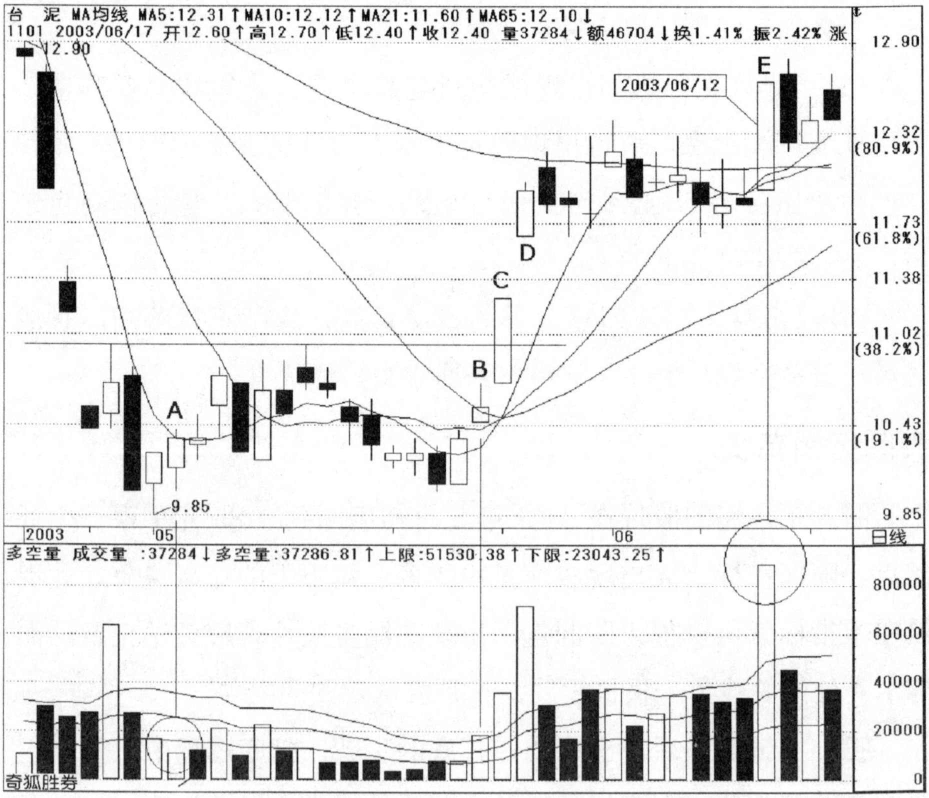

图 3-1 台泥股价与多空量标的搭配运用范例之一

请看图 3-2，标示 2003 年 6 月 12 日当日是股价底部完成后上涨一个段落出现暴大量，当时可以先假设它是出货量，标示 A 正巧为盘一个小头，然后股价呈现压回修正走势，压回过程中重视的是在何处止跌，止跌后呈现什么现象。止跌的分析可以利用凹洞量观察。当出现止跌确立后，股价进行的就是盘整走势，盘整成功则完成底部，失败就是所谓的中段整理，股价将持续探底。但是无论如何，标示 A 已经形成套牢区，根据股价波动逻辑，未来上涨到此处，必须先出现解套的行为。

当股价盘整一段时间后，在标示 B 出现凹洞量的现象，这里是

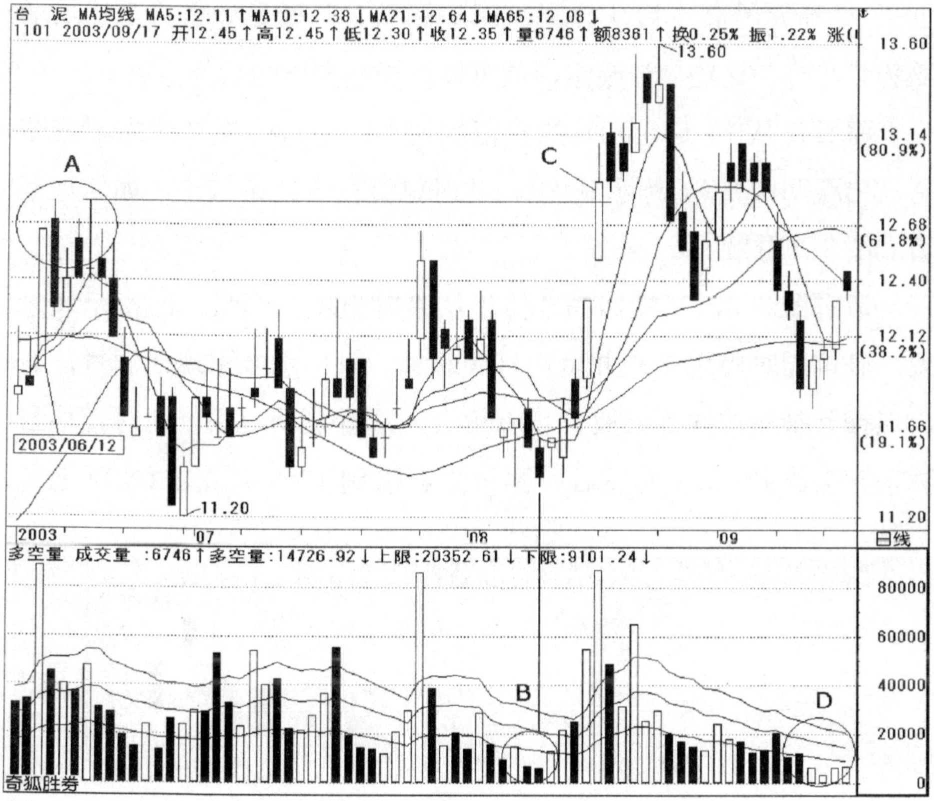

图 3-2　台泥股价与多空量标的搭配运用范例之二

整段盘整过程中出现的最小凹洞量(暗示量缩到极致)，但是股价并没有创新低，所以这是多头反攻的最佳机会，如果反而破底，将会出现相对量大的卖压，因此在这里可以说股价只能够涨、不可以跌。

股价后续是上涨的，这里可以大概推测控盘主力的意图：想要针对标示 A 的套牢处做解套。因此在出现推升量后，股价上涨突破 A 处诚属合理走势。这里又有一个观察重点，对 A 解套后如果立刻拉回，对于后续控盘主力是否持续将股价做高，必须持保守的态度，但是我们看见当时股价的信号是对 A 解套后，还拉高了 3 笔，创下 13.6 元的高点后才拉回，而从标示 B 开始量能走势是递增的顺势量，有了这些信号暗示，就可以积极注意压回后的走势。

而股价从 13.6 元开始的修正呈现 ABC 走势，在 C 的末端成交量又出现凹洞量(如标示 D 处)，此时就有机会结束修正，如何观察请看图 3-3 分解。

请看图 3-3，当疑似 ABC 修正结束时出现凹洞量，即标示 A 之处，股价同时出现止跌并呈现打底现象，于标示 B 出现凹洞量，再出现推升量完成底部，股价将有机会从这里发动攻击，此时预估目标正常会涨到 15.2 元左右，强一点会涨到 17.8 元左右(实际上是

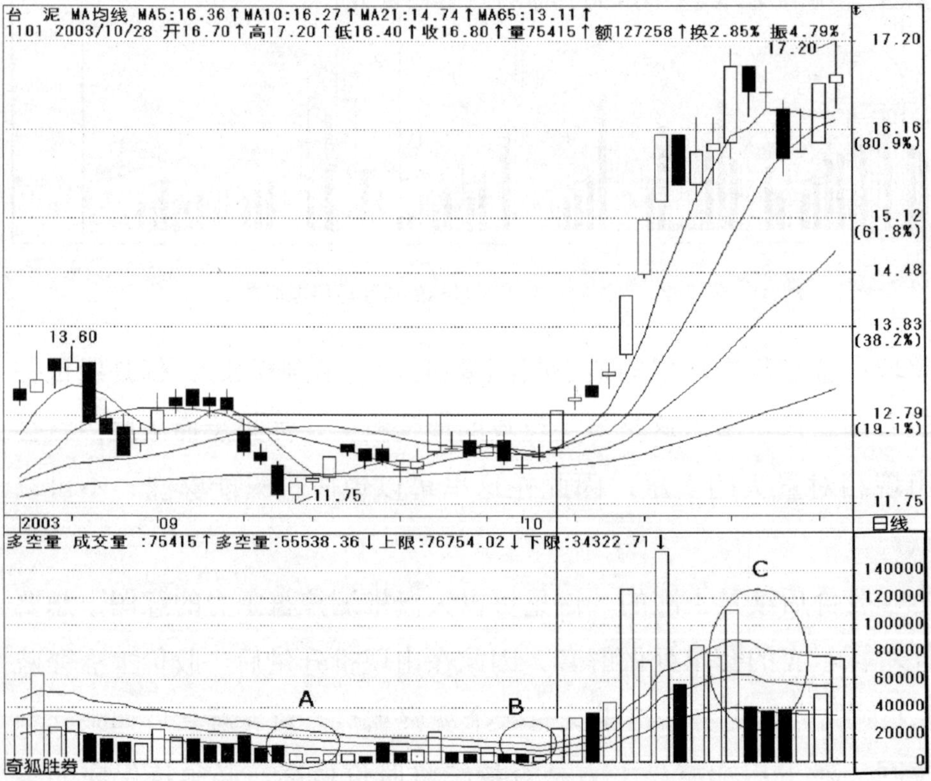

图 3-3　台泥股价与多空量指标的搭配运用范例之三

涨到 18 元)，如果利用黄金螺旋预估，是要涨到 17.4 元左右，假设买在底部完成的最高点 12.85 元，离上述预估目标最小值也有 15.2－12.85＝2.35 元的价差，止损点以当根 K 线低点 12.3 元为基准，止损风险为 12.85－12.3＝0.55 元，亦即利润与风险比为 2.35÷0.5＝4.27，利润幅度为 2.35÷12.85×100%＝18.3%，为值得买进，如果上涨超过预期，不就是多赚的吗？

股价就在底部完成之后一路上涨，穿越 15.2 的目标之后并没有卖出信号的暗示，在标示 C 出现推升量未创高，但是股价创高的背离迹象，K 线方面也出现上涨以来首见的日落阴 K，因此在接近较大涨幅 17.4 与 17.8 附近，就必须开始注意卖出信号了。

接续图 3-3 之后，观察图 3-4 的走势，股价在出现日落阴 K 的信号之后，虽然呈现震荡走高，但是已经没有之前的强势，当它穿越预估最大值 17.8 元，并创 18 元高点之后，立即出现酒田十二法中“回转线”的卖出信号(标示 A)，就笔者实际操作的经验而言，理应卖在穿越最大满足区当笔，最慢要卖在隔一笔，所以只要依法买卖，就可以规避标示 A 之后的下跌走势。

当然出现了修正，想要找出止跌点，就只能依赖凹洞量或是支撑量的现象，图中标示 B、C 是成交量现象，对应的 D、E 是股价现象，投资人不妨针对 K 线形态理解。

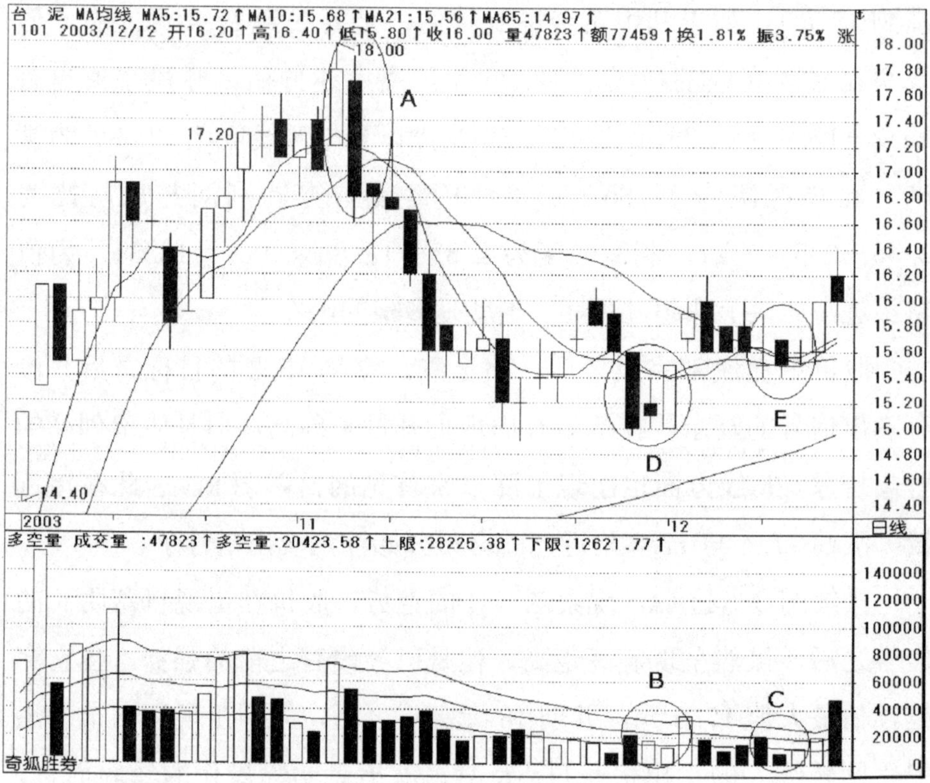

图 3-4 台泥股价与多空量指标的搭配运用范例之四

接着请看图 3-5，这张图是整个段落的完成，我们取在浪潮中属于调整浪潮的这一段做黄金螺旋测量，在 2.618 倍幅之后，即标示 A 出现一根大量的现象，这种走势往往不是定义为“推升量”，而是要怀疑它是“出货量”，为了方便说明，我们将该处图形放大，请看图 3-6。

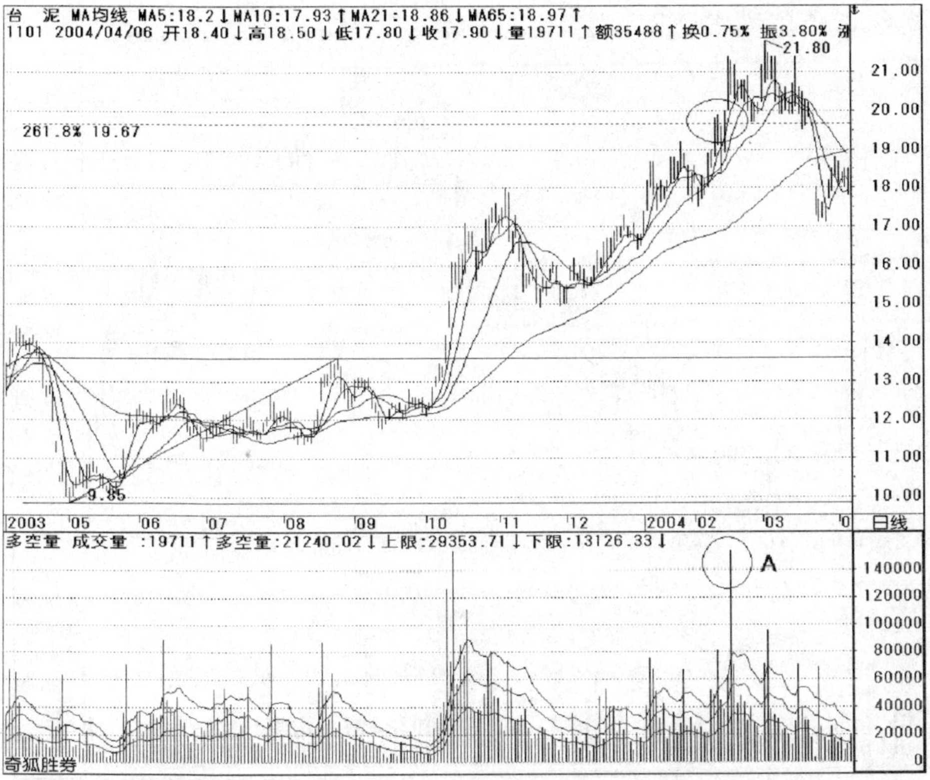

图 3-5　台泥股价与多空量指标的搭配运用范例之五

在图 3-6 中，标示 A、B、C 的量能现象如前所述是一种盘坚打底的模式，而且在震荡过程中均守住支撑，当标示 D 之处突破前高 18 元之后，进入短期震荡走势，这里压回的幅度不深，暗示股价仍有向上挑战的实力，但是这里已经很接近整个浪潮 2.618 倍幅的目标，空手者买进宜酌量，不宜躁进。

标示 E 的走势为突破标示 D 的震荡区域，此时也已经突破 2.618 倍幅，为相对风险区，出现推升量宜防为主力出货的迹象，标示 F 为近期暴出的最大量，亦为推升量的技术现象，且大于前一天两倍以上，故股价容易出现暴量不涨，甚至会有盘头的走势，事

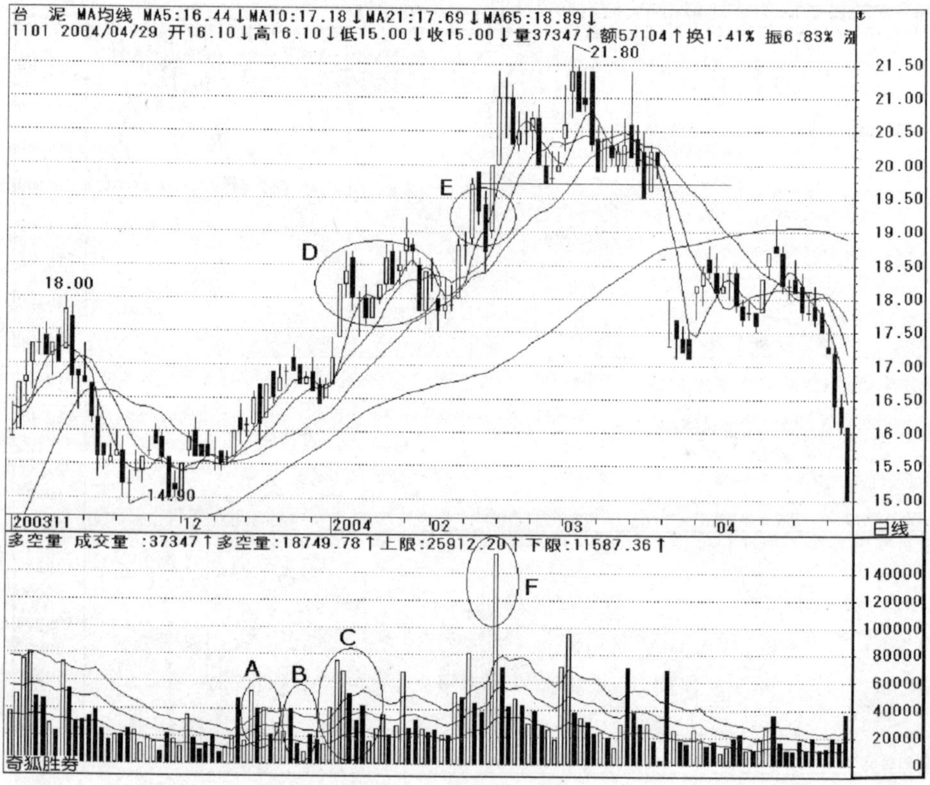

图 3-6　台泥股价与多空量指标的搭配运用范例之六

实上股价的走势为盘一个“头肩顶”后，正巧逢选举的消息面影响，呈现比较大的修正幅度。

二、能量潮指标

OBV 指标(On Balance Volume)，中文名称是成交量净额法，或称为能量潮指标、累积能量线。该指标是建构在股价的变动与成交量或成交额的趋势变化上的，因为股价是投资者买卖交易后的呈现，成交量本身即代表供需力道与市场心理，故将成交量值加以数量化，配合股价趋势升降，从价格的变动和成交量的增减关系，推测市场的多空气氛。

这项指标在 1963 年由美国分析家葛兰维尔(Joseph E. Granville)在其著作《获得股利的新秘诀》中提出，并曾以“浴缸原理”说明资金动能与股价对应的关系，人的身体就像资金动能，浴缸的水位代表股价，当人进入浴缸内就好像资金注入股票市场，会造成浴缸水位上升，也就是股价上涨；当人离开浴缸，水位下降，就如同股价回调一样。

计算原理

本指标总计有四种呈现的方法，其中比较传统的两种呈现方式，必须先计算出每日多空代表的能量值：

(1)如果当天收盘价是上涨的，则将当日成交量视为需求量，其值为正值；

(2)如果当天收盘价是下跌的，则将当日成交量视为供给量，其值为负值；

(3)如果当天收盘价是平盘，其值为 0。

接着再根据上述所取得的数据，进行不同曲线的计算。

(1)区间型 OBV 指标：

将十日内的能量值相加，求出 OBV 指标线，此法又称为移动型 OBV 指标。

(2)累积型 OBV 指标：

今日累积的 OBV 值＝昨日累积的 OBV 值＋当日能量值。

另外还有两种修正的计算公式：

(1)修正型 OBV 指标：

这种方法又称为成交量多空比率净额法(Volume Accumlation)，为 Marc Chaikin 所发表，公式如下：

VA＝((C-L)-(H-C))÷(H-L)×V

再利用区间型或累积型的公式加以计算。

(2)改良型 NOBV 指标：

此指标是针对修正型 OBV 指标加以改良，公式如下：

NOBV＝(O-L)-(H-O)÷(H-L)×V

再利用区间型或累积型的公式加以计算，一般采用区间型的计算方式。

运用原则

本文所揭示的运用原则，以区间型或累积型的 OBV 指标为主，在台湾股市，建议使用区间型的 OBV 指标较能符合股价真实波动。

(1)OBV 指标属于技术分析指标与经济性的基本分析无关，并且是股市短期波动的重要判断方法，不适合长期分析，必须配合股价趋势予以分析；

(2)当股价上涨而 OBV 指标下降时，表示量能不足，股价可能将要下跌；

(3)当股价下跌而 OBV 指标上升时，表示量能充足，股价可能将要上涨；

(4)当股价上涨而 OBV 指标同步缓慢上升时，表示股市继续看好，多单持股可以续持；

(5)当股价下跌而 OBV 指标同步缓慢下跌时，表示股市继续看坏，空单持股可以继续持有；

(6)当 OBV 指标突然拉升，代表量能即将进入枯竭期，股价可能进行多转空的走势；

(7)当 OBV 指标突然急降，代表量能即将进入丰沛期，股价可能进行空转多的走势；

(8)OBV 指标能有效的分析行情在盘局后的突破，盘局的指标信号最好维持一个月以上；

(9)OBV 指标的走势可应用形态分析的基本概念，例如画走势线、阻力及支持线等；

(10)OBV 指标对于头部、底部的形态辨认，也具有辅助分析的功用；

(11)当两日的收盘价相同，可能 K 线形态已经暗示股价即将转折，但是 OBV 指标却无法实时反应是必须注意的缺点；

(12)若利用区间型指标，当指标由正转负时，应逢高卖出持股，当指标由负转正时，应逢低买进持股，以上为正常情形，事实上往往要搭配趋势做逆向思考；

(13)本指标宜与其他指标如移动平均线搭配分析，以提高其准确性。

实际运用范例

请看图 3-7 所示，该指标的指标文字括号内呈现 0 的数字，代表是利用累积型的计算方式，在标示 A 的区域，虽然股价呈现一个下跌的浪潮走势，但是对应到 OBV 指标的走势却是一种横盘打底的形态，暗示筹码已经渐渐沉淀，而且量能逐渐增温，亦即上涨量增，下跌量缩。

而指标在突破颈线之后，股价也完成盘坚打底，随即指标出现

图 3-7 加权指数与 OBV 指标的搭配运用范例

N 字形的急速上升，在股价的走势则为大涨小回的多头攻击模式。

请看图 3-8，该指标的指标文字括号内呈现 21 的数字，代表是利用区间型的计算方式，参数为 21 天，当然使用者可以自由调整取其他参数，为了搭配短期趋势的分析并与 21 日均线同步，所以才取 21 日为周期，如果括号内设 0 则指标就变为累积型的计算方式。

利用区间型的计算公式，必须特别注意穿越零轴的变化。在反弹过程或是回调过程，指标的信号必须倒过来使用，也就是说当指标从负转正，在多头原为逢低买进信号，但是在反弹过程中，倒过

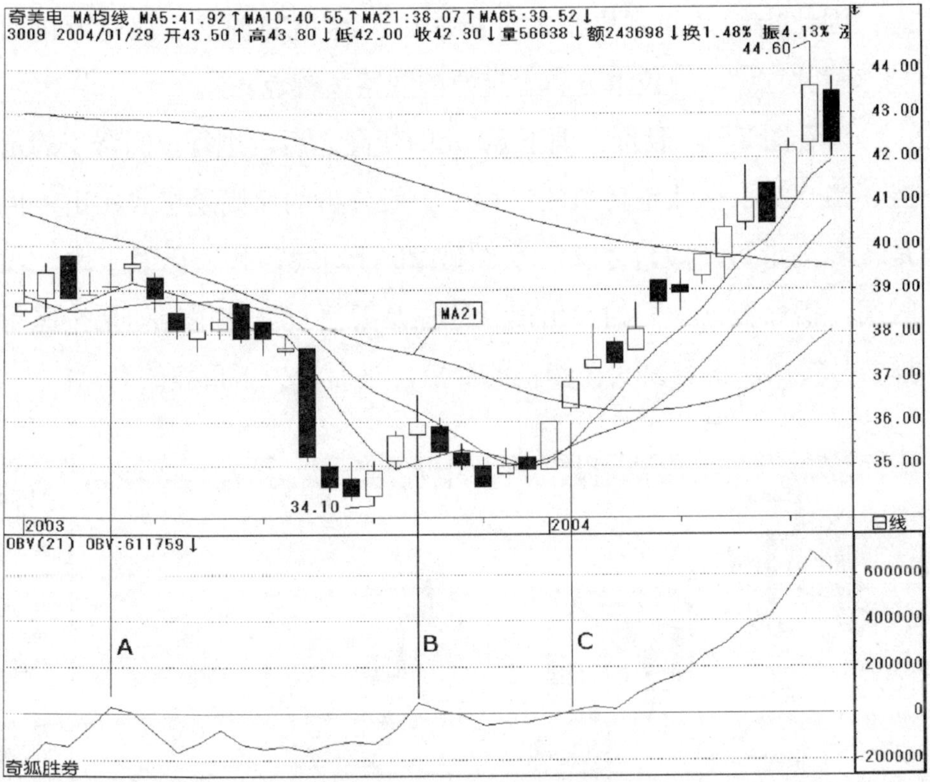

图 3-8　奇美电股价与 OBV 指标的搭配运用范例

来用就变成了宜逢高出脱持股。

在图 3-8 中，标示 A 股价的位置处于 21 日均线的下方，但是股价正在上涨，所以视为空头走势中的多头反弹行情，而指标正好从零轴下穿越零轴，为指标由负转正的迹象，理应注意逢高出脱手中持股的时机。相同的现象可以在标示 B 再度得到验证。

然而标示 C 却与上述的观念不吻合，股价逢高卖之后反而出现持续上涨的波段行情，这种现象并非指标出现差池，而是分析观念的调整问题。标示 C 已经针对 21 日均线挑战，且已经完成底部形态，因此指标又回到原来的分析法则，这里的调整，就是所谓的“多空互换点”，为技术分析上重要的观察关键点。

请看图 3-9，股价在创下 80 元的新高之后，进行拉回修正的走势，当 OBV 指标从正转负的过程，一般分析的原则是持股卖出，但是在多头走势，股价才第一次跌破 21 日均线，代表已经下跌一段时间，指标告诉我们的卖出信号往往是要倒过来使用，如果按照指标信号卖出，很容易卖在修正的低点，进而错失了反弹的高点。

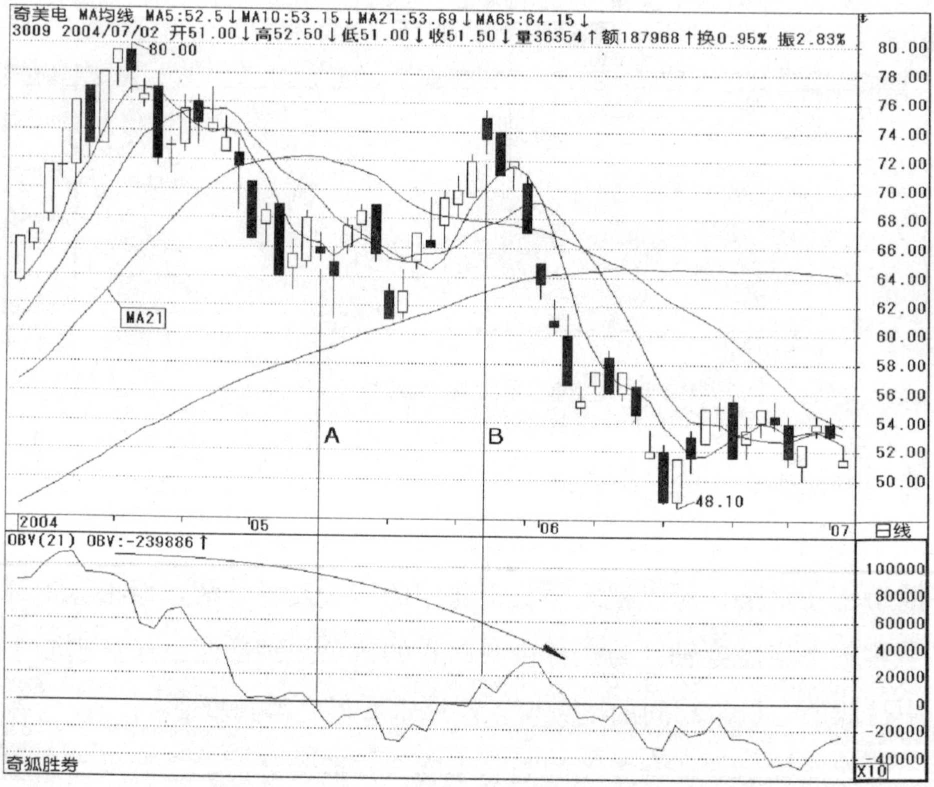

图 3-9 奇美电股价与 OBV 指标的搭配运用范例

在图中标示 A，正是反应这样的观点，如果在指标由正转负时卖出，正好卖在修正的相对低点。而当股价进行反弹时我们发现 21 日均线已经向下弯，股价在 21 日均线之下，因此这样的反弹走势定位在修正负乖离过大的情形，也就是股价为空头走势中的短线多头反弹，这时指标的分析方法与图 3-8 当中标示 A、B 的观念一样，当指标由负转正，应该逢高出脱手中多单。

请看图 3-10，关于大同股价的走势。在图中标示 A 出现指标由负转正，同时 K 线也完成底部形态，紧接着完成一个多头的攻击段落，对应到指标位置，正是标示 B，指标也都在零轴上游走。

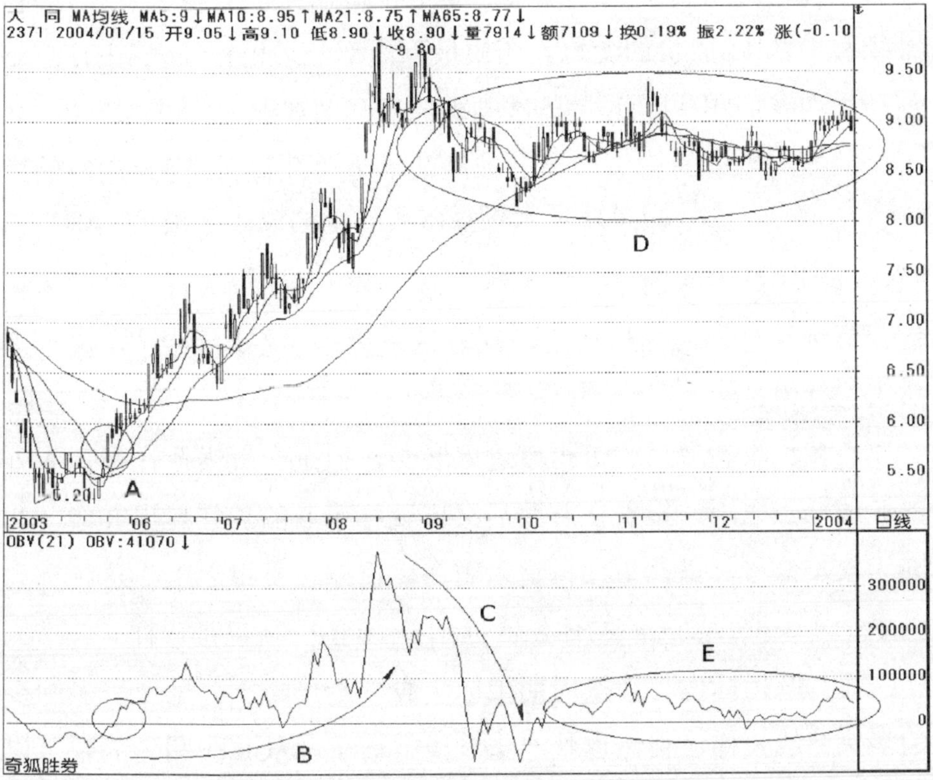

图 3-10　大同股价与 OBV 指标的搭配运用范例

当股价创下 9.8 元的价位后进行拉回修正，在标示 C 该段指标也随着从高位滑落，这种指标随着股价走势上下波动的现象，暗示成交量与股价走势吻合，为正常的状况。

接着指标在跌破零轴后拉回到零轴之上，在标示 E，指标是在零轴上呈现上下幅度不大的波动走势，对应到标示 D 的股价走势，正是股价中级整理的波动，也就是指标在这里呈现上下波动幅度不大的现象，暗示进行的是筹码沉淀，而指标维持在零轴之上，意味着股价整理的态势对多头比较有利。

从图 3-10 标示 D 的走势可以推断这是对多头有利的中段整理走势，那么如何得知整理结束，股价将进入向上的多头攻击行为？继续看图 3-11 股价的变化，图中最下面部分采用曾经在《主控战略移动平均线》书中讨论过的均线共振原理辅助观察。

共振周期中的箭头如果上下混杂，为“乱振”，因为均线的力道走势不一，会互相干扰，不容易产生较强的多头力道或是空头力道，在图中标示 A 的这一根 K 线，为一中红日出的 K 线，共振周期的指标箭头也同时出现向上，代表这里为“多空均衡点”，属于多头表态行为。

在多头表态之后股价再度进入震荡，但是一直维持在标示 A 处的 K 线低点之上，接着在震荡后又出现标示 B 的长红日出 K 线，此亦为攻击信号，虽然后续再进入震荡，仍守住支撑之上，这种行为表示是多头持续攻击后的休息，标示 C、D 的分析也是一样。

而 OBV 指标也与共振周期指标、股价走势同步，呈现涨多回少的多头曲线模样，自然也就产生波段行情了，从 K 线图走势中可以发现主力在攻击过程中连续打了三个信号，明确表示：我就是要涨

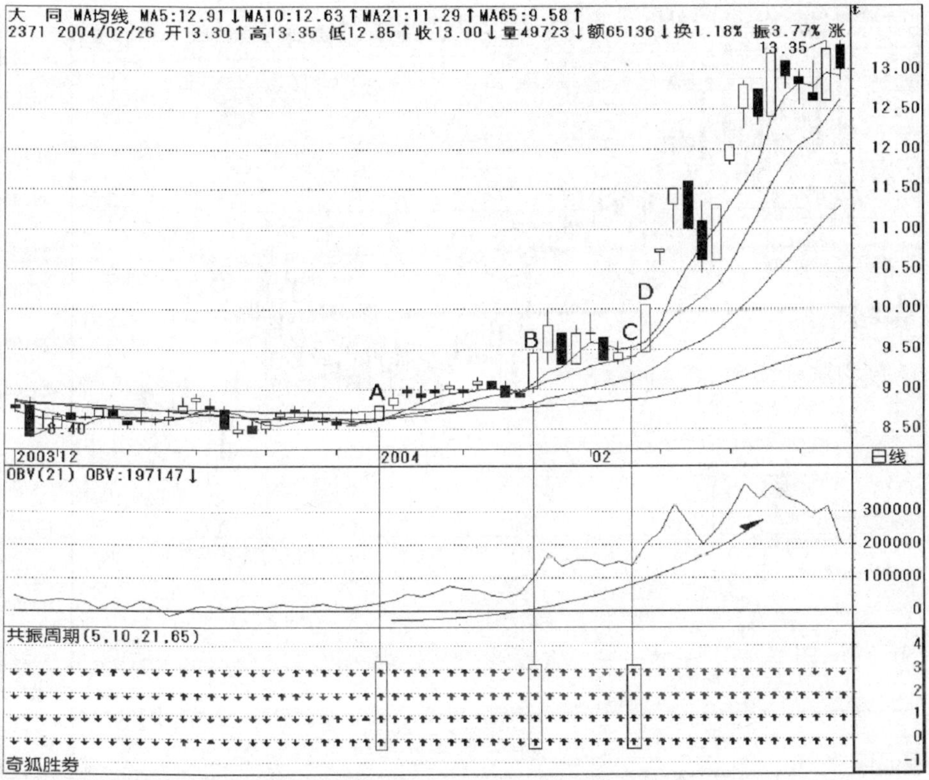

图 3-11　大同股价与 OBV 指标的搭配运用范例

了。能够利用技术分析看穿主力所表示的信号者自然可以切入积极做多，赚取波段利润。

请看图 3-12，在标示 A 有两个特殊的指标现象，一个是“宝塔翻黑”，一个是“均线三合一下跌”，因此这里有机会形成短期头部，若当颈线被跌破，短期头部就会完成，而当股价续跌，在标示 E 跌破 65 日均线，并使 65 日均线渐渐走平向下，因此股价可以定位成进入中期空头走势。

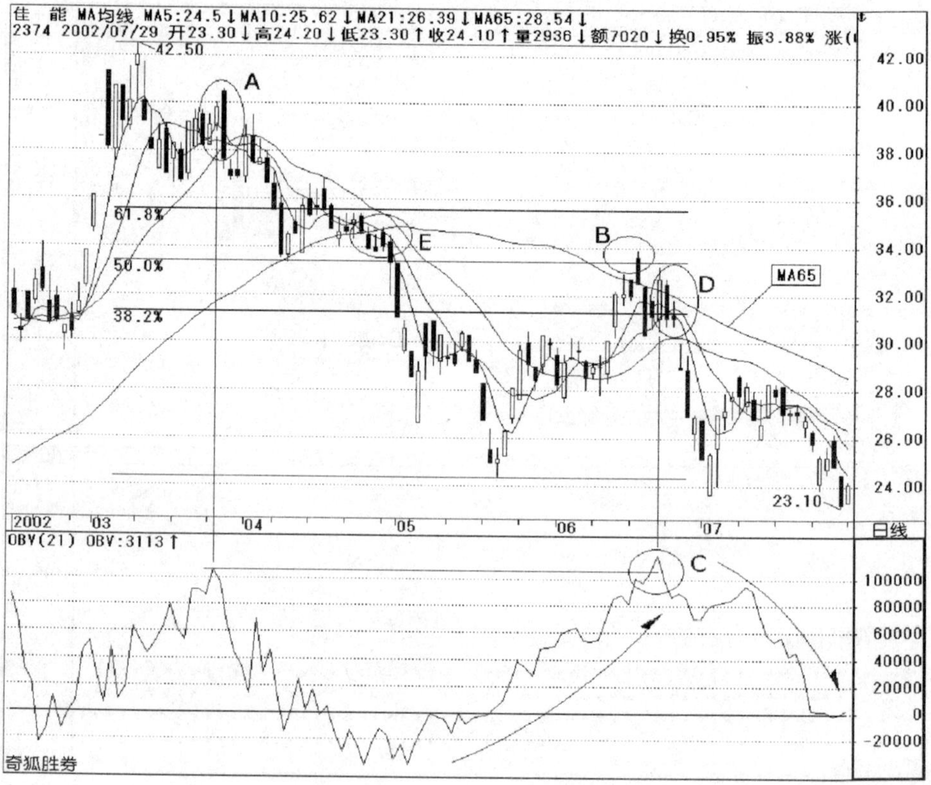

图 3-12 佳能电股价与 OBV 指标的搭配运用范例

当股价远离 65 日均线太远，为负乖离过大，股价将进行空头走势中的短线多头反弹行情，在这里可以运用一些技巧整合分析，首先取最高到最低切割黄金比率的关卡，发现 65 日均线比较接近的比率是 0.382 和 0.5 这两个数字，亦即股价反弹到此处将比较容易出现反压。

股价反弹过程中，在标示 B 穿越下降中的 65 日均线，代表已经修正过大的负乖离，并有机会出现反弹结束，同时也反弹到整段下跌幅度的 0.5 倍幅空间，接着在标示 D 呈现多头攻击尝试突破 65 日均线，但是没有成功，反而成为“阴母子”的变盘线，在反弹近高位又受制于下降中的65日均线，往往会形成高点反转，亦即为反弹结束的下跌起点。

从股价对应到副图中的OBV指标，这里出现了一个很严重的信号，也就是股价不创高，但是指标却创高(图中标示C)，这种特殊走势称为逆背离。之所以严重是股价走势与指标走势不对应，试想，在反弹浪潮的走势过程中，代表量能的指标竟然创高，不正是暗示主力在这里有拉高出货或是做最后逃命的行为吗？

三、成交量市价趋势指标

成交量市价趋势指标(VPT，Volume Price Trend)的设计是为了弥补传统OBV指标的不足之处。因为OBV只考虑到涨跌的因素，没有将涨跌多少所代表的幅度列入考虑，所以当股价强势上涨时所产生的惜售力道将被忽略，利用VPT指标可以比较细腻地呈现出来，如果收盘价强劲上涨，成交量对指标的影响程度就增加，而当收盘价只有微幅上升时，成交量对指标的影响减少。

计算公式：

先计算X＝(今日收盘价－昨日收盘价)÷昨日收盘价×成交量

所以VPT＝累计X的总和或是累计某一个区间X的总和。

分析方法：

原则上与OBV指标的分析法则相同，但是本指标在背离的分析上表现较OBV指标要好，所以只就这个现象讨论。

(1)当股价呈现多头中的盘坚走势时，VPT指标却出现反向的走势，为高位背离的现象，此时注意指标的上升趋势线是否被跌破，或是完成指标头部形态。这些现象代表市场的能量即将枯竭。

(2)当股价呈现空头中的盘跌走势时，VPT 指标却出现反向的走势，为低位背离的现象，此时注意指标的下降趋势线是否被突破，或是完成指标底部形态。这些现象代表市场的能量即将充沛。

实际运用范例

请看图 3-13，我们可以从威盛的股价走势图中发现，在上涨到 365 元的这段走势，与前段上涨走势比较，角度较为平缓，均线纠结的程度也比较复杂，换句话说，这里有上涨力道减缓的模样，把

图 3-13 威盛股价与 VPT 指标的搭配运用范例

股价与副图中的指标做对比，股价呈现的是创下新高点，指标却是逐渐下滑，甚至在标示A跌破零轴，也就是这样的背离走势，代表股价上涨力道减缓，且呈现量价背离，所以投资人宜防股价盘头。

请看图 3-14，台苯股价在创下 9.8 元的历史低点之后，与 65 日均线的乖离过大，因此进行股价的反弹修正乖离是属于正常走势，接着股价回调的目的是除修正前波上涨走势之外，也为了静待 65 日均线走平。

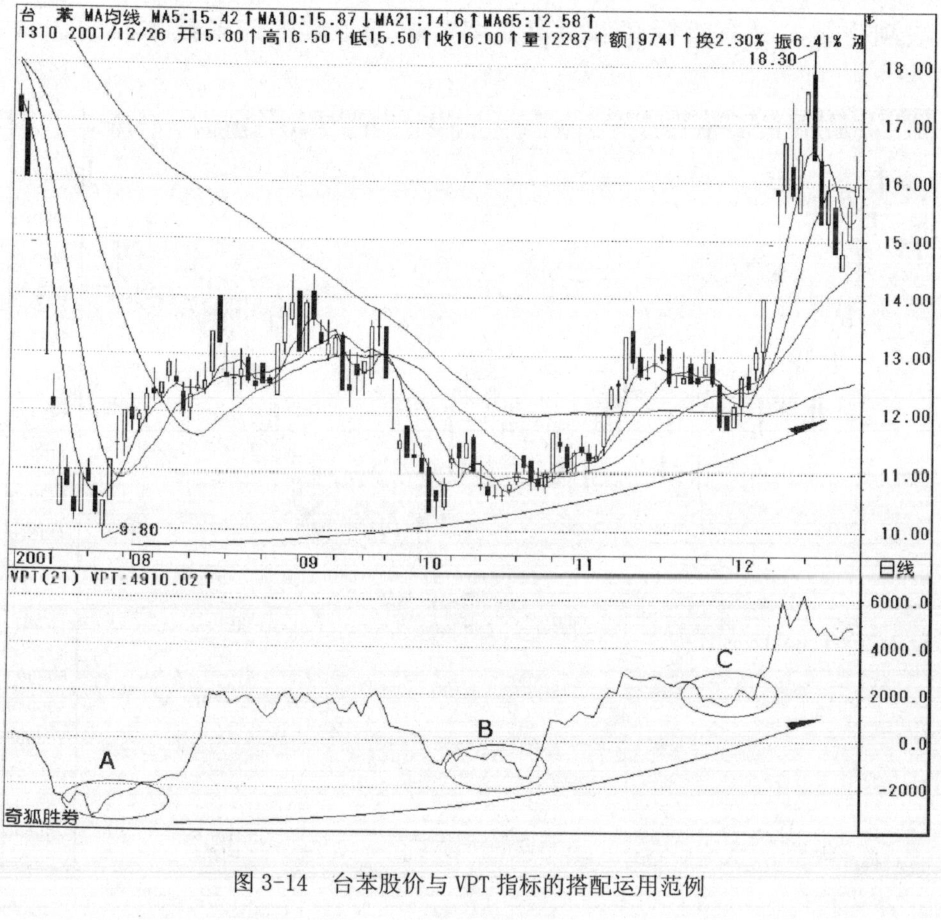

图 3-14　台苯股价与 VPT 指标的搭配运用范例

我们可以从图中的走势发现，股价从 9.8 元开始的走势，整体波段回调的低点是逐渐垫高，相对的 VPT 指标也出现这样的走势，也就是说这一段盘整的过程，股价上涨力道逐渐增强，量能也配合温和增加，这是属于多头底部的标准走势。

请看图 3-15，加权在见到 4044.73 的低点之后，浪潮属于调整浪中 C 浪的完结，搭配 VPT 指标观察，发现股价与指标对应的波谷呈现底部背离的走势，暗示未来股价涨升将以 3 浪结构或是 5 浪结构向上攻坚，有关浪潮的这部分以后再以专书论述，在这里既然是浪潮完结，又有指标底部背离走势，再加上其他许多技术面的综合

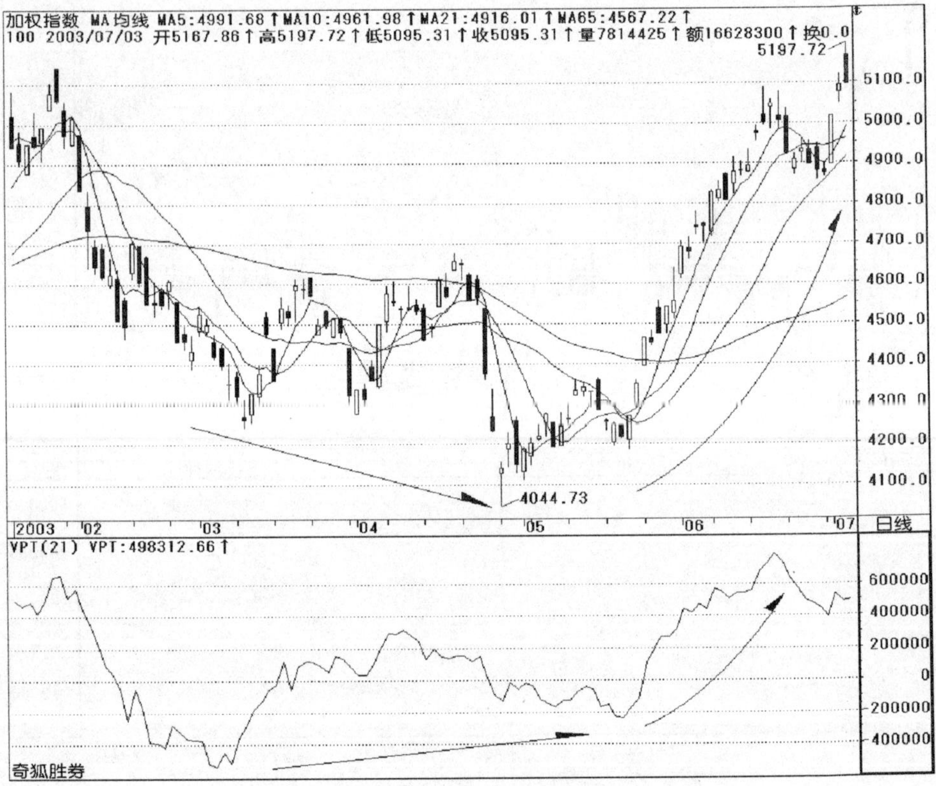

图 3-15　加权指数与 VPT 指标的搭配运用范例

分析，应该可以掌握这里是一个可靠的底部区，就算再跌，低位也不多，因此从指数变化结构的提示，可以积极寻找恰当的个股切入。

四、量强弱指标

量强弱指标(VR, Volitility Volume Ratio)，又称成交量比率、成交量变异率，是利用分析某段时间股价上升日的交易金额总和与股价下降日的交易金额总计的比值，从而掌握市场买卖气势的中期技术指标。主要用于个股分析，其理论基础是量价同步与量先价行，所以属于以量破价的技术指标，也就是观察成交量的变化以确认低价和高价，并确定买卖时机。

该指标也具有反市场操作的内涵，当成交量暗示股价过热时，可以适时提醒投资人进行反市场操作。当 VR 指标在低位徘徊并温和缓步上升时，市场上仍充满悲观气氛，此时有先见之明的投资人，可以根据反市场的心理先行介入，此为逢低布局的操作手法，也就是识者能够利用 VR 指标搭配其他技术分析技法，识破主力低位布局信号。

当 VR 指标忽然如旱地拔葱地拉高穿越获利区域，晚一步的投资人才赶紧上车，进行短线利润的撷取，等到 VR 指标进入警戒区域，主力、有先见之明者和后知后觉的投资人开始撤退时，毫无知觉的投资人才急着一头栽进去，结果筹码转到了毫无知觉的投资人身上，而这些人竟是股市中的大多数，最后曲终人散，力道消竭，股价在没有特定人士支持下，进行腰斩、再腰斩的悲歌。

学习VR指标，纵使无法达成先知先觉，起码也要成为后知后觉的前几名，因此将VR指标搭配趋势、形态与均线等指标的分析，是投资人必须要设法深入研究的课题。

计算公式

本公式需要设定参数，传统以26日为内定参数值，笔者调整为21日，目的是为了和均线、均量的参数一致。

(1)在N日内，凡是股价上涨，则该天的成交量都称为AV，将N日内的AV总和相加后称为AVS；

(2)在N日内，凡是股价下跌，则该天的成交量都称为BV，将N日内的BV总和相加后称为BVS；

(3)在N日内，凡是股价收平，则该天的成交量都称为CV，将N日内的CV总和相加后称为CVS；

(4)计算：VR＝(AVS＋1/2×CVS)÷(BVS＋1/2×CVS)×100%

参数可以自由修改，建议周期不宜小于10，避免因为采样天数不足而造成偏差，尤其是股价连续上涨十天或是连续下跌十天，将使VR分母值为0，而无法计算，或是出现分子为0，致使VR值出现“失效极端值”，所以建议将参数值拉长，可靠度较高。

运用原则

(1)一般将VR指标区分成四大空间：

低价区域：40~80之间，为伺机布局区域；

正常区域：80~300之间，为持有多单的正常区域；

获利区域：300~600之间，宜视情况获利了结；

警戒区域：600以上，为超卖行情，宜注意过热反转。

(2)当VR指标位于低价区域，成交量从量缩后开始放大，VR值同步由低位区逐渐递增，可能有资金已经进场布局，宜注意买进时机。此处的买进为消极性资金进场，亦即只有逢低承接的买盘，属于保守资金或是布局资金，此时股价尚属于牛皮盘整。

(3)VR指标在低价区的买入信号可信度较高，在获利区的卖出时机则不易掌握，可以搭配PSY心理线指标，决定短期买卖点，通常可以找出每一波的高低价。

(4)当VR在正常区域，会有积极买盘进场，其中特别注意150%这个数字，因为根据经验法则，当VR大于此数字时，股价才有机会发动波段行情的走势。

(5)当VR在获利区域，有时会发生将股票卖出后，股价仍续涨的现象。其中特别注意450%这个数字，因为根据经验法则，当VR大于此数字时，短线已经过热，盘坚盘需要注意卖出信号，但部分股价走势有机会继续进行轧空盘。

(6)当VR在获利区域的上缘(超过450%，接近600%之处)或是进入警戒区域，代表大多数股市的资金已经投入市场，市场上的资金已经接近耗尽，因此股价缺乏后续动能的挹注下，将造成股价反转下跌。

(7)当成交量突然放大，VR值也直冲向上，常为多头波段行情的开始。如果在低位VR值增加，股价却未随着增加，注意突然的发动信号，为介入时机。当在高位VR值增加，股价也随着增加，需注意主力是否逢高调节、出货。同时VR在高低位区域，也可以利用背离法则分析股价走向。

实际运用范例

请看图 3-16，VR 指标的参数也是设定为 21，在成交量这一个指标字段中，标示 A 已经出现成交量波段起涨的信号，股价却依然持续创下新低，暗示有特定人士在往下承接，然后在 VR 指标字段中，于 80 的数字画一条水平线观察，根据指标的特性：40～80 之间属于低价区域，为伺机布局区域。这也就证明在标示 A 成交量所出现的现象，为特定人士布局的几率提高，既然如此，就可以依照当时股价波动观察后续的进货、洗盘模式，并在洗盘点位附近伺机介入，如此就可以享受被其他人抬轿的乐趣。

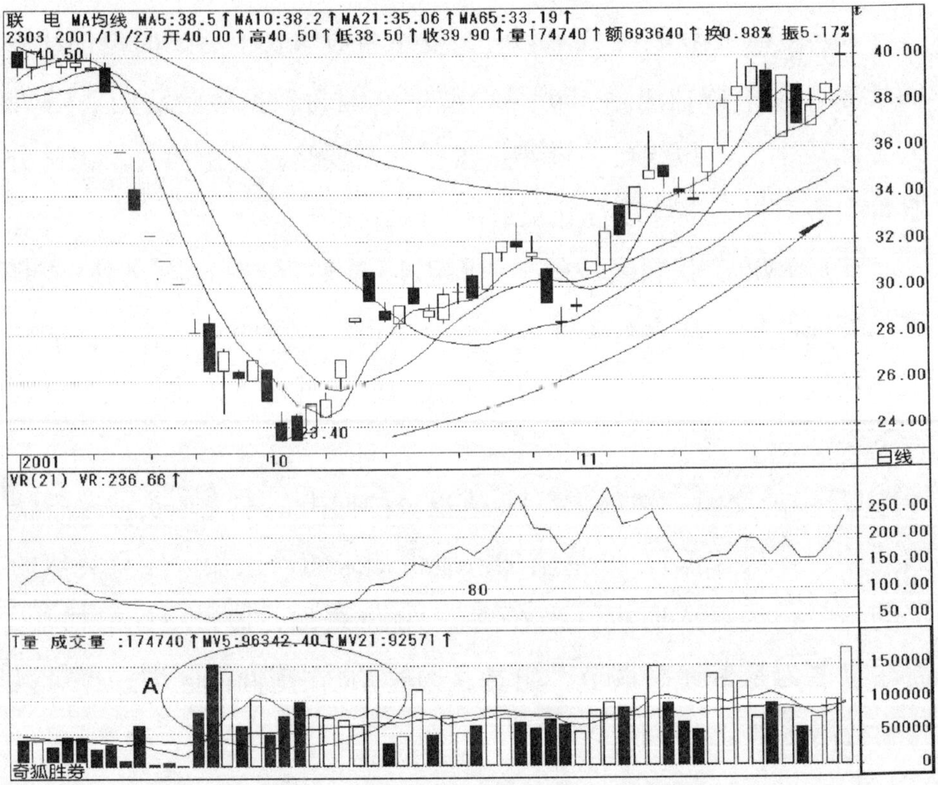

图 3-16 联电股价与 VR 指标的搭配运用范例

请看图 3-17，台泥股价在震荡拉回到 14.55 元后向上反弹，当时是测试 65 日均线支撑，整体也让均线纠结，故有调整变盘的可能，从 VR 指标观察，正位于正常区域间，根据经验法则在 150%这个数字附近会有积极买盘进场，当 VR 大于此数值时，股价将有机会发动波段行情的走势。

再搭配 K 线走势观察在标示 A 正好完成“均线三合一起涨”等信号，也完成了底部形态出现突破颈线的多头攻击行为，故宜追价买进，而当股价上涨使 VR 指标进入警戒区域(即 600 以上)，为超卖行情，宜注意过热反转，因此在标示 B 出现日落线并跌破 5 日均

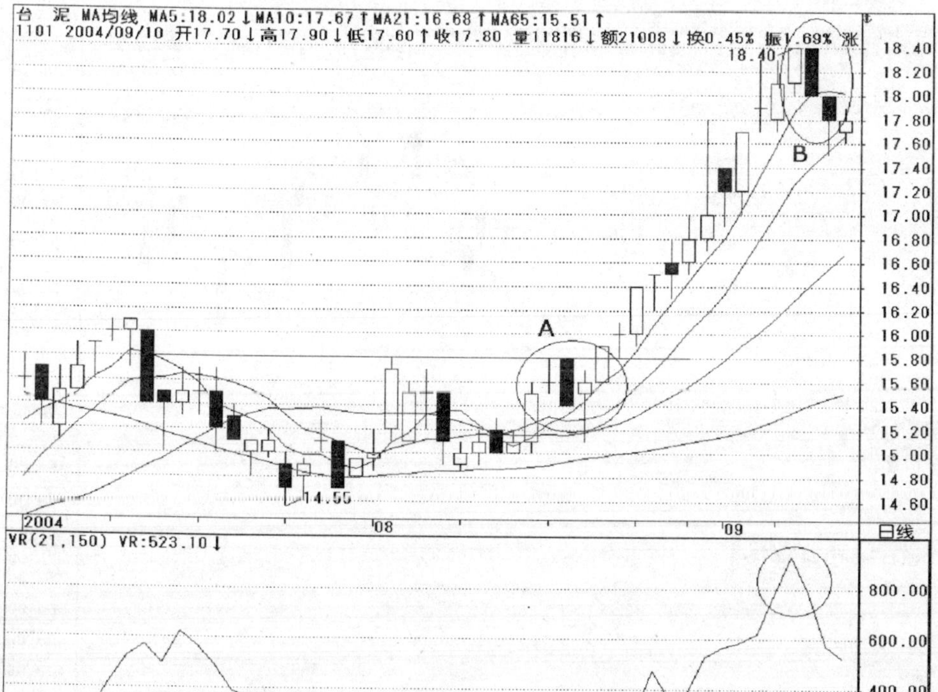

图 3-17　台泥股价与 VR 指标的搭配运用范例

线，所以多单持股可以先行退出。

请看图 3-18，根据指标惯性与经验法则，当 VR 进入获利区域并穿越 450%这一个数值时(如标示 B)，往往要注意短线卖出信号，但是在短线卖出之后，股价仍有机会持续上涨，此时短线的卖出信号代表是为了缓和当时过热的气氛，缓和过程中必定有短期出货现象，因此后续再度上涨时，股价与指标之间的关系容易出现背离，走势也会以较弱势的轧空盘或盘坚盘上推，图中标示 A 到标示 C 正是如此走势的代表。当股价行进到标示 C 之后，与 VR 指标亦形成背离走势，因此短线可以先行退出获利了结。

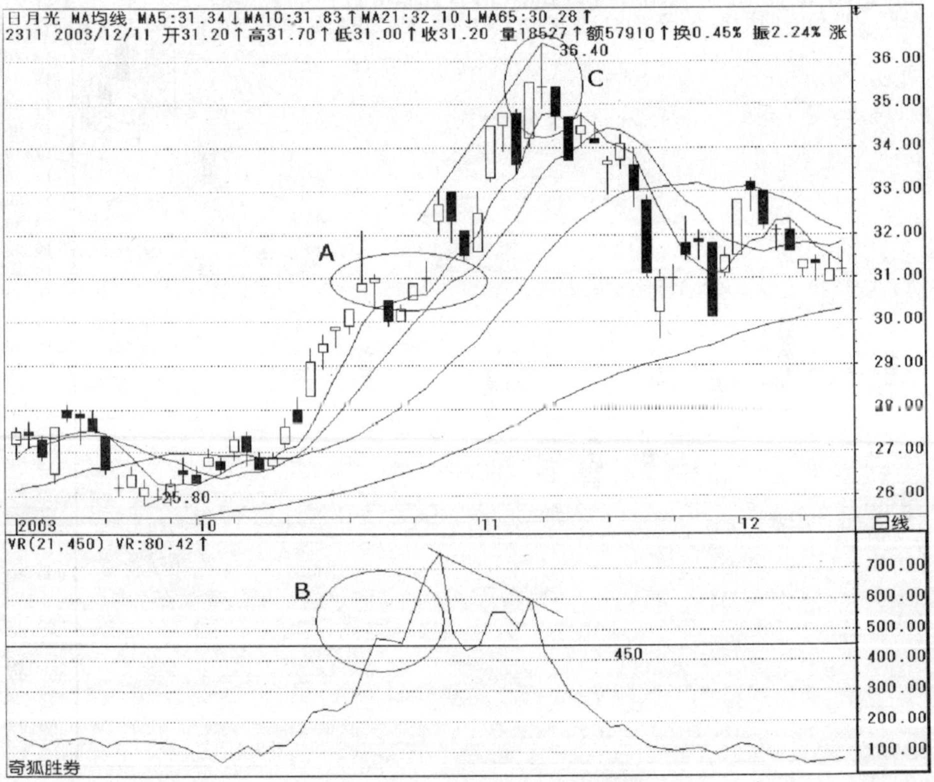

图 3-18　日月光股价与 VR 指标的搭配运用范例

请看图 3-19，中环的股价走势与上一个范例是雷同的，指标在标示 A 穿越 450%之后，对应的股价(标示 B)也略微压回，缓和前波强势轧空的走势，略做缓和之后，股价持续创下新高来到标示 C，此时宜注意指标是否出现背离现象，如果同步创高视为暂无反转疑虑，未创高是高位背离则宜注意卖出信号。

很显然，在标示 D 的股价是持续创高，并呈现盘头走势，而指标对应的位置却是不创高，既然出现“背离”，那么就应该在震荡盘头过程中，将手中多单持股渐渐出脱。

图 3-19 中环股价与 VR 指标的搭配运用范例

请看图 3-20，当指标数值超过 600 以上，就已经进入警戒区域，视为超卖行情，宜注意过热反转。国巨的股价在标示 A 正是这样的现象，对应到股价就必须注意卖出信号，标示 B 为高位“吊人线”，隔一笔日落黑 K 有实体缺口，因此完成了“夜星”的反转形态，暗示宜将多单退出，标示 C 的大量此时就可以定位成出货量，标示 D 的走势为盘头，也就是大量出货完后以盘头震荡方式再渐渐出货。

图 3-20　国巨股价与 VR 指标的搭配运用范例

请看图 3-21，亚旭股价在标示 B 的位置出现避雷针、十字转机等变盘线形，当时 VR 的指标数值正好超过 600 以上(如标示 A)，已经进入警戒区域，视为超卖行情，股价容易出现反转，也就是说在避雷针之后跌破 5 日均线的 K 线为卖出 K 线。

接着股价反弹在标示 D 创下新高，但是相对位置的 VR 指标却不断滑落，而在成交量标示 C 却连续出现两笔大量，这里综合起来的信号告诉我们，此处是拉高出货的情形，主力在明显的出货信号之后，成交量立即呈现萎缩，这就是量能退潮，当然股价也随着往下修正了。

图 3-21　亚旭股价与 VR 指标的搭配运用范例

五、逆时针曲线指标

在股票市场中，量增价涨与量缩价跌是量价的合理表现，逆时针曲线(又称能量八卦图)是利用股价与成交量变动的各种关系，并搭配经验法则对市场供需力量强弱的确认，从而分析未来走势方向。

逆时针曲线是采用移动平均股价和移动平均成交量两者之间的各种关系描绘出来，因为移动平均的观念本来就具有落后性的缺陷，所以逆时针曲线仍归类在落后指标中，也就是股价产生变动转向时，指标有落后股价的现象。使用逆时针方向曲线分析行情与分析买卖时机时，建议参数设定与惯用移动平均线参数相同，并配合其他指标参考，只是逆时针曲线对于底部的确认相当有效，当股价出现长期下跌后，不妨多参照该指标的阳转信号。

逆时针曲线图(图 3-22)的绘制方法如下：

(1)以 XY 轴的坐标绘制逆时针曲线，水平横轴(X 轴)代表成交股数，垂直纵轴(Y 轴)代表股价；

(2)设定的周期参数，依个人操作习惯不同而有所差异，一般常常采用的周期为 21 日或 65 日；

(3)分别计算股价和成交量的简单移动平均值，股价与成交量所选取的周期应该一致；

(4)坐标的垂直纵轴(Y 轴)为移动平均股价，水平横轴(X 轴)为移动平均成交量，将两者对应的坐标点取出，并将该点坐标连结所呈现的曲线即为逆时针曲线。

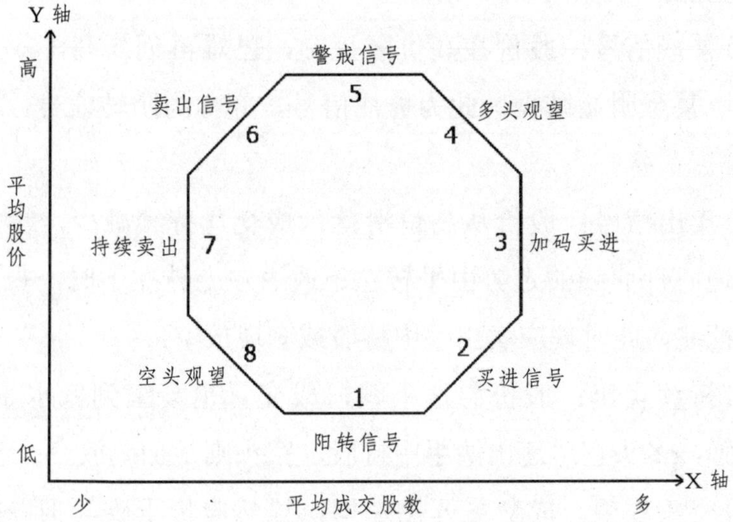

图 3-22　逆时针曲线图

研判方法

逆时针曲线是一个八角形的走势，所以有八个阶段的运用原则：

(1) 阳转信号：股价经过一段跌势后，逐渐止跌回稳，成交量明显由萎缩而递增，表示低位接手转强，此为阳转信号；

(2) 买进信号：成交量持续温和递增，股价缓步上涨，量价呈现同步走高现象，此时逆时针方向曲线由走平转右上或由右下转右上时，股价进入多头位置，为最佳买进时机；

(3) 加码买进：投资人出现惜售，成交量维持高位，不再急剧增加，但股价仍继续涨升，此时逢股价回调时，宜加码买进；

(4) 多头观望：股价继续上涨，但涨势趋缓，成交量不再扩增，并且走势有减退的疑虑，多头宜采观望，或是逢高获利了结，不宜再追高抢涨；

(5)警戒信号：股价在高价区盘旋，已难再创新高，成交量无力扩增，甚至明显减少，此为警戒信号，亦称为阴转信号，宜注意卖出时机；

(6)卖出信号：股价从高位滑落，成交量持续减少，量价同步递减，逆时针曲线的走势由平转左下或由左上转左下时，视为进入空头的征兆，此时理应卖出手中持股或套现放空；

(7)持续卖出：股价急速下跌，成交量也萎缩到低水平之后，若逢反弹，多头宜尽速出清手中持股，空头则是加码放空；

(8)空头观望：成交量开始递增，虽然股价下跌，但跌幅渐渐缩小，表示股价接近谷底，此时多头不宜再往下追杀，空头宜伺机回补。

实际运用范例

请看图 3-23，精英股价在 2001 年 10 月附近盘出一个 W 底形态，我们从逆时针曲线(参数设定 21 日的周期)搭配每一日 K 线的走势，因为逆时针曲线对于底部的确认相当有效，故参考此指标可以很容易观察出这个底部形态是否可靠，量价关系是否搭配。

编号 1 的 K 线是对应到编号 1 的指标位置，其他以此类推，我们可以从编号 1 观察到编号 4 这里，逆时针曲线出现的指标信号是“阳转信号”，暗示股价与成交量同步温和递增，属于底部形态的标准走势。

从逆时针曲线可以发觉，阳转信号是渐渐向右上方扬升的，这对多头有利，尤其是编号 3、4 的 K 线的行为，例如，编号 3 是“类避雷针”K 线，又出现大量，照道理分析有出货嫌疑，但是编号

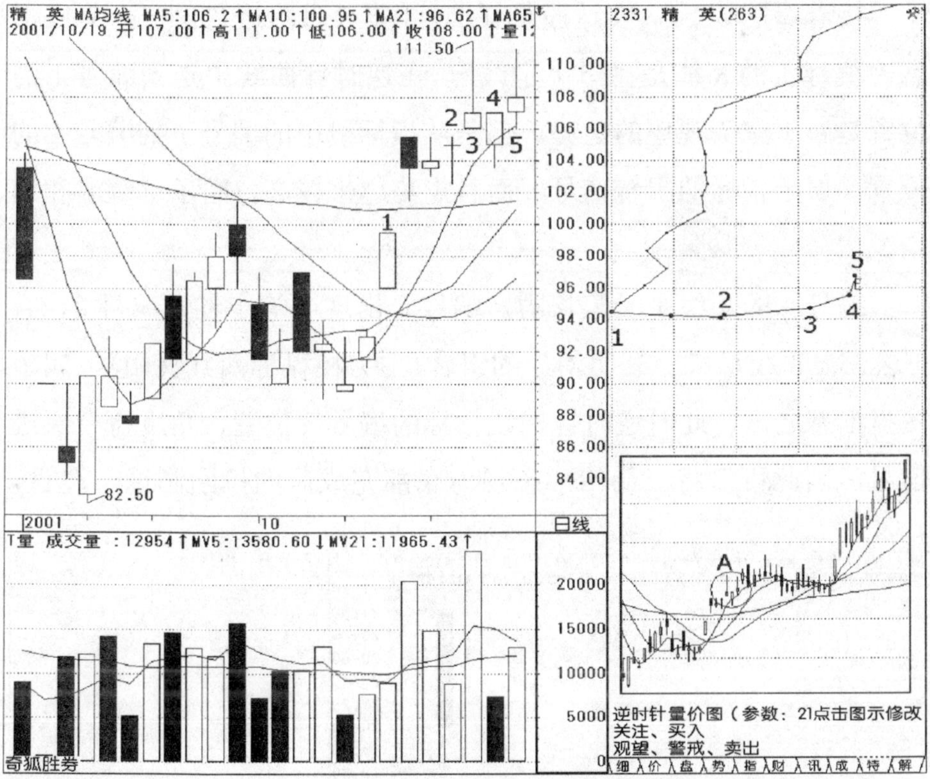

图 3-23 精英股价与逆时针曲线指标的搭配运用范例

4 立刻量缩呈现凹洞量且 K 线收阳，是为量缩价稳，不能以多头趋势破坏的角度视之。

请特别注意这种短线量价关系没有改变中期 21 日均线的走势，因此编号 4 的位置在逆时针曲线是属于买进信号，当出现编号 5 的 K 线时，逆时针曲线的走势已接近直角的角度上升，故为加码买进信号，但是本指标是属于落后型指标，买进之后不见得立刻会出现行情，从小图中可以看出后续的走势，等到股价测试完 65 日均线之后，才开始拉出波段行情，在小图中标示 A 的位置即是编号 3 处的 K 线的相对位置。

接着看图 3-24，友达股价在 2003 年 5 月附近盘出一个 W 底形态，编号 1 的 K 线是“下十字线”，在逆时针曲线中走到编号 1 的位置是属于空头观望的走势。但是从指标线中的编号 1 到编号 4 的位置，属于指标的阳转信号，而且走势越来越高，暗示价量温和递增。

编号 4 的 K 线是一笔长阴，编号 5 出现一笔小红，编号 3、4、5 这三根 K 线形成“三明治”的组合(主力控盘称两红夹阴)，属于变盘形态之一，此时逆时针曲线指标的编号 5 位置，角度符合买进信号，因此可以将三明治形态视为底部完成后的拉回测试、洗盘，

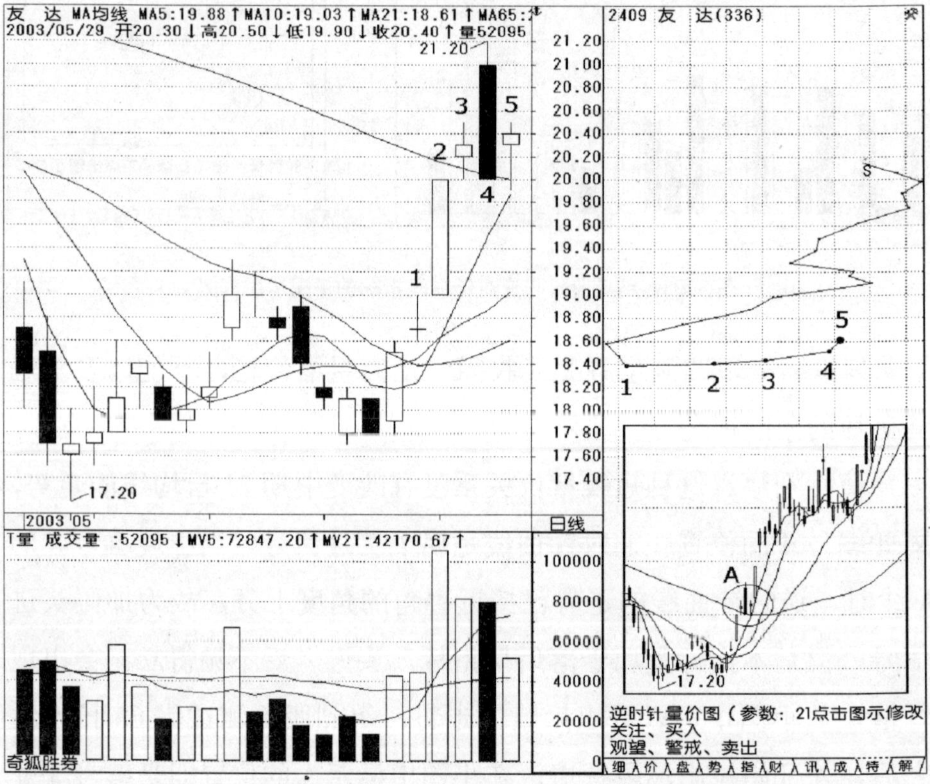

图 3-24 友达股价与逆时针曲线指标的搭配运用范例之一

故此形态对多头有利，编号 5 的 K 线可以尝试做买进。其中小图中标示 A 的位置，则是对应到编号 4 的 K 线的位置。

请看图 3-25，友达股价在 2003 年 6 月附近的走势上涨一段之后，拉回做测试支撑的动作，即小图中标示 A。从 26.4 元的高点向下滑动过程中，指标显示的都是买进信号，但是就 K 线角度而言，长阴 K 线并非多头买进 K 线，因此必须等到编号 1 的 K 线出现红 K 线止跌，才能考虑进场做多买进。

编号 2 的 K 线对应到指标位置，呈现的是多头观望信号，在编号 1 的买进行为这里就出现危机，如果指标后续出现警戒信号或是

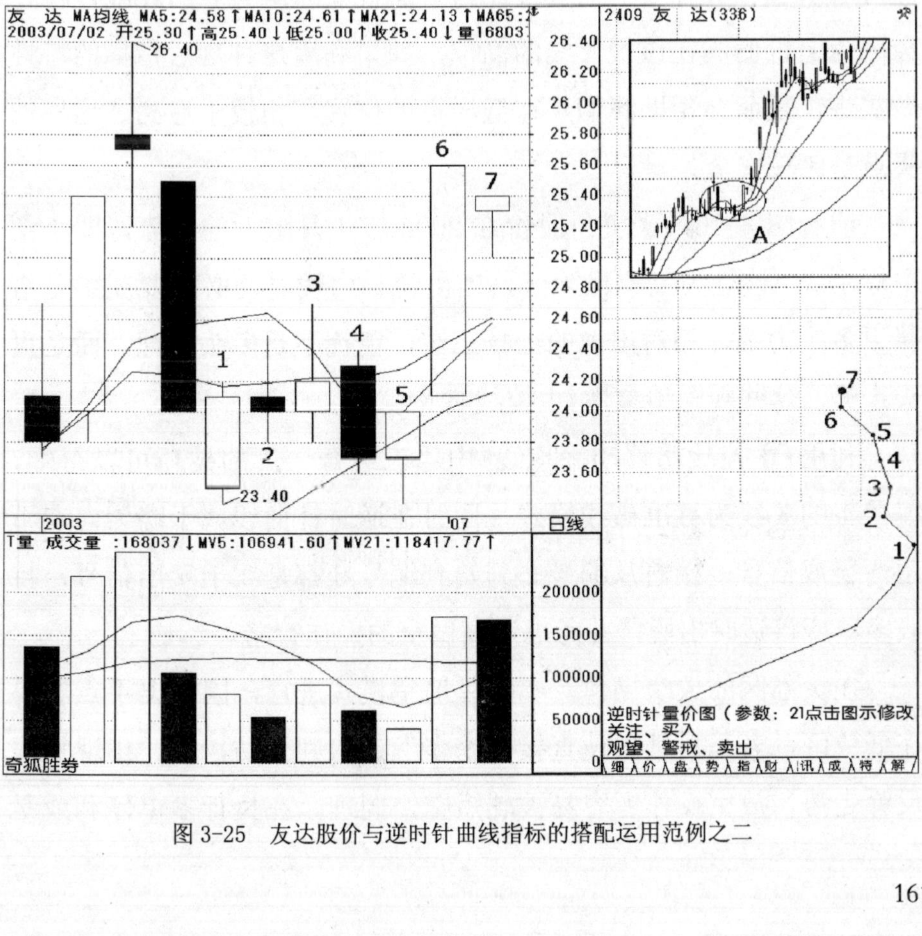

图 3-25 友达股价与逆时针曲线指标的搭配运用范例之二

卖出信号，并伴随跌破编号 1 的 K 线低点，那么就代表买进的动作是错误的，宜止损退出。

接着在编号 3 的指标位置是多头买进信号，编号 4、5、6 属于多头观望信号，其中编号 6 是属于多头强势的量增长阳 K 线，逆时针曲线因为属于落后指标，仍然释放出多头观望的信号，但是从 K 线角度而言，多头已经转强，在指标上只要出现买进信号，自然可以进场做多。

在编号 7 的位置，逆时针曲线呈现直线上升，正属于加码买进的信号，因此虽然对应的 K 线并不强势，但是前一天是强势的，仍然可以买进。其实我们退一步思考，假设买在编号 6 的 K 线，往往会因为追价而买在该根 K 线的高位，如果利用这种落后指标的特性做买进，反而会帮助我们买在低一点的位置，相较于追高，这样的买点是比较安全。

请看图 3-26，光宝科股价在 2002 年 4 月附近的走势，即小图中标示 A。该处为高位风险区，当出现长白线时，必须要观察是否属于多头力竭，相对出现的上扬三法，往往不是多头整理，而是盘头走势，这些观念请参考《主控战略 K 线》。

利用《主控战略移动平均线》中“三线合一”的技巧可以得知，编号 1 的 K 线为标准破线模式，同时在逆时针曲线属于略为向左下角弯警戒信号，接着从编号 2 开始到编号 5 都是属于卖出信号，持股多单应该适时出脱，并考虑逢高做空的操作策略。

在头部区的放空操作，不宜以追空模式进行，因为出手点容易在低位区，若是后续出现直接“杀多”走势则无妨，万一出现短线反弹走势，放空操作者容易被轧短空，同理，在执行多单停利或是

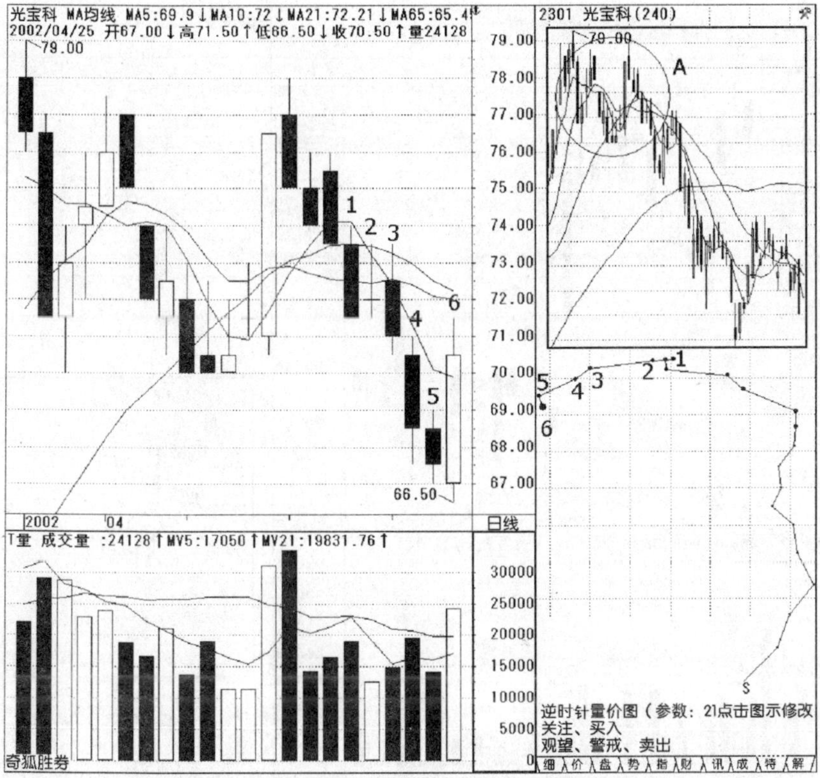

图 3-26　光宝科股价与逆时针曲线指标的搭配运用范例

止损时，这样的操作技巧最好要注意，不妨等反弹时逢高再出脱。

图中编号 6 的 K 线为长阳 K 线，指标信号略为向右弯，又接在卖出信号之后，分析为“空头观望”但是对空方有利，但股价容易进行反弹，而反弹就是所谓的“多头逃命”，后续出现的止涨高往往是最佳放空点。

请看图 3-27，亿光股价在 2001 年 4 月前后的走势，请利用小图观察整个盘头后的 K 线图。股价在编号 1 出现一笔长阴 K 线，呈现盘头的走势并为均线三合一下跌模式，因此整体 K 线是告诉投资人，股价极有机会转空。而在编号 2 的位置则是完成头部，碰触到

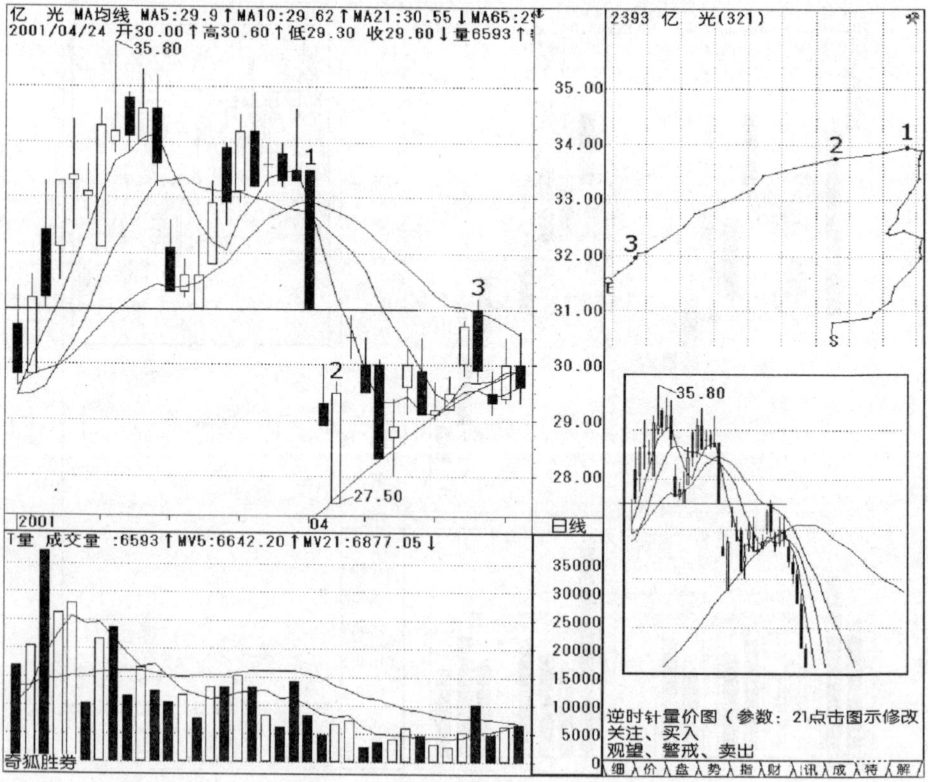

图 3-27 亿光股价与逆时针曲线指标的搭配运用范例

季线支撑尝试止跌的线形，如对应到逆时针曲线指标，这些位置属于“警戒与卖出信号”。

接着股价从编号 2 开始进行小波段反弹，请对照指标曲线，都呈现卖出信号，所以能够认定这一个反弹是弱势反弹，如果搭配黄金分割的技巧观测，更可以轻松掌握到止涨反转点，当股价走到编号 3 时，出现的现象是接近向下垂直的持续卖出信号，K 线正好反弹触及月均线，所以操作者可以分析当日是反弹止涨点，操作方向以空方最为有利。

本章重点整理

(1)多空量指标：当成交量大于多空量时，称为量增走势，此时宜注意成交量是否大于上限，超越上限就必须分析是属于支撑量、推升量或是出货量；如果成交量小于多空量时，称为量缩走势，此时宜注意成交量是否小于下限，跌破下限就必须分析是否属于凹洞量或是人气退潮。

公式如下：

多空量=(6日均量+13日均量+26日均量)÷3

上限=多空量×1.382

下限=多空量×0.618

(2)能量潮指标：又称OBV指标，其目的是将成交量值加以数量化，并配合股价趋势的升降，从价格的变动及成交量的增减关系，推测市场的多空气氛。

(3)成交量市价趋势指标：本指标的设计是为了弥补传统OBV指标的不足之处。当收盘价强劲上涨，成交量对指标的影响程度就增加，而当收盘价只有微幅上升时，成交量对指标的影响减少。

(4)量强弱指标：又称VR指标。理论基础是量价同步与量先价行，故属于“以量破价”的技术指标，即观察成交量的变化确认低价和高价，并确定买卖时机。本指标具有“反市场操作”的内涵，当成交量暗示股价过热时，可以适时提醒投资人进行反市场操作。

(5)逆时针曲线：又称能量八卦图，是利用股价与成交量变动的各种关系，并搭配经验法则对市场供需力量强弱的确认，从而分析未来的走势方向。分别有：阳转信号、买进信号、加码买进、多头观望、警戒信号、卖出信号、持续卖出与空头观望这八种现象。

第四章

主控盘进货模式研究

操盘主力如何进货，不外乎与公司派或是与内外围主力一起锁定筹码，非圈内人士是无法得知的。当炒作的消息被广为流传后，往往已经是主力准备出货的时机，所以利用消息面或是内线所得到的明牌显然相当不可靠，尤其是所谓的内线消息，一个毫无相关背景且没有任何利害关系的散户，凭什么拿到所谓的内线消息。说穿了让散户知道这些消息，不过是为了顺利出货！或许这些消息可以给散户投资人一点甜头，但是甜蜜糖衣所包覆的内容，恐怕会让人伤心。

然而一只股票没有特定人士进场拉抬，实在不容易有急涨的大波段行情，在无法得知内线消息的情形下，是否可以适时切入股票，撷取大波段的利润呢？当然可以！主力在进货、洗盘、出货都会有一定的轨迹依循，散户投资人只要能够学习辨识这些特别的信号，自然能够找到恰当的切入点。所以散户投资人比较容易取得并学习的技能就是技术分析，但是必须强调，学习技术分析的目的不是让你天天杀进杀出，而是在低位区帮助你找到可靠、安全的起涨信号。

试想，主力拉抬股价是天天拉，或是一年只拉一次或是两次大波段？主力拉抬股价是一次一只，或是一次很多只？我想答案很明显，既然主力拉抬的次数不多，一次只有一只，实在不明白身为散户投资人的我们，必须天天杀进杀出，持股的类别还五花八门，因此我们必须先养成良好的操作习惯：不急躁进出，并降低持股类别为优先，接下来再以技术分析筛选适当的个股，笔者相信你将会发现操作股票不是一件难事。

然而如何利用技术分析切入个股安全的买点？我们从报章杂志的许多文章应该都可以知道，市场气氛悲观、融资余额下降等等，是属于整个趋势的相对低位，这些道理应该不必再重复叙述，如果用主力控盘的角度思考，主力也不愿意持股成本过高，或是在大趋势不佳时逆势拉抬。当然，此时技术分析中的种种指标所呈现的现象，也应该都是对多头不利，这些不利的现象就如同冬天的严雪寒冰，底下蕴藏着丝丝春意。而目前上市公司当中，高达近千支的股票，如何找到未来会迅速发芽成长的个股，除了在当时依基本分析筛选之外，技术分析更可以透露重大信息，这个信息就是主力已经积极进场布局的技术信号，你只要练习观察这样的信号，在相对低位情形下，不难发现未来具有波段上涨潜力的个股。

根据实际操作经验得知，主力进货布局的过程，是有迹可循，甚至有的会出现相当明确的信号，我们称此种线形波动的过程为“主力做线技巧”，这些做线技巧都有特定的模式或是模块，也就是所谓的“路径”，这些路径看似繁复，其实只要适当的拆解分析，会变得十分容易认识，在进入认识这些“做线路径”之前，先谈谈主力整个做价的大致轮廓。

安全的做价手法，必须与大盘(加权指数)同步，成功的几率会比较高，这就是“借力使力”的观念；又主力控盘循环的标准周期是两年左右，因此真正的主力群为了降低风险与持股成本，通常会等大盘的多空循环中，空头循环走到一定低位程度之后，才会开始进场布局。

主力进场布局时，有两大类的背景，一种是完全空手的情况，另一种是之前已经炒作过该股，在高位出脱7成左右的持股后，将股价压低并于相对低位准备再介入重新补货。补货的过程主要是将在外的流通筹码吸收，如果可以与上市公司配合(属于在内的固定筹码)则更佳，大郎中(指实力雄厚的主力)正常而言会将在外的流通筹码，联合金主锁定约5～6成左右，而小郎中可以掌握到2成就已经算是不错了，一般技术面线形不佳，可是却有消息面先透露出来，大部分都是小郎中刻意放出的消息。

主力在进行进货过程中，技术线形自然会透露出来，不同的位置会有不同对应的进货手法，这部分后续会再详述。在进货过程中，因为有持续的买盘进入，所以量价关系会温和递增，因此自然会吸引一些短线客户进场，所以进货过程中必定会搭配洗盘动作，洗盘的目的不但会有价差，也可以吸纳更多浮动筹码使之安定，但是不管如何洗盘，不会破坏主力防守的“关键点”，唯一例外是正好遭逢重大利空，使关键点破坏，主力不得已只好先向下洗盘、顺势打压，然后再做价拉高一次，整个过程称为“王子套牢”，未来必定会针对套牢处解套，并展开上涨，此时称为“王子复仇”。

因此进货是否持续进行，应重视的就是“关键点”，等到进货到一定程度之后，便会拉高使成本远离，拉高过程中亦可以持续进货(称为拉高进货)，拉抬结束后必定会再度洗盘，这段的拉高走势，往往是浪潮中的初升浪走势。

在进货之前或是洗盘结束，通常主力会在开始之前先行试单，试单的方法很多种，散户容易辨别者称为试单量，请参阅本书第二章。试单的主要目的通常有三：

(1)为了测试筹码的稳定度，当试单买进后，如果没有跟随买卖单，那么可以推估筹码已经趋于稳定；

(2)进行小波段拉抬，观察是否有其他作手，或是中实户跟单；

(3)进行小波段拉抬后，吸引短线客户再进行打压，使套牢与短线筹码再释出。

试单的过程中，如果出现的卖压较沉重，有可能是套牢者的卖压，那么就会再度拉长洗盘时间，假设卖压的单子较大，且连续出现，不排除是该股出现另外一个郎中对作。在对作过程中，试单主力会运用不同方法逼对方认赔，或是干脆合纵连横。如果卖压较小，暗示筹码的稳定度较佳，那么只要等待恰当时机(如大盘的变化)，就可以顺势发动第一波涨势。

试单时，在日线结构上会透露许多信息，通常试单量之后，往往会配合日线出现“避雷针”、“十字线”和“实体长阴”做结束高点，压回时以洗盘角度观察，主力在做量价关系时因为量能都是左出右进，自然可以确认筹码为自己所掌握，这些极短线的种种变化，可以从实时盘态的走势进行解读。当主力在这些现象之后做出的攻击盘，就是一般投资人要跟随着积极介入的最佳时机。

在这个单元里，笔者介绍了十种比较基础的进货做线技巧，这些路径走法，会不断地重复出现，而且进货模式主力不会单纯使用一种，而是多种交互替用，且在进货过程中，不免会有筹码凌乱的现象，为了让筹码趋于安定，通常进货后会伴随洗盘行为，因此进货模式会与洗盘模式交替运用、混合进行。笔者尝试将进货盘如以下的分类(图 4-1)：

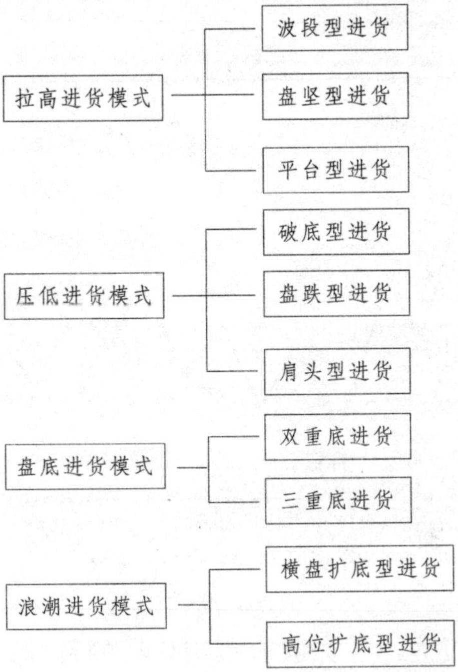

图 4-1　进货盘分类模型

下面就为各位投资人，介绍这十种基本进货模式。

一、波段型进货

波段型进货模式通常属于主力相当积极的做线技巧，且资金偏向于中型郎中，进货结束后涨势开始推升的速度会相对比较快速。

发生的位置大多是在创下历史新低之后，或是某一个浪潮长期下跌结束之后(未创历史新低)，即形态图 4-2 中标示 P1 的位置。这在当时市场气氛理应颇为悲观，而且技术面的指标对多头相当不利，如果采用开盘价连线作乖离的观察与分析，必定呈现负乖离过大的技术现象。

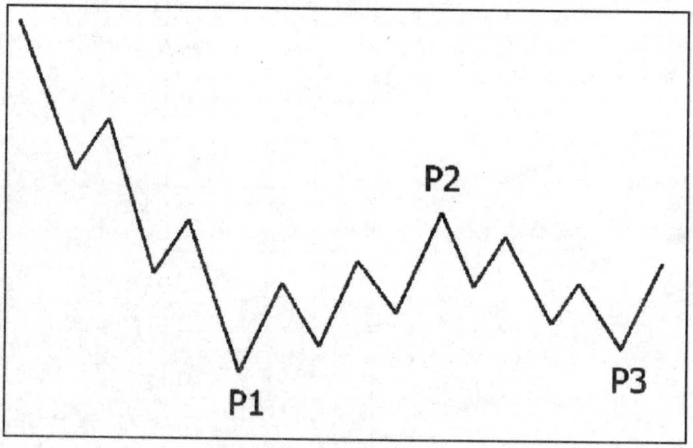

图 4-2　波段型进货形态图

既然负乖离过大，主力就会利用均线的特性，在低位区没有人注意且买卖压变化不大时进行试单，试单的目的是观察筹码是否如技术面所呈现的稳定。如果符合预期的条件，就开始进行第一次进货，因为进货的手法属于拉高进货(P1～P2 的区间)，所以拉高过程会出现量大止涨做短线出货，并压回短线洗盘降低成本。

因为创下新低点时市场气氛悲观，一般套牢的投资大众看见出现反弹，大多会认赔杀出(因为想要止损已经忍了很久，忍到快要被断头或是已经对该股失去信心，所以会听从分析专家的意见，赶快止损)，当散户手中筹码释出被特定人士接走后，股价就会渐渐走高，形成技术性的反弹走势，这段过程也会吸引抢反弹的短线追逐者介入，主力作手再趁机将这些筹码倒给这些短线客户，顺便在市场放出利空消息或者是布局空单，此时的相对位置即图 4-2 中标示 P2 处。

投资人可能会奇怪，在 P2 的位置主力难道已将筹码出光？当然不可能，因为这整段区域都算进货区，发布利空或是营造融券增加的假象，目的只是要进行波段洗盘而已，也就是标示 P2～P3 这里仍然会有吃货、洗盘等复杂的行为，而这段下跌的目的也是做波段诱空之意，关于这里的洗盘行为模式，留待第五章时再行探讨。

从 P1～P2 这一段，有一个专门的术语，称为“熊市扭转”，亦可以称为初升浪。投资人在观察时，除了形态走法要类似之外，必须以技术面加以验证。从 P1～P3 这整段的走势，笔者不建议投资人介入，但是等到整个段落完成，才开始积极注意 P3 之后的股价走势，并伺机寻找恰当的做多介入点。一般而言，主力会在 P1～P3 这个区间，先建立想要吸纳的筹码约 6 成的水平。

实际运用范例

先举一个例子说明本形态，请看图 4-3，金像电股价在 2003 年初股价创下历史新低 5.9 元，当时成交量也相当低迷，创下成交量只有 330 手的低量，可以视为凹洞量或是窒息量，成交量的整体形态以类似谷底量的结构呈现，亦即当时股价进入谷底，为量缩价稳的情形，只要出现量增价涨，股价就会出现反弹。

股价从标示 P1 开始出现量增攻击走势，成交量也随着放大形成波段起涨，在标示 A 暴出大量，此目的是针对前波平台整理的压力做解套，解套后拉回幅度不深，便再创下反弹新高点，并在标示

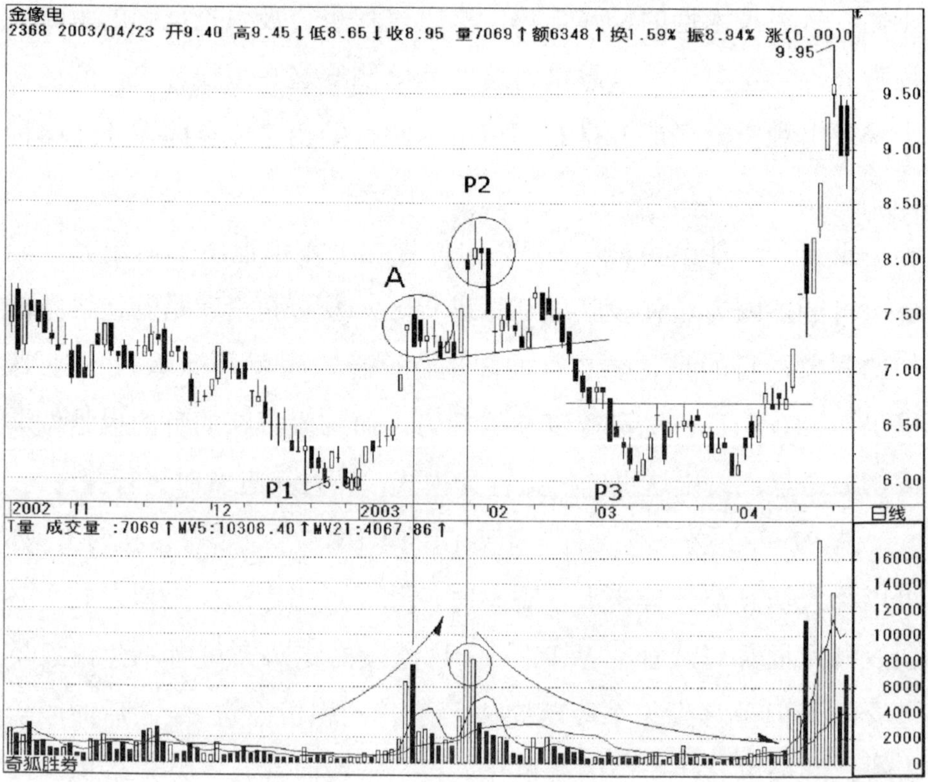

图 4-3　波段型进货范例

P2 处出现 8829 手的大量，此时股价已经完成“熊市扭转”的动作，主力会在 A 和 P2 做短线出货的行为，接下来正常的行为模式将是进行波段洗盘，即从 P2～P3 这一段。从 P2 的盘头到 P3 的盘底，其技术现象曾在《主控战略移动平均线》书中描述过，请投资人参阅。

波段洗盘的重点在于越接近前波起涨点越佳，与最低点相等也无所谓，就是不能再破底，也就是 P3≥P1。波段洗盘过程也会进行短线补货的动作，图中 P2～P3 的成交量再度出现谷底量，等到盘底完成出现多头攻击信号后，该股即出现波段涨势，最后上涨到

16.7 元，从最低开始约上涨了 2.8 倍。

二、盘坚型进货

通常这种进货模式发生在低点已经被确认之后，主力才开始进行。什么是低点被确认？就是浪潮不破前低，也就是这里可能是第二浪或某一个浪的底部区，或是针对前一个波段或浪潮做出超过 0.382 倍幅以下的修正行为，或是破底之后筹码尚不稳定所进行的进货模式。一般要将该股与加权走势加以对应分析，以提高当时低点被确认的可靠性。

此进货模式必定会搭配高点短线出货，压回进行洗盘的模式交互进行，也就是拉高到图 4-4 中所标示的 P1 点后，就会进行一次短线出货降低持股成本，并进行短线洗盘吸纳筹码和迫使短线多单止损退出，其中标示的 P2、P3 同理可证。另外一个重点是此进货模式，其波峰会持续创高，波谷也会持续垫高，即 P3＞P2＞P1，正

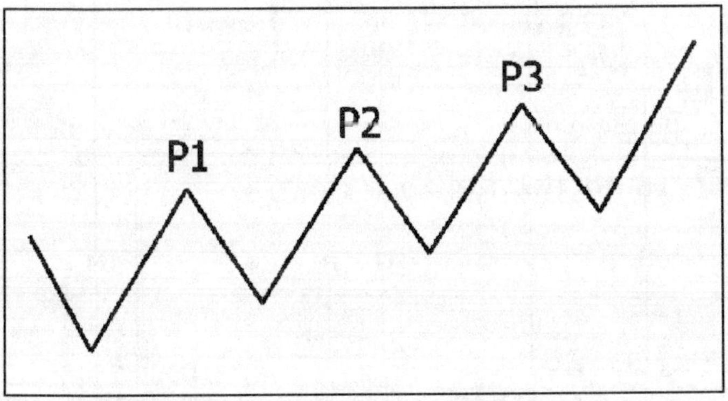

图 4-4　盘坚型进货形态图

常情形下，成交量走势会出现波段起涨的模式，但是增加的速度会相当温和，这一点观察5日均线的走向分析即可。另外，盘坚过程中不一定是要创下三个高点，但是通常是至少三个高点。

实际运用范例

请看图4-5，台纸的股价从6.6元的高点拉回到3.02元，当时是针对前一波上涨做出拉回修正的走势，因此这里有可能是某一个浪潮低点位置，从3.02元开始的整段走势，可以很明显发现，每一个波段的波谷是垫高的，波峰也是创高的，即P1＜P2＜P3＜P4＜P5，恰好符合盘坚进货模式的形态图。

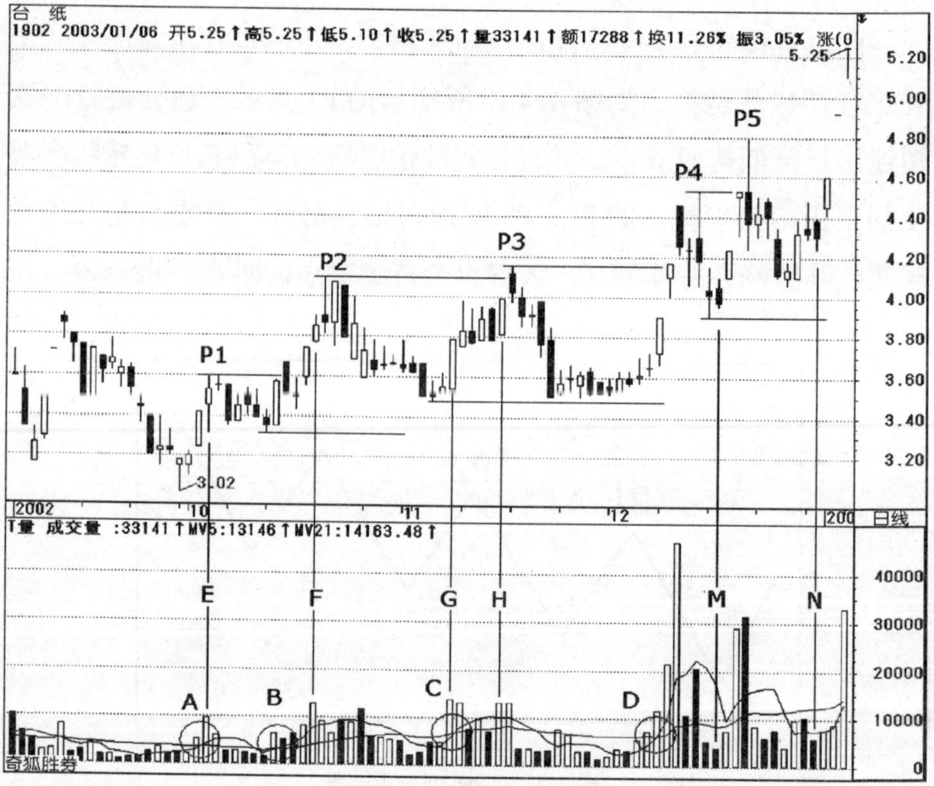

图4-5 盘坚型进货范例

再从标示 P1～P5 的每波起涨点附近，对应到成交量观察，发现标示 A、B、C、D 这里都有波段起涨的信号，且在标示 E、F、G、H 出现短线出量后止涨的行为，接着进行出货后的压回洗盘，那么投资人如何知道进货将要结束呢？从标示 D 这段的波段起涨可以看出端倪，该段不但出量迅速，而且拉抬走势呈现中阳与跳空缺口，颇有进货结束，发动攻击走势以拉开成本的味道。

既然 P4 这里暗示进货阶段已经接近尾声，当出现洗盘行为之后，投资人就要积极注意未来股价的表现，并注意介入做多时机！该波段最后是上涨到 9.9 元做完结，也就是从最低 3.02 元开始上涨幅度超过 3 倍。

我们不期待买在 3.02 元，只要在标示 P4 或是 P5 之后注意介入时机，搭搭主力的顺风车即可，因为这里主力已经布局完成，非涨不可，否则主力套牢将会受伤惨重，所以主力有不得不拉的压力。从图中标示 M、N 的位置所出现的凹洞量，再搭配实际操作的切入技巧，正常而言，最差也可以买在 4.6 元，买进后设好止损点，并利用测量学预估可能的高点，卖在 9 元附近应该也不是难事。

三、平台型进货

本模式一般出现在前波属于多头上涨浪潮之后的进货模式(图 4-6)。当股价进行初升浪的上涨之后，在初升浪的末端，会先进行部分筹码的获利了结动作，但是不会全部出场，主力仍掌握大部分的流通筹码，接着就有机会进行平台型进货的动作了。

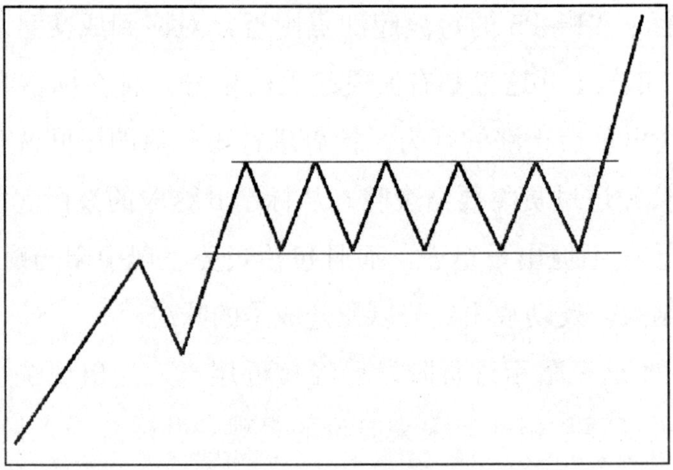

图 4-6　平台型进货形态图

平台型进货的过程，必定会搭配洗盘行为。而该平台的幅度可以做得很大，也可以做得适中，这与该股的股性与股本有关，一般股性较活泼且股本较小的股票，幅度会比较小，反之则幅度会较大，时间亦会较久。

有一些特殊的状况必须提醒投资人，平台型进货往往会吸引另一批主力或是大户进驻，因此在初升浪的末端会出现大量换手的现象。而另一批主力可能是事先讲好条件的投资者，也有可能是所谓的投信基金进驻，后者比较不可能发生在股本较小的个股身上。

进货过程中，量能的表现以“顺势量”的模式进行短线拉高进货，或是呈现“谷底量”的量能沉淀模式，投资人只要注意进货结束后的最后洗盘点信号即可，当出现洗盘结束的信号与多头攻击信号时，投资人就可以适时切入做多。

实际运用范例

请看图 4-7，本图请与第二章关于顺势量中图 2-14 的范例一起分析。标示 A 为最后一段上涨走势，量能是利用顺势量上推，随后在高位标示 C 的位置盘出一个头部形态，接着便下跌测试最后一段上涨走势的低点，亦即图中标示 L 的位置。

到跌破标示 L 的走势为止，我们可以合理地假设当时有短线出货的行为，这点可以从标示 B 的出货量接着便完成头部下跌的走势加以定位。如果股价在跌破 L 之后要持续进行向下修正洗盘，那么

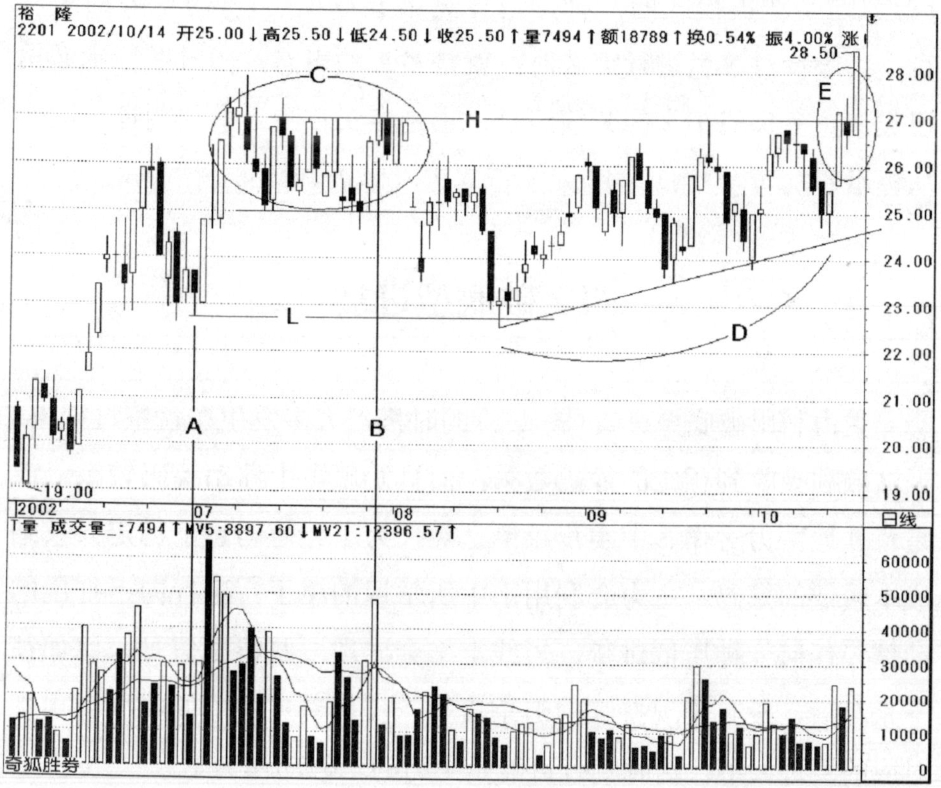

图 4-7 平台型进货范例

后续正常的行为应该是反弹后再创低点，结果后续的走势，也就是标示 D 发现股价低点是一路垫高，而且在这个区域股价的上推，都搭配了顺势量的行为，因此可以怀疑这里正在进行高位进货的手段，但是必须等到出现突破信号进行确认。

如何观察多空的突破信号呢？当标示 L 的水平线被测试后出现反弹，如果再破低便可以定位是空头的突破。至于多头的突破，首先必须在图上找出可靠的关键观察点才行。从图中发现可能是进货段的止涨高点是相等的，从高点画出标示 H 的水平颈线后，正好也切过头部位置上影线部分，因此可以认定利用顺势量进货的止涨等高点(这是洗盘模式的一种，请详见第五章说明)，为重要的关键点，当股价对这里进行突破时，就是多头的表态，同时在标示 E 出现类似“多头战车”的 K 线组合，也是多头攻击形态的明证，股价从标示 E 发动，上涨到 48 元才正式进入修正。

四、破底型进货

主力利用破底型进货(图 4-8)的时机，大多发生在盘整过程中，无法顺利吸收到预定的筹码数量，而且发现盘中浮动筹码较多，或是有其他主力对作、中实户跟单之类，为了让筹码趋于稳定并吸纳成本较低的筹码，主力会利用手中所掌握的单子，进行向下打压的动作。任何一种压低进货，短线上必会出现一些特殊信号，比如往下杀盘后，没有出现持续的追杀卖盘，反而看见大单的卖压会出现对应的买进大单，这时就有可能是主力的“假动作”了。

打压前，会让投资人误以为这里已经开始盘底，这种盘底很容

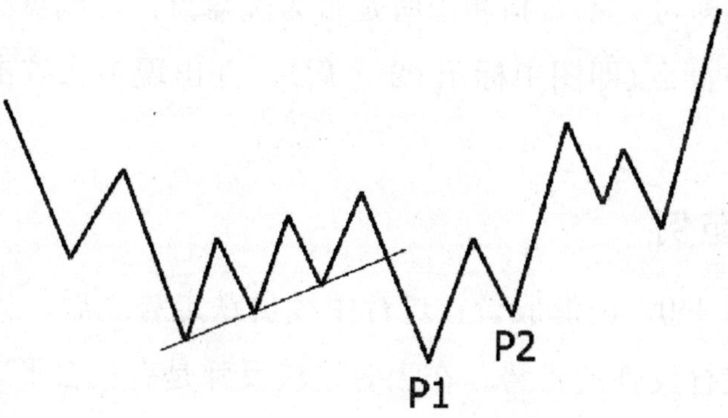

图 4-8　破底型进货形态图

易出现错误信号，只是一般投资人不容易辨识，接着于盘中再挂出大单的卖压，制造心理面恐慌，此时往往会出现利空的消息面配合。当向下打压之后，投资人、中实户，便会跟着卖压暂时退出观望，此时主力作手只要在股价往下时承接，就可以顺利吃到这些止损的筹码。

向下压低吃货不一定只做一次，必须由主力作手在吸纳止损的单子之后，计算成本与掌握筹码的程度，并在短线试单之后，观察筹码的稳定性，再决定是否准备盘底做出攻击信号，或是准备再破一次底，而破底之后可以吃到的筹码其实与杀出的止损卖单多寡有关，通常这个动作所能吃到的筹码很有限，只是让筹码干净一些而已，因此通常在破底之后，主力会再利用拉高进货的模式补货，此时许多投资人已经被连续的盘底失败破底给吓阻，因此这段吃货过程会相当顺利，且符合主力作手的需求。

所以这种破底手法除了有进货的意味，也有洗盘的目的存在，因为以进货的成分较高，所以归类在进货模式当中。投资人只要注意一个原则即可：不要猜测当时是否为洗盘点，等到盘坚型吃货可能结束的洗盘点(即图中标示 P2 之后)，并出现多头攻击信号再介入即可。

实际运用范例

请看图 4-9，鸿海股价在进行中线盘跌走势之后，从 2003 年 2 月初开始进行反弹的走势，在当时这段反弹是有机会形成所谓的底部，可惜的是一直无法形成有效的波段起涨，亦即量能方面无法缓慢增温形成一个对多头有利的趋势，此种行为暗示主力进货不顺，此时主力的做法是硬拉向上，不然只好向下破底。

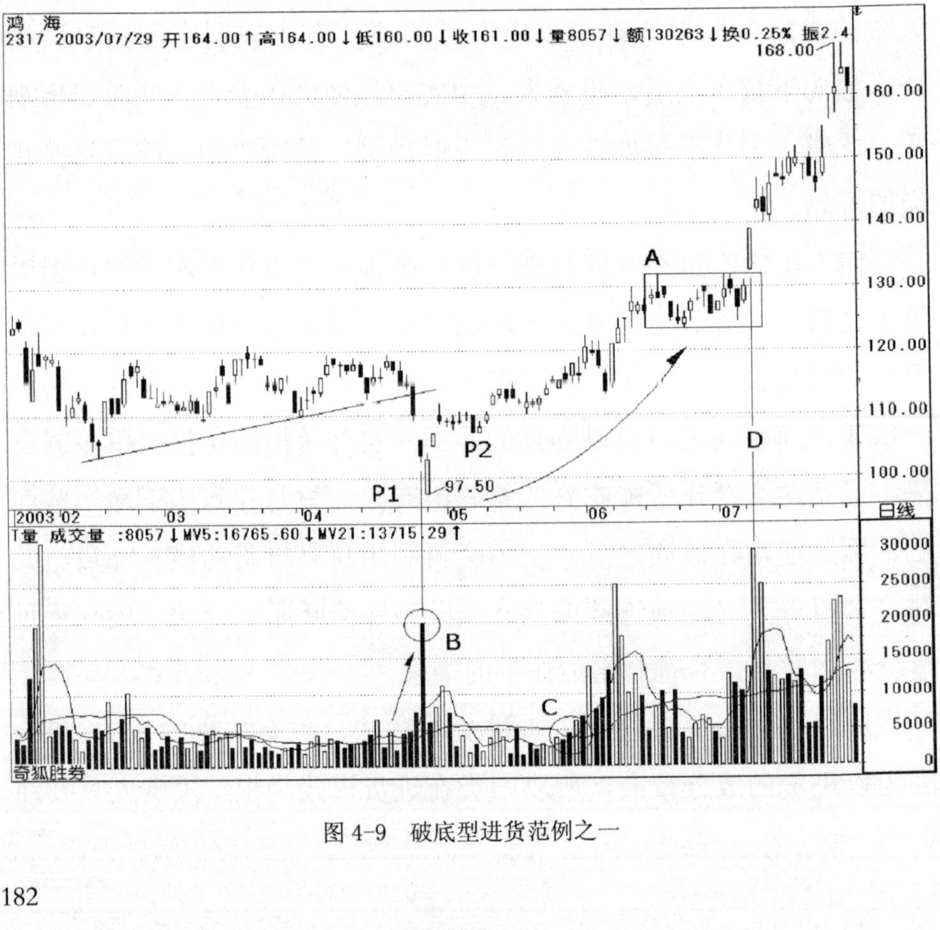

图 4-9　破底型进货范例之一

向下破底不一定会出现进货行为，仍然要观察量能的变化。我们发现在反弹末端量能开始增温，跌破短期上升趋势线之后，呈现逆势量的结构，暗示这里的压低，有特定人士进场承接，尤其是标示 B 这一笔，暴出 19876 手的大量，随即出现“蜡烛线”止跌，此时便完成进货模式中 P1 的位置，而股价反弹后拉回做出的第一个正反转点，是形态中的 P2 位置。

P2 位置之后，可以伺机介入做多，保守的操作者可以忽略这一段行情，等待第二段拉抬。图中从 P2 到标示 A 的这段为拉高进货的波段行情，这点可以从标示 C 的波段起涨信号得到验证，标示 A 的框框属于“等高点洗盘模式”，一般投资人可以于该洗盘模式结束后的突破再介入，亦即标示 D 的位置，此时获利的速度会较快，风险也比较低。

请看图 4-10，广宇股价从 33.4 元盘一个头部下跌之后，于 2004 年 6 月中旬先跌破一个反弹的上升趋势线，持续向下修正。我们需要注意它是因为向下修正的过程中，出现非常标准的逆势量结构，让人怀疑有特定人士介入，并在标示 A 出现下跌最大量 5402 手，这里便可以先标示为 P1 记号。

接着股价反弹，再破上升趋势线，并在标示 B 出现量增止跌，此时出现正反转信号之后，就可以定位为 P2 点，就 K 线形态而言，P2 位置点出现母子形态，如果实际操作经验丰富又懂得主力作线，就可以认定该母子线为变盘信号无疑，出现突破母子时便可以大胆切入。

标示 C 这段上涨为拉高进货的阶段，成交量也对应出现了波段起涨信号，假设投资人属于保守的操作者，暂时不介入也无妨，等

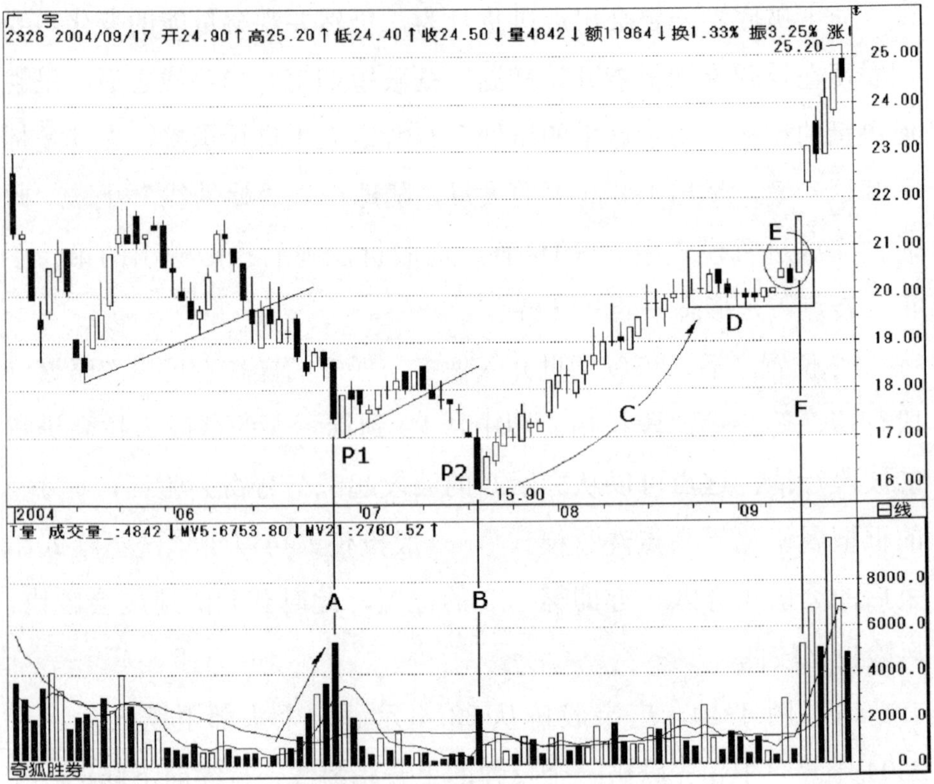

图 4-10 破底型进货范例之二

到股价进入震荡整理，亦即如标示 D 的洗盘现象结束之后再介入。标示 E 是属于很强势的上肩缺口 K 线形态，标示 F 则为带量突破短期水平箱顶，代表初升段的修正结束，第二轮的上涨走势正式发动。

请看图 4-11，这个例子是笔者网站上网友提出讨论的问题之一。在 2004 年 10 月 30 日，网友在讨论区提问：“精英自 9 月 20 日后主力库存便一直增加，融资余额也大降，股价强势盘坚攻下半年线，是否下一次大幅回调时为好买点？”当时笔者在 2004 年 10 月 31 日尝试回答说：“至少等 11 月 20 日以后再来看它，还有再

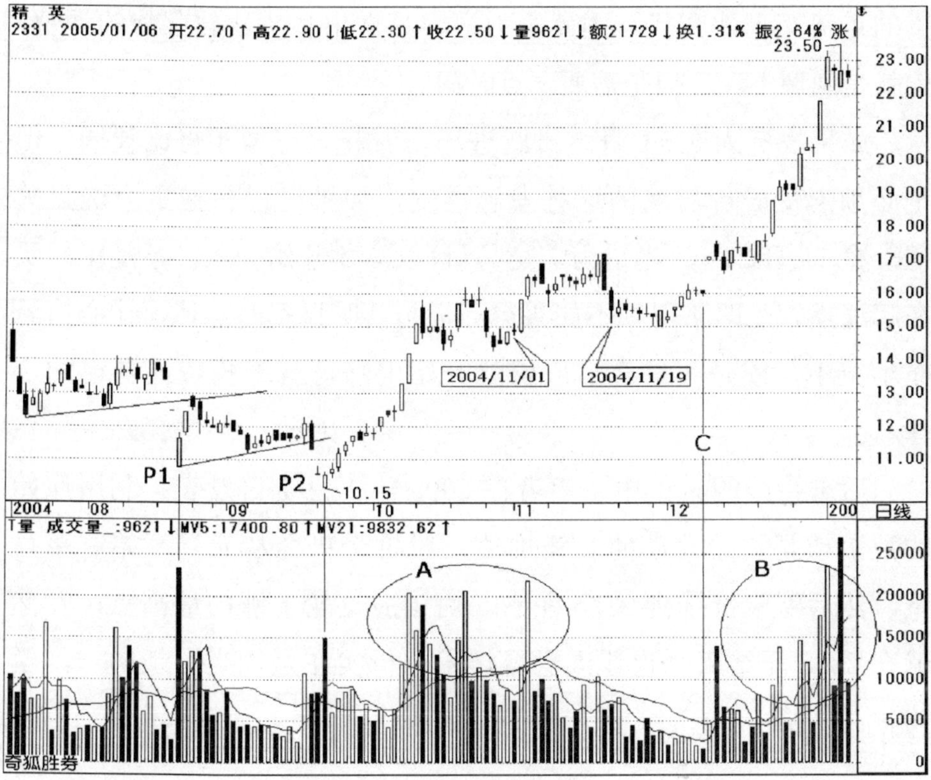

图 4-11　破底型进货范例之三

涨的机会。”

如此分析的理由是主力在进行股价调整过程中，其时间周期有迹可循。当时估计 11 月 20 日以后才注意该股，则是该股合理的、最少需要的时间周期，以此周期可以观察主力筹码控制的程度如何。而且整体线形明显有主力进场拉抬的迹象，因此分析理应还有第二轮上涨走势。

观察的方法相当简单，将图中重要的地方画上上升趋势线，并且标上 P1、P2 的位置点，很显然，这不就是破底型进货模式？又在标示 A 出现几次暴量现象，如果就在这里出货，对于前面破底进货的走势又无法交代，因此主力很容易做出多头比较强势的调整，也就是回调不深，但是需要一点时间。

如果投资人在11月1日就进场，看起来好像买得比较低，但是必须忍受股价震荡的这种忐忑不安，如果可以掌握主力洗盘关键，在11月20日(当日为非交易日)以后才开始介入，不是正好买在起涨点？此即买得好不如买得巧，与其旷日费时等待，让心情悬在半空中，或是买进之后股价就开始上涨，就看投资人自己的选择。

后来持续的讨论中，笔者在2005年1月1日发表：利用原始的浪潮或是初始发动的K线推估，股价走势会从元月开始震荡盘坚，然后将股价推到23.5左右。而该股这轮上涨的最高点，竟然就在23.5元结束，也让人觉得技术分析实在是相当有趣的一门学问。

五、盘跌型进货

通常盘跌型进货(图4-12)不会单独出现，会搭配其他进货模式一起运用，比较容易辨别与较常出现的时机，是在股价出现熊市扭转之后，或是进行波浪进货模式中的回调，熊市扭转与浪潮扩底的进货模式往往会造成浮额太重，因此在调整的高点附近，主力会将多单先做部分出脱，压回再买回来，藉以制造价差并降低持股成本。

本进货模式的形态，通常会出现3个以上的盘跌低点，且创下低点时，会有对应的“量增”出现对应止跌点，每一个低点会持续

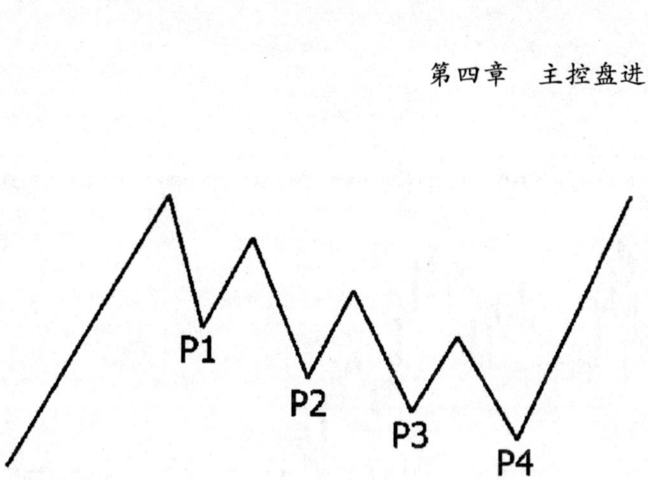

图 4-12　盘跌型进货形态图

创低，呈现空头走势，最后一个低点会非常接近前波最低点，但是却不会破底。

实际运用范例

请看图 4-13，国乔股价在进行浪潮拉回修正走势后，从 7.2 元低点开始拉抬，这段量价齐扬，且量增速度过快，很容易造成筹码的凌乱，因此在高位必定会进行部分出货的行为后，进行拉回洗盘的动作。

拉回洗盘的过程中，同时也会有压低吃货的行为，压低的过程除了清洗筹码，也有降低持股成本的意味。从图中所标示的 P1、P2、P3、P4 这些位置中可以看出来，当股价创低后，即出现量增走势，同时也会跟着出现小反弹，接着再持续创下低点，均量线也呈现量能退潮，这正是盘跌型进货的标准模式。

投资人在发现有这种进货模式可能时，不必猜测在哪里落底，更不必提早布局，只需要股价在出现波段起涨的信号，同时伴随底部行为之后，再开始积极布局，以降低持股风险。

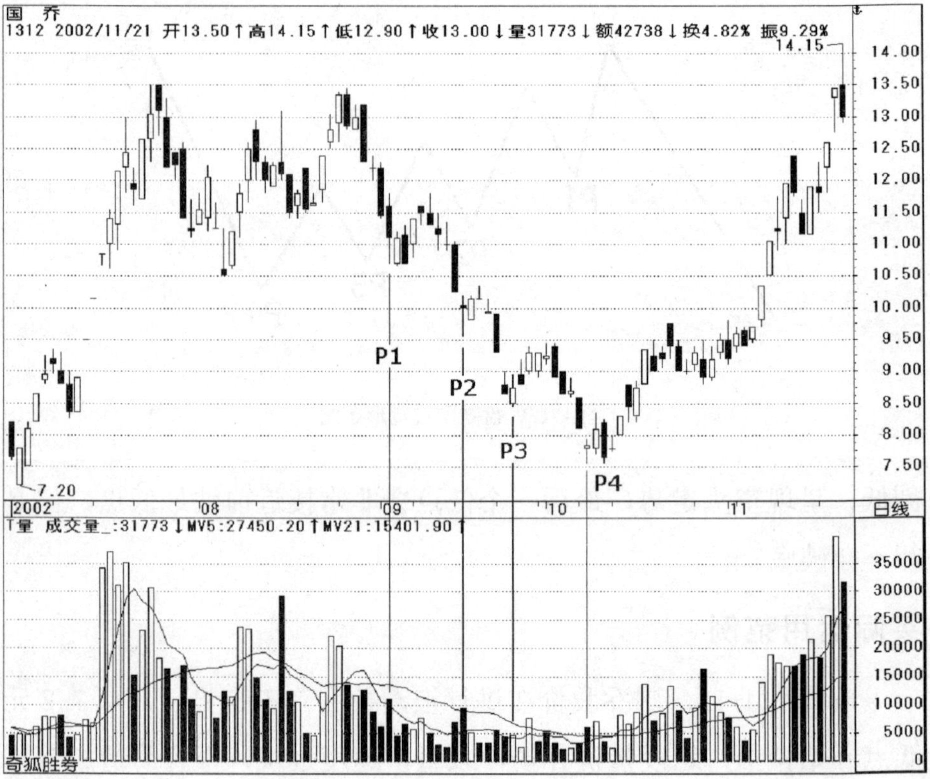

图 4-13　盘跌型进货范例之一

接着请看图 4-14，这个例子是主力进货之后，利用短线压低洗盘，并且盘跌进货的特殊模式。之所以特殊是因为它属于回调末端，主力在当时筹码已经掌握得相当好，不过是在进行最后洗盘与测试买卖压，所以吃货的行为已经不明显，但是标准模式依旧，请读者比对 P1、P2、P3 相对位置的成交量。

盘跌型进货之后必须要在量价关系上打出信号，一般而言，修正末端之后出现的以底部型进货，或是盘坚型进货居多，而以盘坚型进货的力道较强，图中标示 A 的段落便是盘坚型进货模式，均量线亦形成相当标准的波段起涨，在盘坚型进货的最后，以凹洞量宣

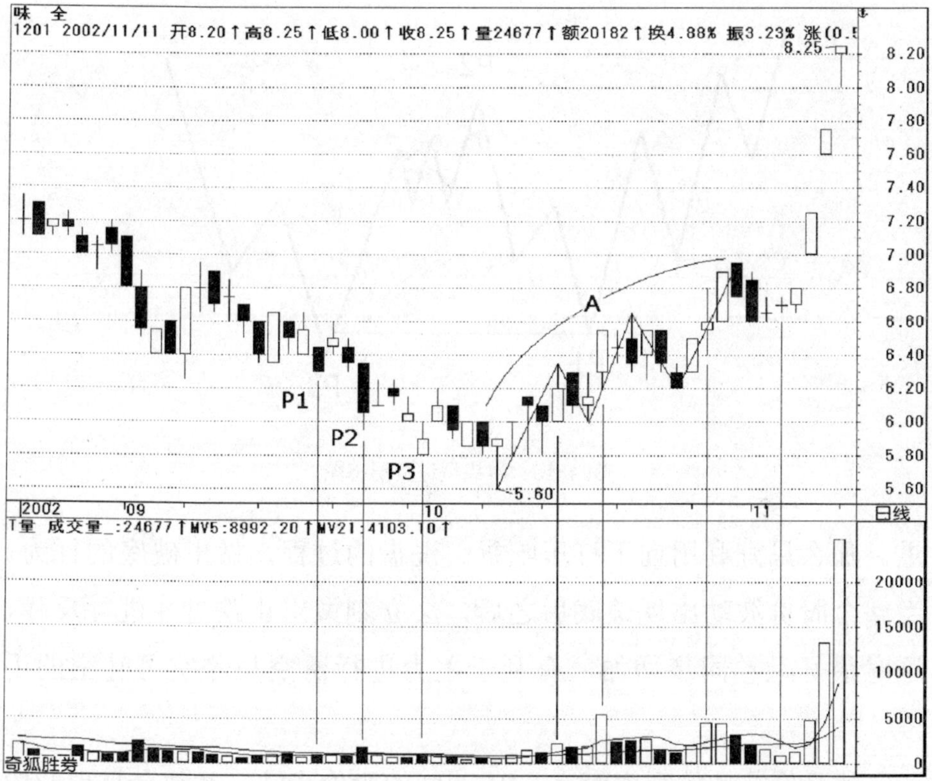

图 4-14　盘跌型进货范例之二

告洗盘的结束，最后股价从 5.6 元上涨到 15.6 元，涨幅将近三倍之多。

六、肩头型进货

肩头型进货模式(图 4-15)与盘跌型进货模式有一点相似，差异在肩头型进货会破底，而盘跌型进货不会破底。当主力将股价拉高向上弹升的过程中，发现无法顺利吃货，且拉抬时，卖压相对沉

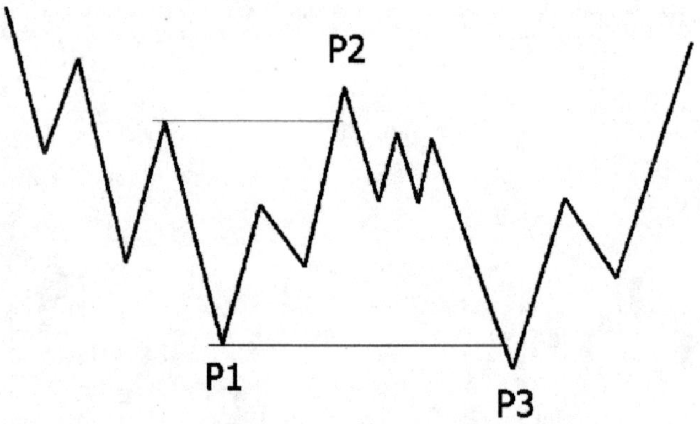

图 4-15　肩头型进货形态图

重，那么只好利用向下打压吃货、洗盘的过程，做出破底的行为。当整个股价波动出现破底后之后，会立刻做出止跌盘并进行反弹，这时最好融券同步增加，有利于主力进行诱空与养空再轧空的手段。

就股价波动的观察而言，P1～P2 的股价走法，往往会呈现两段式反弹，并让投资人误以为趋势已经翻多，接着在 P2 附近暴量倒出一部分筹码，进行打压，从 P2～P3 通常会出现两段式下跌，其中有一段必是强势杀多的走法，坊间一般称这种行为是“假破底．真穿头”，暗示操盘主力态度积极，筹码掌握程度良好，未来出货时也必定不会留情。

实际运用范例

请看图 4-16，在图中智邦股价从 P1～P2 呈现两段式上涨，其中伴随标示 A、B 的波段起涨，这段拉抬在 P2 点暴量结束，股价便拉回修正，从 P2 拉回到 P3 过程中亦呈现两段式下跌，并跌破前

图 4-9　肩头型进货范例之一

低，即 P3＜P1，此时肩头型进货的模式已经俨然成形。

与之前几种进货模式相同，不必急于看见雷同的形态就介入，等到出现底部信号都还不迟，当标示 C 出现的波段起涨之后便可以尝试介入。而标示 E 出现草丛量的现象，虽然这种现象以出货的几率最高，但仍有可能是进货的手段之一。等到股价上涨进入调整，出现如标示 D 的整理，再度呈现突破上涨，便可以积极介入，而该股从 38 元起涨直到 101 元才完成一个段落。

请看图 4-17，亚聚股价从 P1～P2 的上涨属于不规则的两段式上涨调整浪，从 P2～P3 是相当明确的两段式下跌，上涨过程为波

图 4-17 肩头型进货范例之二

段起涨，下跌过程为量能退潮，且 P2 位置暴出大量止涨，最后以 P3<P1 画下修正句点。这正是肩头型进货的模式，股价亦从 7.9 元上涨到 23.1 元。

七、双重底进货

底部形态进货(图 4-18)是最容易辨识的进货方式，亦即形态学中的各种底部形态，都属于进货的模式。一般而言，最常见的为双

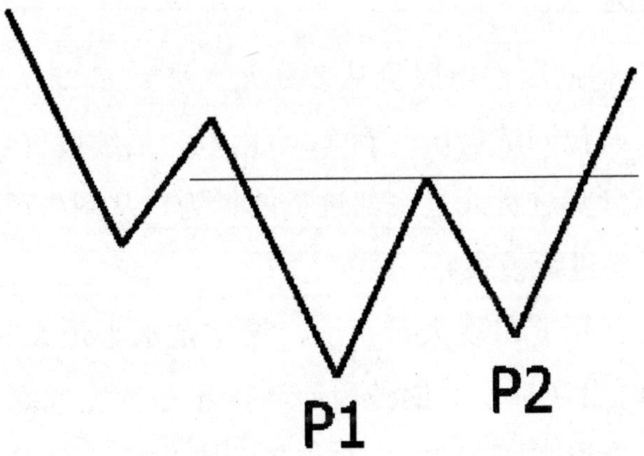

图 4-18　双重底进货形态图

重底形态，该形态的辨识法则极为简单，坊间书籍已经有所论述，笔者准备未来在“主控战略”书系中会另外撰写一本专门论述形态的专书，目前先就进货角度做思考与探讨。

主力何时需要盘底进货？一般人认为底部形态会在创低时出现，其实不完全正确，我们可以从历史图中得到验证，底部形态在未创低点前出现不在少数，甚至是高位震荡整理过程中，也会出现盘底行为。因此从主力进货的角度，当股价筹码已经趋于稳定，那么发动波段涨势前的最后进货行为，就容易出现底部形态。

底部形态亦会伴随底部洗盘的行为，一般而言，标准形态为P2～P1，P2 称为第二只脚，且 P1 到颈线会出现上涨“顺势量”，通常在颈线位置是暴量止涨后顺势拉回，从颈线拉回到 P2 会出现下跌“顺势量”，或是在 P2 低点位置附近出现对应的“凹洞量”，而从 P2 的起涨不但会有上涨，顺势量与波段起涨的结构，在突破颈线时，往往会出现大量突破关卡。

实际运用范例

请看图 4-19，金像电股价从 5.9 元上涨到 8.35 元是为波段形进货模式，接着拉回洗盘压回到 P1 点附近，后续股价要持续上涨，必须在此做出盘坚进货或是底部进货的行为，从图中可以明确的分析是利用双重底进货模式。

标示 A 与标示 B 出现大量止涨，通常是水平颈线的相对位置，而拉回到 P2 时出现标示 E 的波段起涨，正是欲完成底部形态的标准行为之一，在突破颈线的 C、D 位置，亦出现大量过关卡的技术

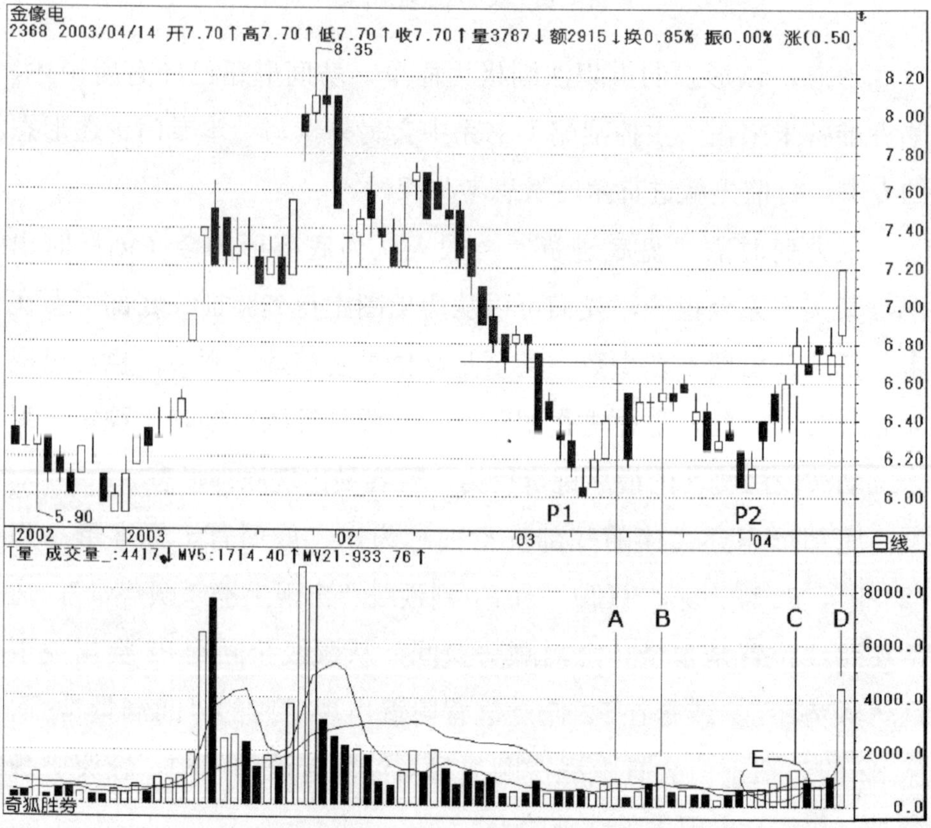

图 4-19　双重底进货范例之一

面形态，此时便可以大胆分析底部完成，投资人宜伺机介入做多。

请看图 4-20，友达股价盘跌修正到 P1 点后，反弹到标示 A 出现大量止涨，股价顺势拉回，接着在 P2 点出现量增止跌，随即量缩再出现日出阳线攻击，此时投资人可以怀疑有机会盘底，因此先取 A 处大量止涨高点为颈线观察，标示 C 出现波段起涨，标示 B 以中长阳收高过水平颈线完成底部，亦即此时完成双重底进货模式，股价将出现波段上涨走势。

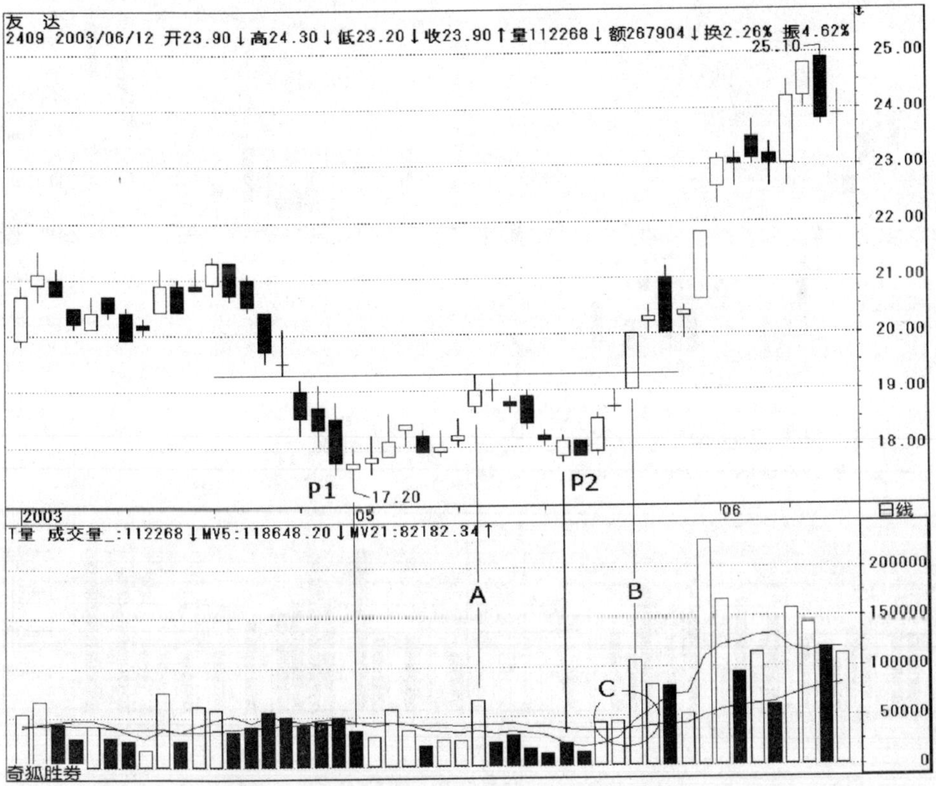

图 4-20　双重底进货范例之二

请看图 4-21，精英股价回到 P1 时是属于波段进货拉回修正的末端，股价从 P1 反弹到标示 A 暴量止涨，接着便进行短线拉回修正，当回到 P2 点时，出现量增止跌，随即出现量缩再中阳攻击，并形成标示 C 的波段起涨信号。标示 B 为量增价涨收在水平颈线之上，至此底部进货模式已经完成。最后股价从 82.5 元起涨，最高上涨到 242 元，创下历史新高点。

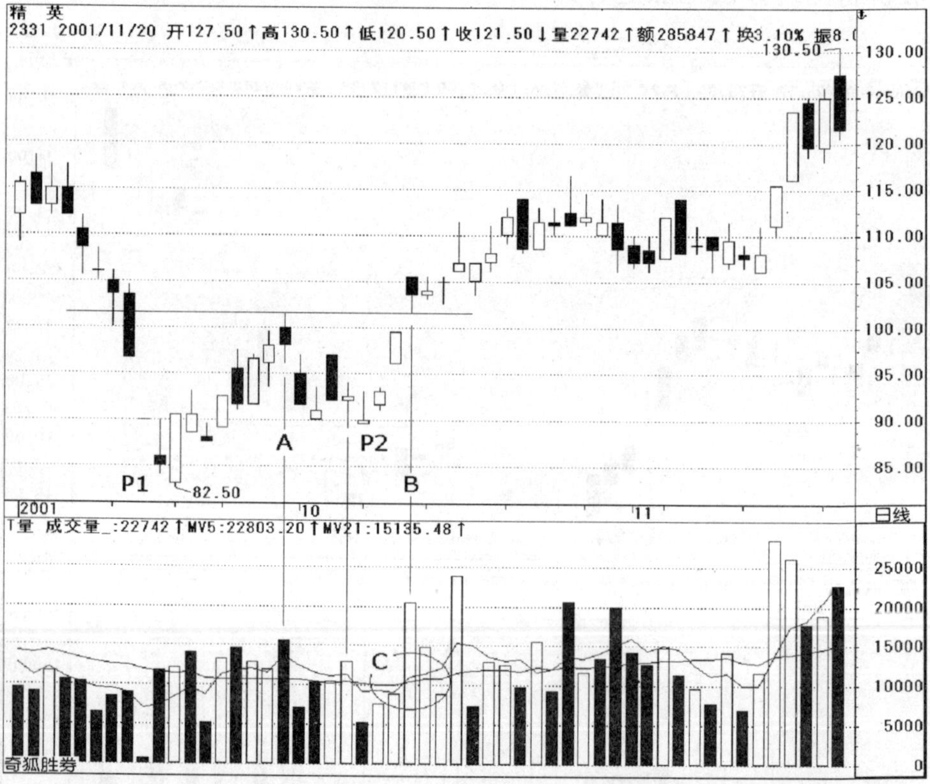

图 4-21 双重底进货范例之三

八、三重底进货

三重底的进货模式(图 4-22)与双重底是非常相似，只是它多拉回了一次，在颈线位置的止涨，通常是对应大量的，接着拉回到对应低点的位置，会出现凹洞量，在突破颈线时也必定伴随大量来过关卡。

在整个形态结构上的认定法则，只要第一只脚是最低点就可以了，第二只脚与第三只脚没有严格规定谁要比较高，但是以第三只脚高于第二只脚的几率较大。

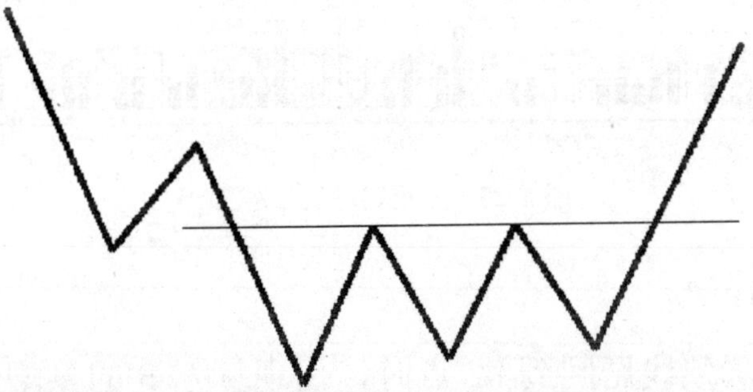

图 4-22　三重底进货形态图

实际运用范例

请看图 4-23，台苯股价在前波拉高后，压回修正到 10.2 元，股价开始进行反弹盘底的行为，反弹到标示 A 出现量增止涨，股价拉回，因此对应的位置便可以先画出水平颈线观察，并将 10.2 元

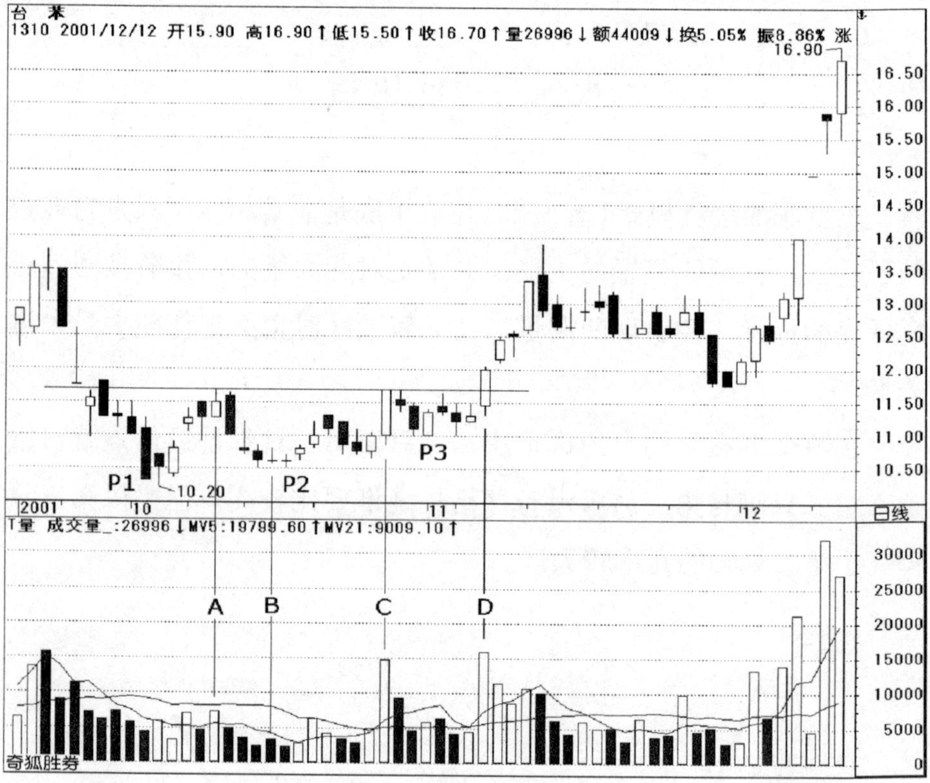

图 4-23 三重底进货范例之一

定位成 P1 点。

当股价从颈线压回到 P2 点时，出现标示 B 的量增止跌且未破 P1 点便再度向上反弹，此时便可以假设股价正进行盘底的动作，并把当时低点定为成 P2，至于水平颈线的突破与否，将是形态完成的确认关键。当股价反弹到标示 C 时，虽然出现中阳线收最高且量增，但是未突破颈线就不能算完成形态，随后的拉回使得投资人可以假设该形态非双重底进货模式，有机会进行三重底进货模式。

当股价压回到标示 P3 的位置时又出现量增止跌，此时均量线已经呈现波段起涨，当标示 D 的带量中红棒线突破颈线时，便宣告主力进货已经告一个段落，股价将进行上涨走势，而该股从 10.20 元起涨，最高上涨到 41.9 元。

请看图 4-24，国联股价创下近期新低点 10.7 元之后，股价暂时止跌进入盘整，从低点反弹到标示 A 出现暴量止涨，此时可以暂时定位最低点为 P1，A 处为水平颈线(当时取最高点分析，后来依实际走势修正)，后续在标示 B、C 都出现暴量止涨，股价也找出 P2、P3 的低点，因此将整理定位成三重底进货模式，当标示 D 的带量中长阳冲过水平颈线，便可以定位当时底部完成，股价将出现波段上涨的走势。

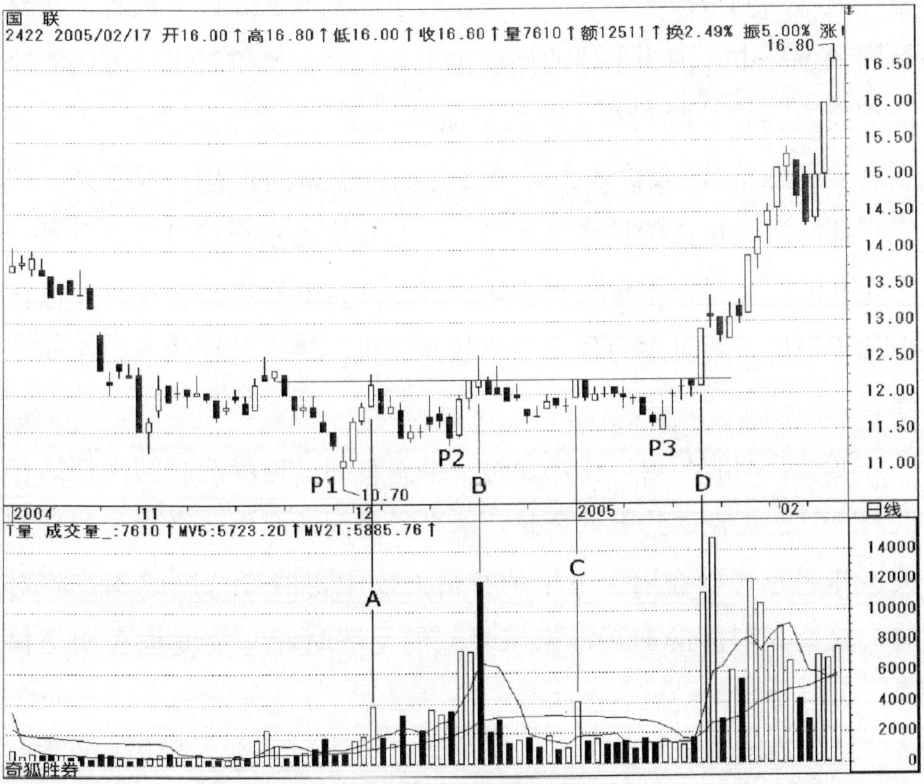

图 4-24 三重底进货范例之二

九、横盘扩底型进货

当股价以潮汐的力量向上推动，上涨了一大段之后，股价将会进行长期的拉回走势。这种长期的拉回走势，往往会持续10个月以上，这是因为经过潮汐上涨后，高位的筹码相当凌乱，且当时专家一致看好，产业前景亦亮丽无比，但是股价却渐渐盘头反转下跌，形成一个幅度深、时间长的浪潮修正。

在向下的修正过程中，幅度会相当惊人，就笔者实际操作经验，通常回到整段的0.382以下，甚至回到0.236以下都有，在整个回调过程中，因为主要的操盘主力早已经在高位退出，筹码的凌乱程度需要较长时间与较深幅度加以沉淀，当跌无可跌时(不会创下历史新低价)，股价才会缓缓进行低位盘整的走势，术语为：扩底行情。进行这样的扩底走势时，一般投资大众会误以为这只是一个大B波的反弹，不敢积极进场，但是严重套牢者却会在反弹过程中急于退场，此时主力作手便会趁此时机，进行长期的筹码布局动作。

这种长期的布局，往往会超过半年时间，标准的时间周期约在八九个月，短期的约五六个月，这么长时间的布局，当然与资金有关。作手也可以在上上下下的行情波动中，降低持股成本，相对的，这么长时间的布局，未来对应的上涨时间与幅度也会相当惊人。

这种形态不急着辨识，更不用急着进场，因为未来上涨的幅度相当大，因此等待信号确认后再积极进场，不但可以省去旷日费时的等待，更可以享受快速获利的滋味。这种形态的观察模式并不困难，投资人在图 4-25 中可以看见标示了 P1～P5 的这些位置，并试着分辨每一个点位即可。

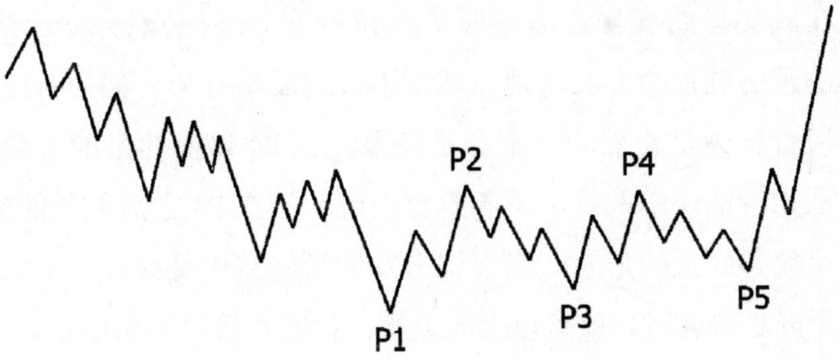

图 4-25　横盘扩底型进货形态图

主力作手的第一个动作，会先拉 P1～P2 这一个波段，一般幅度大约是最低点上涨约 45%～55%，这段拉抬主要目的是要让长期套牢的筹码退出，这样就可以消化大部分的不安定筹码，至于被套牢的筹码没有于此退出的，部分是准备长期抗战，属于安定的筹码；另一部分是期待有更高价位可以退出的筹码。后者这部分的筹码将会在后续长达半年的震荡过程中，失去持股信心，而将股票认赔杀出，最后整体筹码就这样趋于安定。

为了让不安定的筹码认赔杀出，从 P2～P3 这段幅度将会修正得相当深，接下来进行的是 P3～P4 的拉抬，从 P4～P5 的再度修正，一般会采取盘跌型进货模式，有时 P5 的末端会出现底部形态宣告修正结束，最简便的方法就是拉出 P4～P5 这段修正的下降趋势线，当该线被突破之后，就可以积极准备介入做多，撷取大波段的行情利润。因为完成这种进货模式的上涨，股价往往会以5浪上涨的结构呈现，并且上涨过程中出现延伸浪的现象，符合标准的浪潮上涨幅度，因此在安全的地方积极做多，自然可以得到相当程度的获利。

在成交量的变化方面，股价在拉抬到P2时必然会暴出大量，后续的震荡过程中亦会出现三四次不等的暴量行为，但是对应到暴量的股价行为是止涨的，不会是换手。在P4以前的量能，会以波段起涨、量能退潮的行为不断重复出现，当在P4之后的量能变化，往往呈现谷底量的形态，当投资人发现量能结构是如此，价又出现突破下降趋势线时，就可以大胆分析：扩底行情已经结束了。

实际运用范例

请看图4-26，我们将图例分成三个部位，最上方的部分是整个股价走势的完整波动；标示W所圈起来的方框，代表的是横盘扩底型进货模式的位置与全部走势；中间部分是将标示W的方框放大观察比较细部的波动，最下方则是成交量，并且与中间部分有相互对应的关系。

首先把标示W的方框与整体股价波动的对应关系，先做定位与了解，从图中可以很明显地分辨W是处于前波上涨之后，拉回修正相当深的低位位置，因此出现长期扩底让筹码沉淀，是必要的手段，那么投资人如何得知该股已经进入长期的扩底行情？只要从当时最低价起涨，涨幅至少超过45%以上，那么股价就有机会进入长期的扩底整理走势。

从标示P1的低点15.6元计算，上涨45%的价位＝15.6 ×(1＋45%)＝22.62元，很显然当时反弹最高点26.8元已经超过最低

图 4-26　横盘扩底型进货范例之一

的要求值，因此可以分析股价已经在这里进入扩底走势。必须提醒投资人注意，扩底过程中只适合短线的、小波段的买卖，没有长期投资的理由，因为不知道股价将进行多久的扩底，或是扩底走势是否真有主力介入。因此懂得主力作线模式的操作者，只要在扩底结束信号结束之后适时切入，不但可以快速获得大波段利润，更可以大大降低操作上的风险。

扩底过程中，重要的是抓出各个形态模式中的点位，亦即 P1～P5 这些对应位置，P1 是当时的最低点，P2 则是上涨幅度超过 45%的完成点，这两处比较没有问题，不容易拿捏的是 P3 和 P4，笔者只能说这和浪潮的调整浪有关，关于浪潮的探讨未来计划在《主控战略》系列的第六本撰写，这里提出一个简单的大原则供大家参考。

既然股价是进行长期的调整模式，那么 P3 和 P4 所呈现的点位必然是相当明显的转折，依笔者实际操作的经验，P3～P4 这一段上涨，通常是又快又急，请各位不妨将横盘扩底型进货模式中的图例相互对照观察，自然会有所心得。从 P4～P5 的下跌，必然会出现缓跌走势。

另外一个显著的特征是 P4～P5 会出现谷底量，且这段下跌中有机会出现其他进货模式的信号，最重要的确认则是 P4～P5 这段下跌走势的下降趋势线，必然会出现带量中长阳的明显突破行为，当投资人发现这样的现象，再积极介入也不迟。

从友达股价的图中，依据上述的种种大原则，恰当地标上 P1～P5 的记号，并且在 P4～P5 下跌末端，出现破底型进货模式，对应标示 A、B 均是创低却量增做止跌点，P5 则是接近前波跳空缺口支撑做止跌后，在标示 C 开始进行双重底进货模式，而 P4～P5 的成交量模式则为谷底量，最后完成双重底的中长阳线，也同时突破P4～P5的下降趋势线。至此，股价完成整个长期的横盘扩底型进货模式，总共花了将近八个月时间，至于上涨的幅度自然也相当惊人，从双重底的低点17.2元开始，直到79.5元才完全结束，上涨幅度约为362%。

从整个股价的结构来看，买在哪一个位置最恰当呢？假设买在15.6元的最低点，必须忍受长达八个月的波动调整，如果买在调整结束、确认涨势的点，亦即完成双重底结构后约20元的价位，好像是追高了，事实上却是相对安全，获利的速度也比较快，毕竟还没有确认调整结束前，不确定的因素实在太多了。

下面列举几个同属于横盘扩底型进货模式的图例，分别是图4-27、图4-28、图4-29，各位投资人不妨对照着模式形态图，尝试观察这些股价的波动。

图 4-27　横盘扩底型进货范例之二

图 4-28　横盘扩底型进货范例之三

图 4-29 横盘扩底型进货范例之四

十、高位扩底型进货

高位扩底型进货模式(图 4-30)是另一种长期进货的模式，通常发生在长期下跌之后，股价拉出第一段的上涨，随后进入高位震荡，在这个高位震荡过程中，便是投资人关注的焦点。

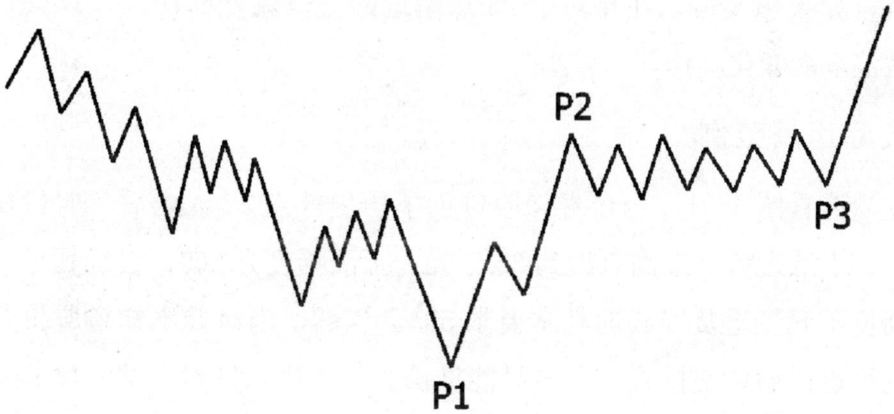

图 4-30　高位扩底型进货形态图

在形态图中，标示 P1 一般是指创下新低点后，股价在当时依然会出现比较短期的进货与洗盘模式，接着展开上涨走势，从 P1～P2 这一段的涨幅往往会超过 50%以上，我们希望它的涨幅越大越好，因为这一段在浪潮是属于初升浪，如果后续上涨的幅度利用黄金螺旋计算，计算的基础便会参考这一段，那么幅度大代表后续相对应的涨幅也会比较大，这也是选股过程中的参考条件之一。

当初升浪结束之后，股价就会进入第二浪的修正，P2～P3 这一段便可以设定为第二浪，但是这与传统波浪不同，传统波浪的第二浪修正，往往会跌破第一浪的 0.382 以下，而这种模式因为有主力进场，它的走势会相对强势，所以修正幅度正常会是第一浪的 0.5 而已，弱势一点会在第一浪的 0.5～0.382 之间。

至于整理时间的周期，该形态比较不确定，短的可以三四个月就完成，长的调整一年也有，视该股的股本与股性而定，在调整过程中，会混杂许多不同的进货和洗盘模式，成交量方面会出现至少一次的谷底量，该形态的完成确认，以突破平台的颈线为重要观察点，如果想要可以在相对于 P3 点附近的低位就能够切入，只有识破浪潮的变化一途。

实际运用范例

请看图 4-31。当台寿保股价创下历史低点 22 元之后，股价便展开上涨走势，最高点达到 36.5 元，上涨幅度为 66%，已经超过了高位扩底型进货模式的基本要求 50%。当然，当时并不知道股价会进行这样的调整模式，顶多只能推论股价将进入针对上涨幅度的修正与调整。

调整过程中，根据黄金分割率分辨可能回调的位置，发现该股最低只修正到 1/2 的位置，因为修正的时间至少也要三四个月，所以从 2003 年 2 月开始的修正，起码也要等到 5 月以后再来关注该股，又该股在 6 月初进行除权息的动作，如果操作者不愿意参与，势必要将进场的动作再延后，而这一个时间点没有发动，调整的时间将会拉长。

当股价调整至此，大致上就可以看出大概的轮廓，整个模式与高位扩底型进货模式比较吻合，成交量也出现两次谷底量，当然后续的调整不适合再破前低，万一跌破就不是这个模式了。至于如何

图 4-31　高位扩底型进货范例之一

找出 P3 点的定位，不是那么重要，因为我们不期待买在低点，而是希望买在突破确认的起涨点，想买在 P3 位置附近的，通常是资金较大的中实户，或是法人基金之类。

那么投资人如何知道该股有机会持续上涨呢？从标示 A、B 可以将除权息的跳空缺口填补便能看出该股的企图心，尤其是在标示 B 的填补缺口之后，股价拉回呈现对多方有利，接着完成一个双重底形态，股价便开始向上攻击。

向上攻击的过程中，标示 C 出现波段起涨信号，接着在标示 D 突破 P2 点的水平颈线，且出现“上肩缺口”的 K 线模式，完成真突破之后，股价便进行主升段的行情，因为这种模式可以利用黄金螺旋的技巧进行测量，投资人利用初升段计算目标区＝(36.5－22)×2.618＋22＝59.96 元，事实上该股最高上涨到 71.5 元，远远大于预估值。

假设在突破 P2(36.5 元)时才伺机介入，想要获得波段利润并不困难，在 P3 点位置介入，即约在 32 元附近，却容易有不确定的风险因素，除非投资人对股价的波动已经熟稔，有相当把握分析这是可靠的低位区，不然稍微慢一点介入又何妨呢？

接着请看图 4-32，耀华股价从 6.95 元上涨到 13.10 元，涨幅为 88%，已经超过基本的要求 50%，接着股价进入修正，正常而言，起码要三四个月时间，因此在 2003 年 10 月初时观察，发现修正过程中出现过谷底量模式，在标示 A 完成一个三重底的进货模式，并出现一段上涨后拉回修正，此时可以暂时定位三重底完成的点为 P3。

我们观察上涨后拉回修正过程中，标示 B、C、D 的量价关系，

图 4-32　高位扩底型进货范例之二

发现止跌低点都呈现凹洞量的量能结构，且低点逐渐垫高有盘坚进货的味道，因此只要等待突破 P2 点所画的水平颈线，自然就可以确认高位扩底型进货模式已经完成，股价将进行另一个浪潮的上涨行情，在突破的当时可以利用黄金螺旋测量，目标＝(13.1－6.95)× 2.618＋6.95＝23.05 元，而当时最高上涨到 24.4 元，显然符合多头推动的正常模式。

本章重点整理

1. 波段型进货

P1～P2 这一段称为熊市扭转，亦可称为初升浪。投资人宜于 P3 完成以后，寻找修正结束的可靠信号，并且伺机进入。

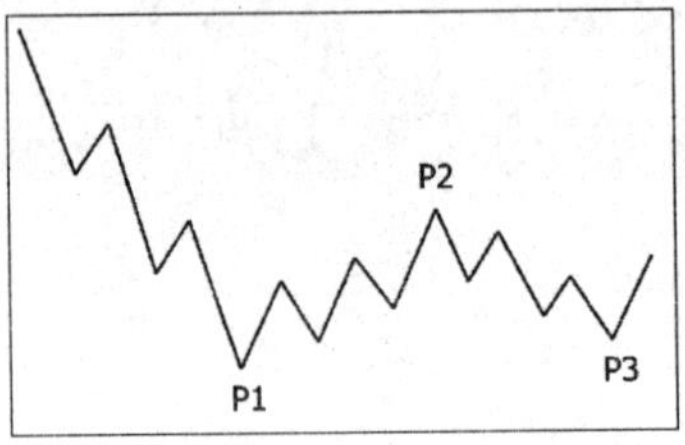

2. 盘坚型进货

此模式其波峰会持续创高，波谷也会持续垫高，即 P3＞P2＞P1，成交量会出现波段起涨，盘坚过程中不一定要创下三个高点，但通常是三个高点。

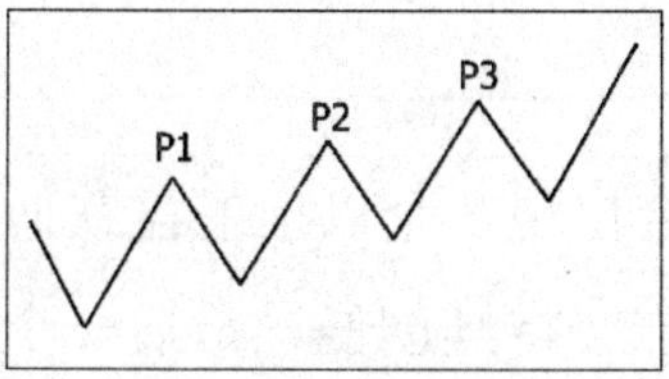

3. 平台型进货

进货过程中会以顺势量的模式进行短线拉高进货，或是呈现谷底量的量能沉淀模式，投资人宜注意洗盘结束的信号与多头攻击信号时，并适时切入做多。

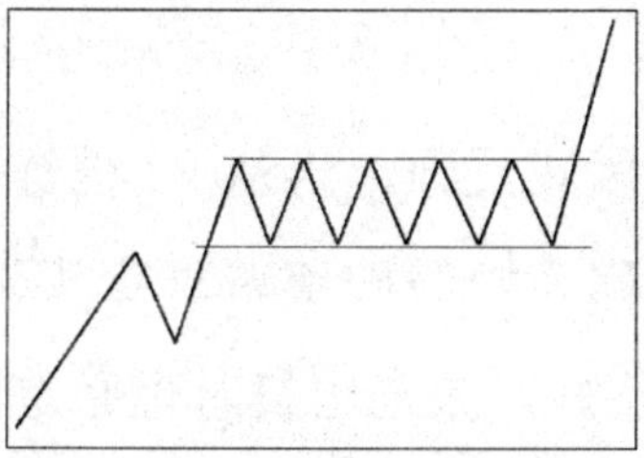

4. 破底型进货

破底进货手法，有进货和洗盘的意义存在，投资人宜注意盘坚型吃货可能结束的洗盘点(即 P2 的位置之后)之后，出现的多头攻击信号便可以伺机介入。

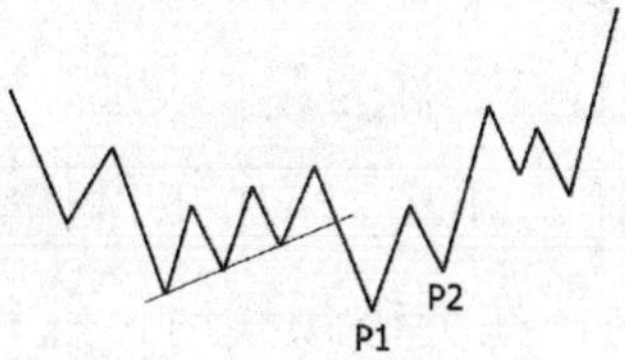

5. 盘跌型进货

本进货模式通常会出现 3 个以上的盘跌低点，且低点会有对应的支撑量，每一个低点会持续创低，最后一个低点会非常接近前波最低点，但是却不会破底。

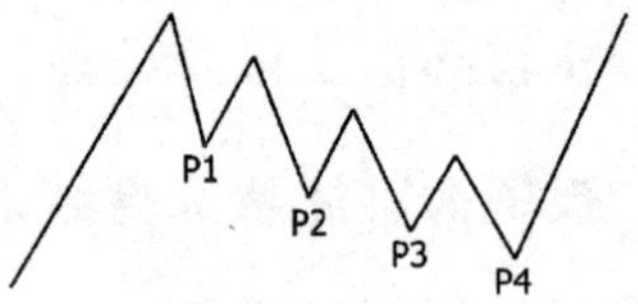

6. 肩头型进货

P1～P2 会呈现两段式反弹，再从 P2 进行打压，P2～P3 会出现两段式下跌，此模式称为“假破底、真穿头”，暗示操盘主力态度积极，筹码掌握程度良好，未来出货时也必定不会留情。

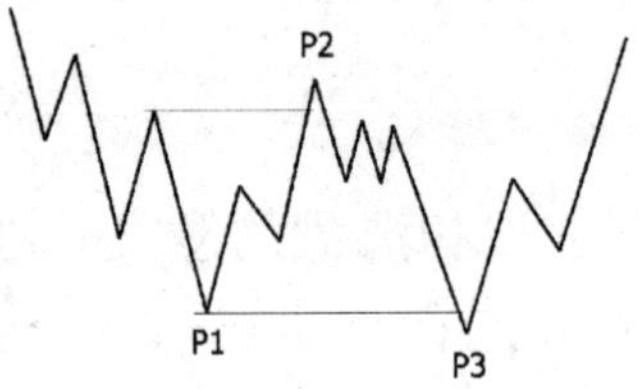

7. 双重底进货

标准形态为 P2～P1，P2 称为第二只脚，且 P1、P2 到颈线会出现上涨顺势量，在 P2 附近出现对应的凹洞量，而从 P2 的起涨不但会有上涨顺势量的结构，在突破颈线时，往往会出现大量来突破关卡。

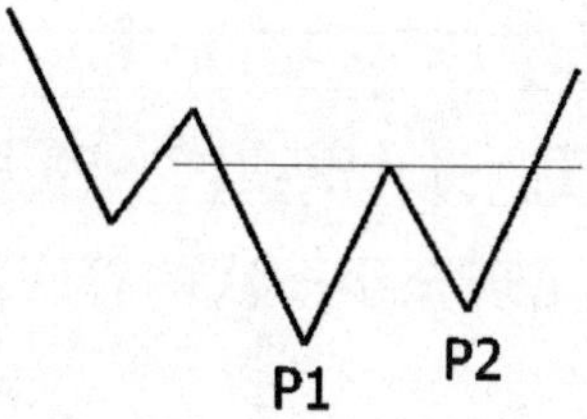

8. 三重底进货

在颈线位置以大量做止涨，拉回低点会出现凹洞量，突破颈线会以大量过关卡。第一只脚必定最低，第二只脚与第三只脚没有严格规定谁比较高。

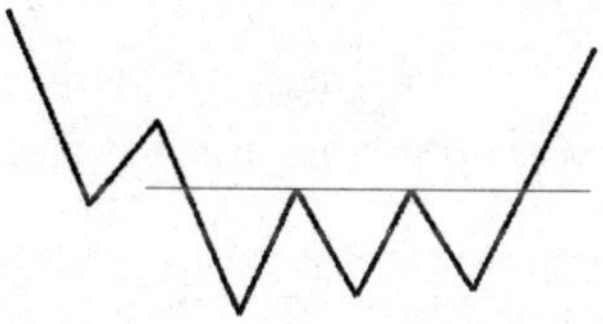

9. 横盘扩底型进货

进货过程中成交量会出现三四次不等的暴量，在 P4 之后容易呈现谷底量，当我们发现量能结构如此，价又突破 P4 以后的下降趋势线时，就可以伺机介入做多。

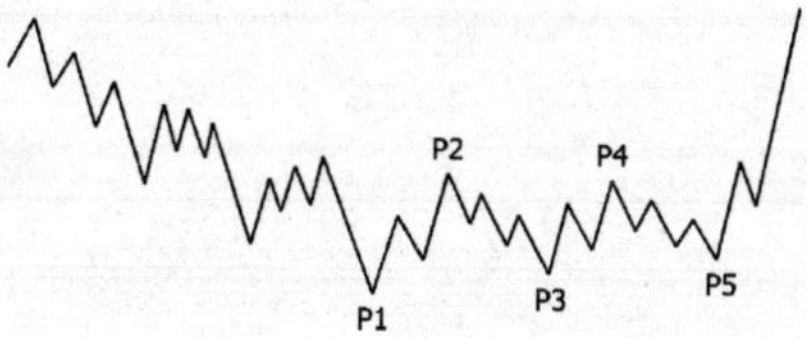

10. 高位扩底型进货

从P1～P2这一段属于初升浪，P2～P3这一段属于第二浪，在调整过程中，成交量会出现至少一次的谷底量，以突破平台的颈线为形态完成的观察点。

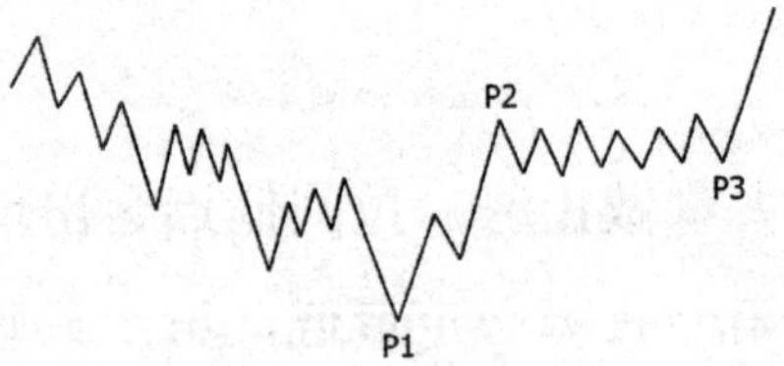

第五章

主控盘洗盘模式研究

在进货过程或是拉抬股价过程中，为了保持掌握筹码的优势与稳定度，主力自然会进行所谓的洗盘动作，其目的大致有三点：

(1)压低股价，赚取短线价差，并吸纳一部分浮动的筹码；

(2)减轻股价拉抬过程中短线获利的回吐卖压，俗称“甩轿”；

(3)进行主力内外围的良性换手。

在洗盘的过程中，会出现股价上下波动与成交量的变化，这些变化很有规律，而且是可以察觉的，通常在量的结构上，一般会出现成交量萎缩现象，少数会出现量增结构，但是量增之后出现价的止跌，之后仍然要再做一个量缩的动作，因此可以说，量缩是洗盘的明显特征。

那么要缩到什么程度才算数呢？请各位投资人回顾第二、三章的说明即可。在价的方法，通常会守住关卡价位，这里的变化就相当多元了，我们可以利用均线法则观察，当出现“均线三合一”时，往往代表不同周期的平均成本已经接近，如果量能在极度萎缩情形下，只要放量攻击，股价一拉开平均成本，那么卖压减轻但追价者众，就会形成有利的换手，往往会是波段行情的开始。

投资人难以辨别的是洗盘和出货的行为，因为两者有相似之处，往往有人误解盘头的颈线位置是洗盘低点，奋勇进场持股满仓，结果却是股价腰斩惨遭套牢，分辨的方法其实不难，只要细查股价的相对位置，便可以破解这种窘境，位置不对，对应出来的行为就不会正确，而分辨相对位置的最佳方法，除了用笔者以潮汐理论发展的“推浪三部曲”之外，也可以利用波浪理论，或是测量学的测量技术加以定位。测量学中的黄金螺旋运用，已经在《主控战略移动平均线》书中介绍过，波浪理论如何再与移动平均线和黄金螺旋测量搭配，未来将以专书讨论。

笔者尝试将一般比较容易辨别的洗盘模式如图 5-1 分类：

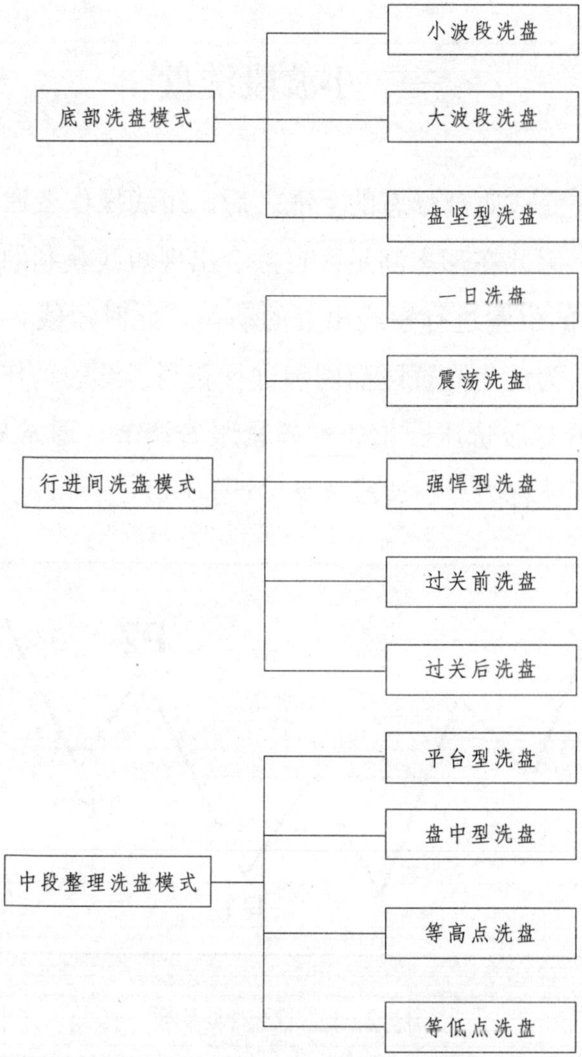

图 5-1　主控盘洗盘分类模型

兹就以上分类加以说明其运用分析的法则。

一、小波段洗盘

当股价在完成底部形态的上涨之后，短线操作者通常会有1成左右的获利，因此在形态满足区自然会出现短线获利的卖压，所以作手会在P2的位置进行短线出货的动作，此时短线客户看见大单卖出，也会认为此为高位区而同步进行获利了结的动作，而后知有察觉的散户看见股价压回也急忙赶紧跟着调节。通常从P2～P3这一个小波段，就称为“小波段洗盘”（图5-2）。

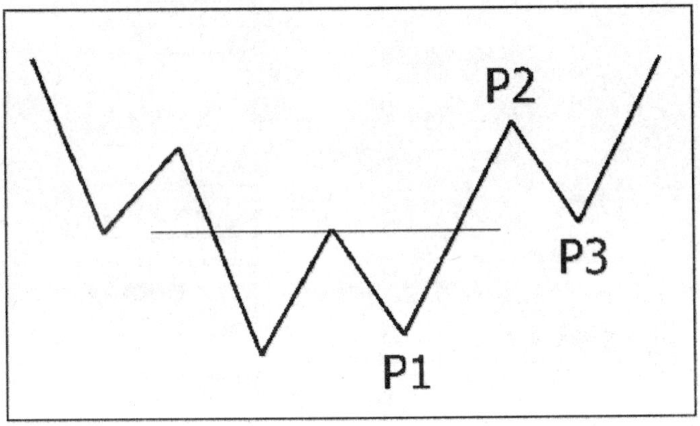

图5-2　小波段洗盘形态图

小波段洗盘的目的是为了将P1～P2这段上涨所产生不安定的筹码洗出来，回归到主力手中，同时在向下洗盘过程中，会经由买卖力道测试，观察筹码安定程度，最常见的就是呈现凹洞量后，随即会出现量增上涨，K线则以中长阳日出的攻击走势做洗盘结束的信号。

实际运用范例

请看图 5-3，台苯股价在 2001 年 10 月以标示 A 为水平颈线，盘出一个三重底的结构，属于底部进货模式，当完成底部股价上涨到标示 C 时，将标示 B 的十字线压力突破，在短线上已经有相当涨幅且突破压力的背景下，主力为了可以持续拉抬股价，必须做出洗盘的动作。

从标示 C 的止涨高点拉回修正的过程，也就是标示 D 的这段回调，是小波段洗盘，洗盘的过程注意量能萎缩的情形，当量缩到极致后，在标示 E 出现中长阳日出攻击 K 线，暗示股价修正结束，此

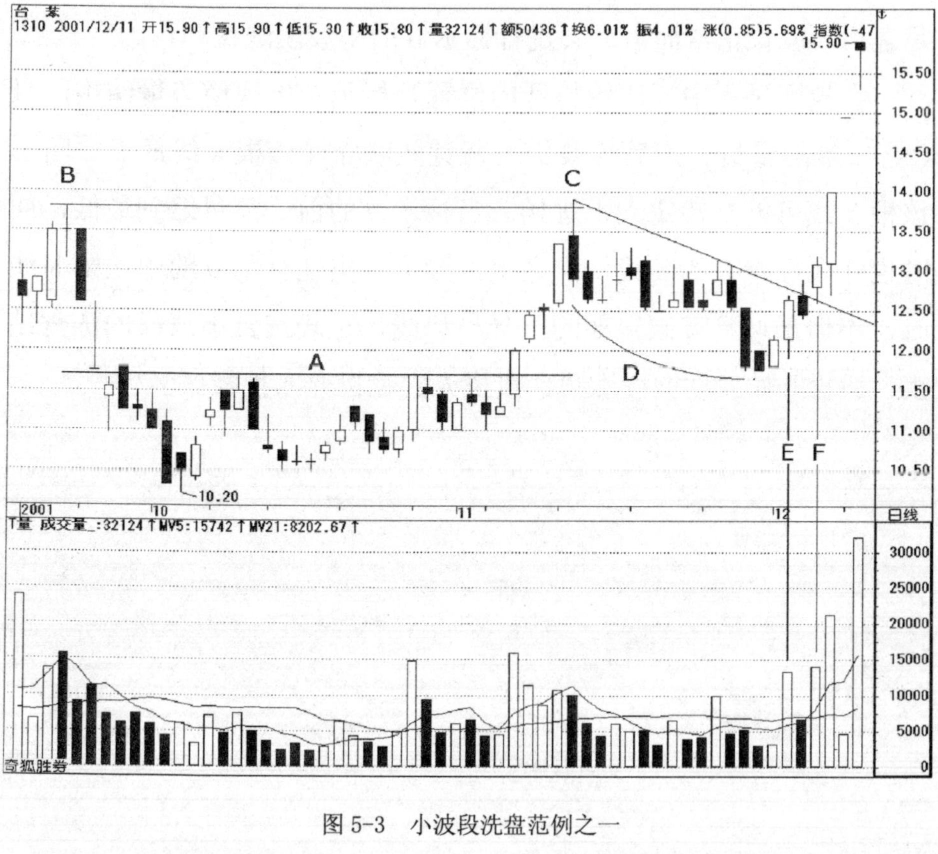

图 5-3　小波段洗盘范例之一

为第一切入点，止损点可以设在标示E的K线低点，未破前，股价将持续向上。至于标示F这一笔再度量增日出收红，并突破短期下降趋势线，此时便宣告洗盘结束，此为第二个做多切入点，并在标示F的K线低点设下止损观察点。在标示E的K线买进者，止损点也必须移动到标示F的K线观察。

图5-3中标示E～F这三根K线，同时也呈现了“多头战车”的K线组合，正是股价开始发动的标准信号之一。

接着请看图5-4，精英股价在2001年9月中旬完成大波段洗盘的动作，见回调最低82.5元，并从这里开始盘出一个底部，标示A代表的是盘底的水平颈线，当股价突破颈线完成底部上涨让短线满足之后，股价正常而言，会进行标示B的小波段洗盘动作。

在拉回过程中，比较特殊的位置是标示C出现逆势量结构，且C这一笔的量最大，后续股价震荡竟然就守住该根K线低点，暗示该根K线可能是特定人士进场。当标示D的前一笔量缩到最低，同时也守在标示C的K线低点之上，股价一出现标示D的中长阳K线时，不但量增且突破短期的下降趋势线，正式宣告小波段的洗盘结束，股价开始发动波段涨势，投资人宜趁机介入积极做多。

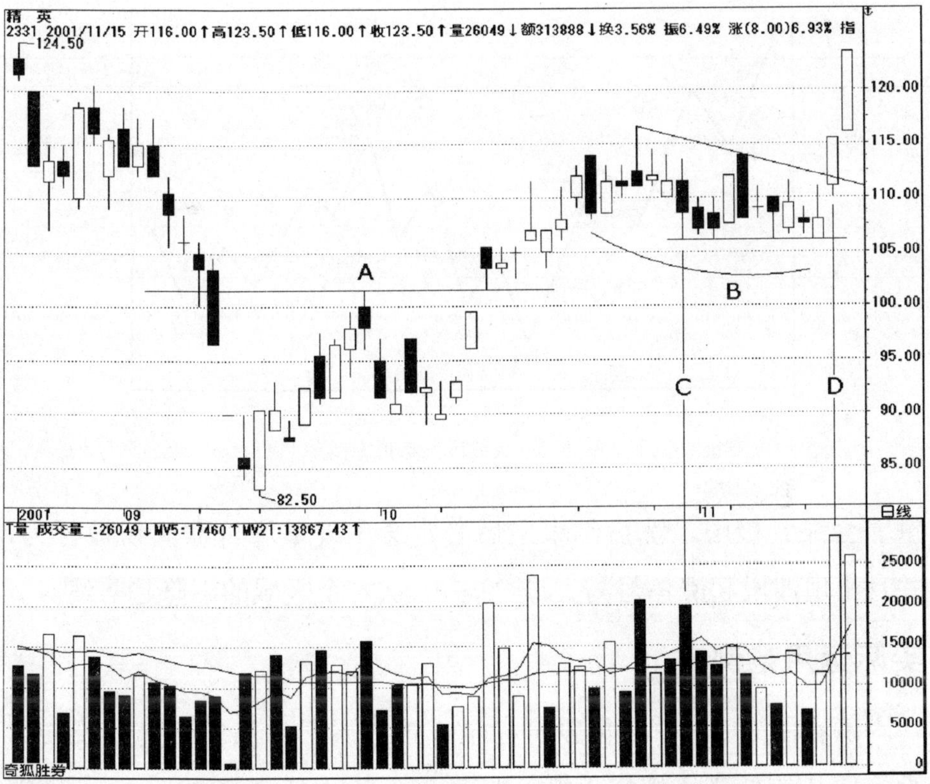

图 5-4　小波段洗盘范例之二

二、大波段洗盘

大波段洗盘是发生在如熊市扭转的拉抬后，所进行的洗盘行为，或是发生在股价创下新低点，进行强劲反弹的走势之后。大波段洗盘在浪潮中的定位属于修正浪，一般定位在第二浪的结构，因此洗盘的时间或是幅度将会较久或是较深，分析以实际走势定夺。

从图 5-5 中 P2～P3 这一段，可以利用不同的形态呈现，同时在量能的表现上，往往以量能退潮的现象最多，修正接近结束时，

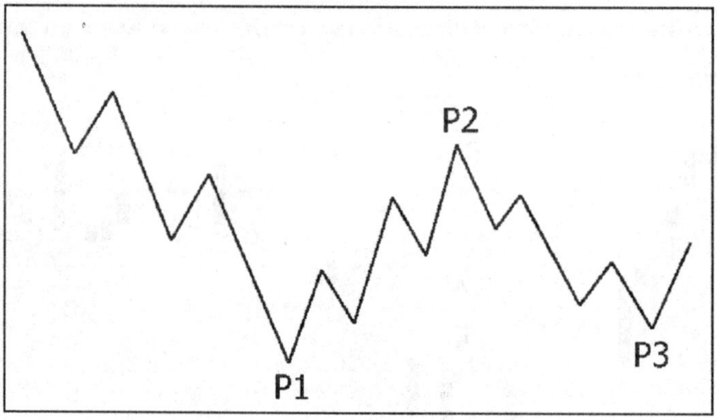

图 5-5　大波段洗盘形态图

量能会缩到极限，洗盘结束之后必定会出现量增价涨的积极行为，并且出现波段起涨信号与突破 P2～P3 这一个区域的下降趋势线。

实际运用范例

请看图 5-6，中石化股价标示 A 该笔属于暴量的“岛状反转”，股价便从该处高点缓慢下跌，最后创下历史低点 2.04 元。随即股价出现如标示 P 该段迅速拉抬，且突破 A 处。在这里除了对 A 处的套牢要做解套的行为之外，拉抬过程中亦会出现不少浮动筹码，因此股价自然会进入洗盘的动作。

标示 P 该段的拉抬属于熊市扭转的行为，那么接下来的洗盘往往会出现大波段洗盘模式，大波段洗盘的时间会较久，或者是幅度会比较深，因此洗盘过程中，可以尝试观察，但是不必急着介入操作，一般情形下，建议放过大波段洗盘的主要下降趋势线，突破后伺机介入即可。

至于观察洗盘的过程，目的是要确认该股是否有主力行为，如果发现量价结构有主力进场的痕迹，介入后自然可以享受到股价飙

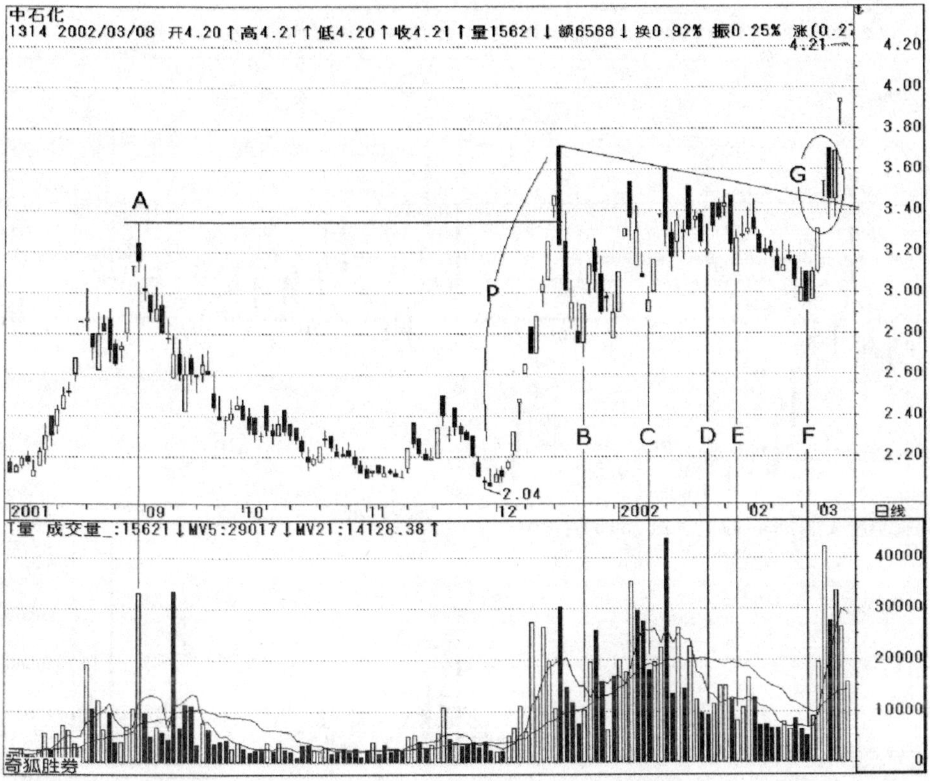

图 5-6 大波段洗盘范例之一

升乐趣。从标示B、C、D、E、F这里发现，压回低点对应的都是标准的凹洞量，显示量能结构稳定，接着股价在标示G突破整个整理区间的下降趋势线，并形成“上肩缺口”的K线形态，故可以做追价买进的动作，从标示G的位置发动，最后该段上涨到的最高点是7.7元。

请看图5-7，台泥股价在标示A出现一个小波段上涨，接着便迅速拉回修正，并创下历史低点，后续进入震荡盘底，量能在盘底过程中出现波段起涨现象，暗示已经有人进场布局，最后发动一个波段的急涨，在标示B突破标示A的套牢区。

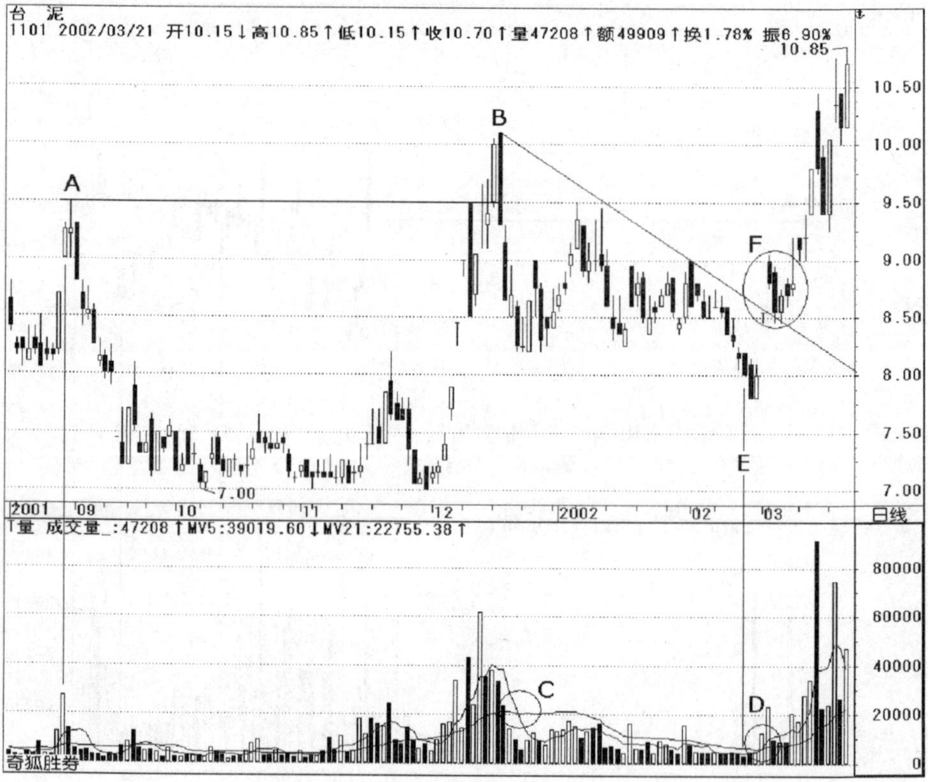

图 5-7 大波段洗盘范例之二

对前波压力解套之后，自然要进入大波段洗盘与修正，为了让筹码沉淀，出现标示 C 的量能退潮现象是必要的手段之一，当修正到标示 E 出现凹洞量，且为整理过程中量能最少的点，接下来就出现标示 D 的波段起涨，暗示修正已经结束，一般投资人只要在标示 F 看见突破下降趋势线时介入，自然可以获取相当的回报率。

另外，在第四章中出现的图 4-3 中标示 P2～P3 与图 4-13 中标示 P1～P4，都属于大波段洗盘的范畴。

三、盘坚型洗盘

盘坚型进货必定会伴随着盘坚型洗盘(图 5-8)的动作。盘坚型进货在拉到高位时会暴出短期大量，股价便出现止涨，这是主力短线出货，也是短线筹码凌乱的缘故，但是股价压回的同时，成交量会跟着萎缩，接着股价止跌反弹再过前高，再暴量止涨，如此周而复始地进行拉高进货再压回洗盘的动作。

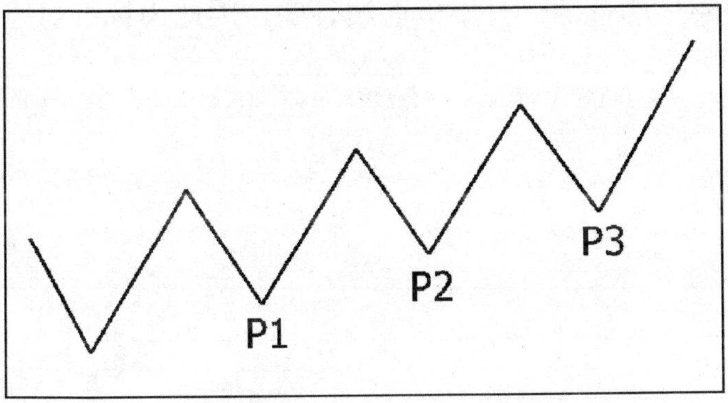

图 5-8　盘坚型洗盘形态图

整个结构必定维持低点垫高、高点创新高的特性，在整个过程中如果发现量增、量缩的过程相当规律，就可以推论该控盘主力筹码掌握程度相当良好，介入该股的安全性会相对较高。盘坚洗盘因为与进货模式相互对应，所以通常会有 3 个以上的低点，操作时可以利用前波谷底为止损观察点，或是等待最后洗盘点出现后，多头进行攻击时再介入。

实际运用范例

请看图 5-9，光宝科股价从量价结构中观察，标示 A 为顺势量上涨，但是盘底失败，故此处为一个套牢区，而且有可能是特定人士套牢，未来股价必须先针对此处做解套行为，拉高解套过程中有机会再度进场布局。

利用多空量指标做观察，超过上限为短线推升量，若呈现止涨拉回，则先视为短线出货量，低于下限值为洗盘点，亦可以视为标准凹洞量。从图中可以发现，推升量对应到止涨高点，股价拉回修正的过程会呈现量缩，且不破前波谷底，因此为标准盘坚走势，量

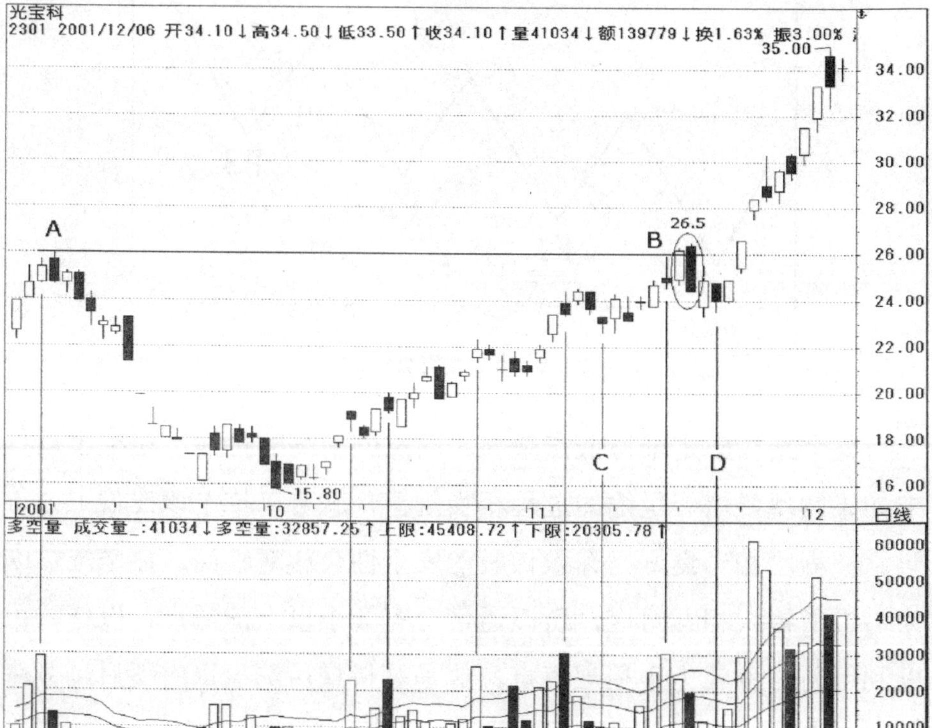

图 5-9　盘坚型洗盘范例之一

能结构暗示有盘坚进货搭配盘坚洗盘的模式。

在标示 C、D 量能缩到多空量的下限值，亦即为洗盘点或是称为凹洞量，且标示 B 正好针对前波 A 处做出解套行为，因此标示 D 的凹洞量通常被称为最后洗盘点，之后出现的多头攻击信号，自然是最佳切入点。

标示 B 对标示 A 的解套现象就是所谓的“工子复仇”，既然如此，后续股价很容易会有波段上涨行情，我们利用黄金螺旋计算可能的目标区：

目标一＝(26.5－15.8)×2.618＋15.8＝43.81 元

目标二＝(26.5－15.8)×4.236＋15.8＝61.13 元

股价上涨到两处目标时，都做出拉回修正的动作，最后一次修正结束后再拉高到 79 元，股价才真正反转向下做浪潮的修正。

请看图 5-10，联电股价出现初升浪的上涨后拉回，当修正到 38 元的低点，股价便开始出现盘坚上涨的模式，这一段盘坚上涨其实有弱势轧空的味道，因为股价每次上推，就发现力道越来越强，比如标示 D 这段的拉抬幅度，就大于标示 C 这段拉抬的幅度，这种越来越强的盘坚走法，假如成交量又呈现主力布局迹象，往往是主力的态度相当积极的暗示。

利用多空量观察到在标示 A 出现标准的凹洞量，股价出现强势的拉抬，接着股价压回修正在标示 B 再度出现标准的凹洞量，对应的低点并未跌破前波谷底，暗示仍在多头趋势的波动，后续股价缓慢上推，在标示 E 突破前波颈线高点，量能也出现推升量，因此是多头追价买进的点。

投资人若觉得在标示 E 追价买进风险过高，不妨在确认凹洞量

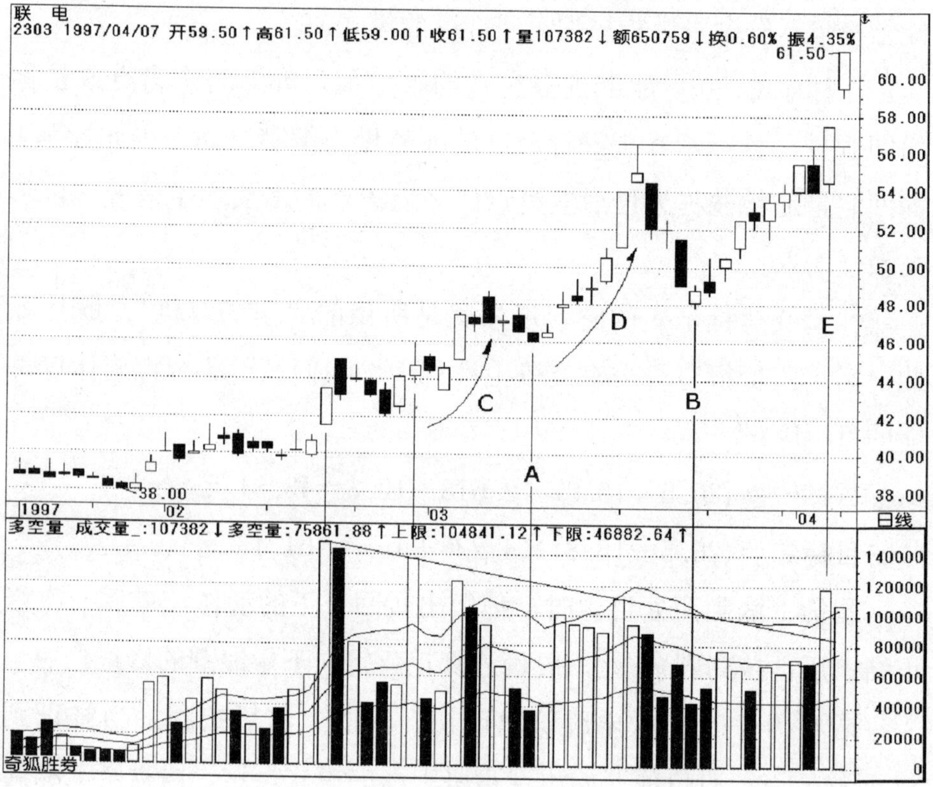

图 5-10　盘坚型洗盘范例之二

成立之后尝试逢低布局，止损点便设在当时的波谷，因为盘坚型洗盘的波谷是逐渐垫高，未跌破前股价会持续创高向上推升。

四、一日洗盘

一日洗盘的目的是股价在做高角度上攻的过程中，主力顺势甩轿的基本动作，一般会有两种模式。第一种是在连续日出 K 线之后，先出现阴 K 日出再出现一根阴 K 日落，紧接着再出现阳 K 日出，那么该根日落阴 K 就是主力一日洗盘线，即图 5-11 中标示 P1

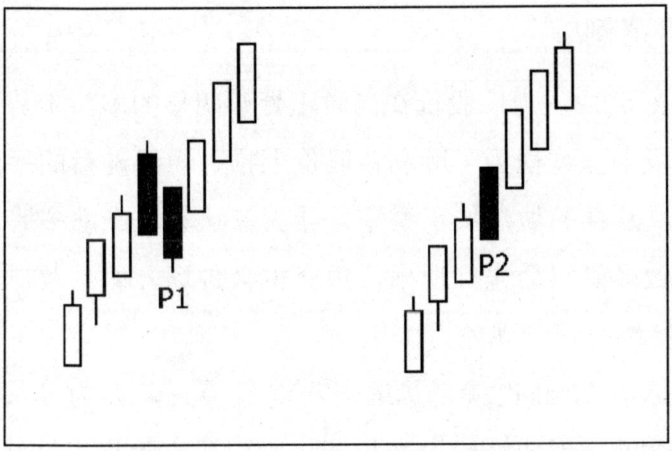

图 5-11　一日洗盘形态图

该笔。就 K 线形态组合而言，这两根阴 K 线可以用任何阴 K 线套入，尤其是日出阴 K 以避雷针形态，日落阴 K 以吊人线形态表示时，洗盘的效果最为明显且相对有效。

另一种模式 K 线连续日出，其中一根日出线以阴 K 表示，如标示 P2，这是 K 线形态中多头战车的组合。这种洗盘模式可以在上升过程中出现，也可以在刚刚发动波段行情的起点附近出现。有时 P2 位置的 K 线形态会出现不同变化，如收阴十字线、收阴吊人线之类，或是由两根收阴的 K 线组合，如母子、子母、镊底、镊顶亦可。

图中 P1 和 P2 便是短线的洗盘点，不论是 P1 或是 P2 的形态，其特性都会呈现量缩，才有洗盘的意义存在，当出现这种模块时，即代表该波段为一个攻击段，未来在起涨低点与洗盘点，理应有短线支撑。

实际运用范例

请看图 5-12，力广股价在当时正处于明显的多头走势中，在每一个小波段上涨过程为了顺利让股价上推，短线洗盘的手法是主力最常用的，这样的做法属于诱空，让大家认为已经涨多股价将要回调，短线做多筹码会先行退出，短空也会进场，但是散户却不敢追价，因此量缩是正常现象。

图中标示 A、B 也就是量缩一日洗盘模式，亦为多头战车的 K 线组合，后续均形成波段上涨行情，股价后来除权正好测试标示 B 后进行波段反弹，反弹结束股价趋势便正式转空。

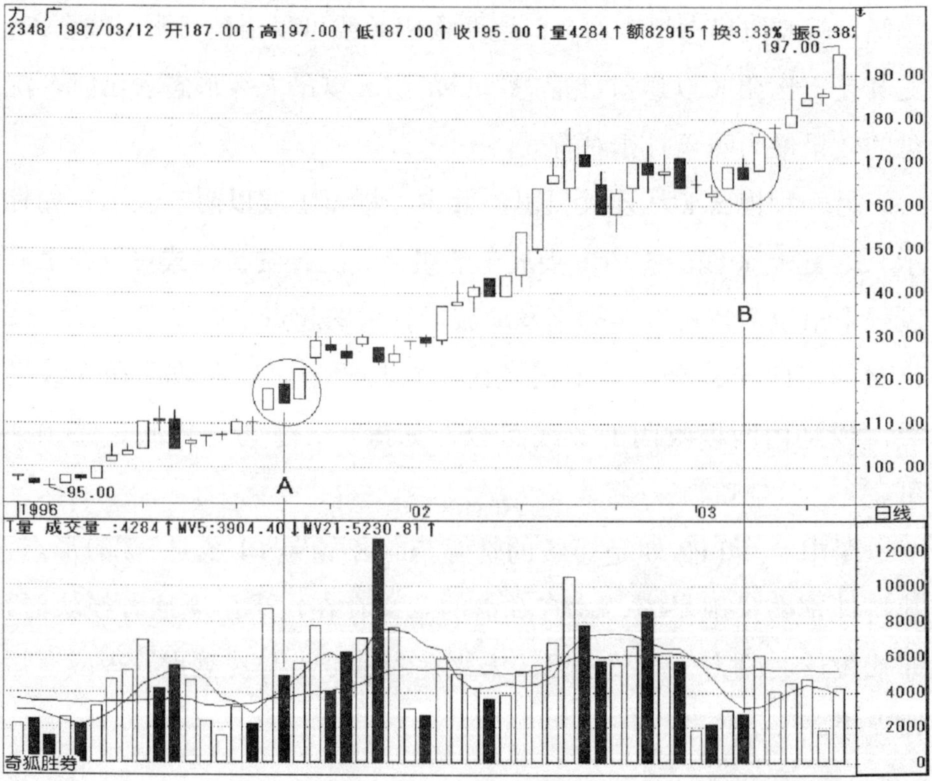

图 5-12　一日洗盘范例之一

请看图 5-13，技嘉股价在 1999 年 6 月的上涨过程中，我们利用初升浪计算黄金螺旋目标＝(244－191) × 4.236＋191＝415.51 元，因此在标示 A 出现一日洗盘模式，就可以推估主力洗盘的目的是要拉高满足该目标区。

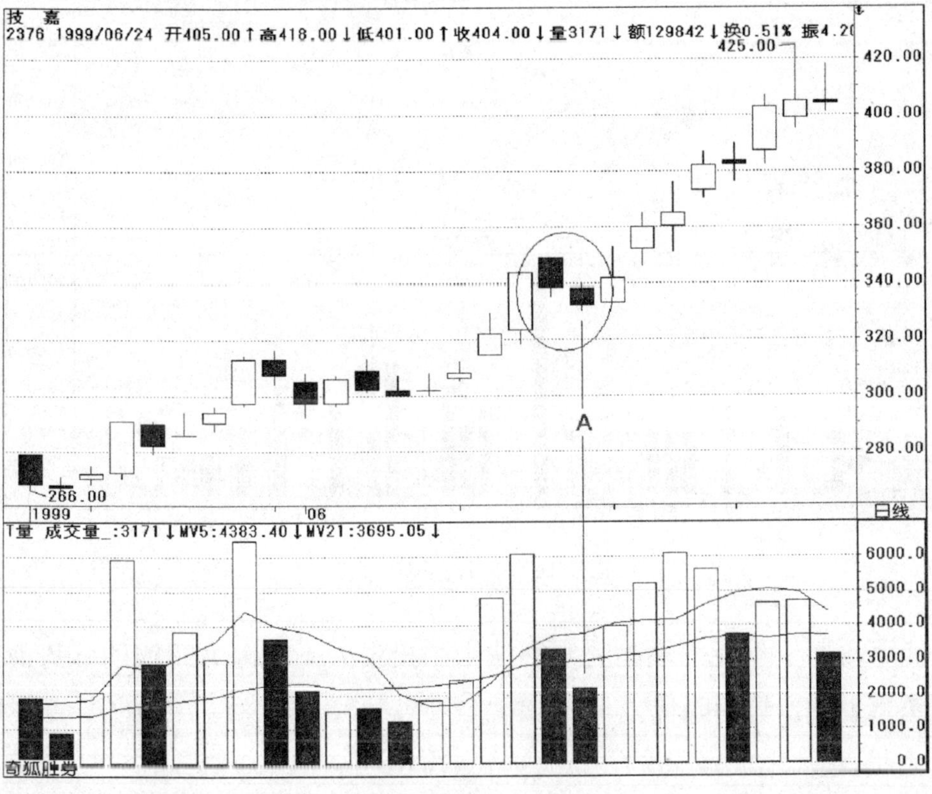

图 5-13　一日洗盘范例之二

请看图 5-14，虹光股价的时空背景与上一例相同，当股价在标示 A 出现一日洗盘模式之后，虽然股价持续上攻，但是请注意均量线已经呈现量能退潮的现象，因此在接近满足区时，如果出现暴量不涨，必须要将多单退出观望。一日洗盘的模式属于短线洗盘，量

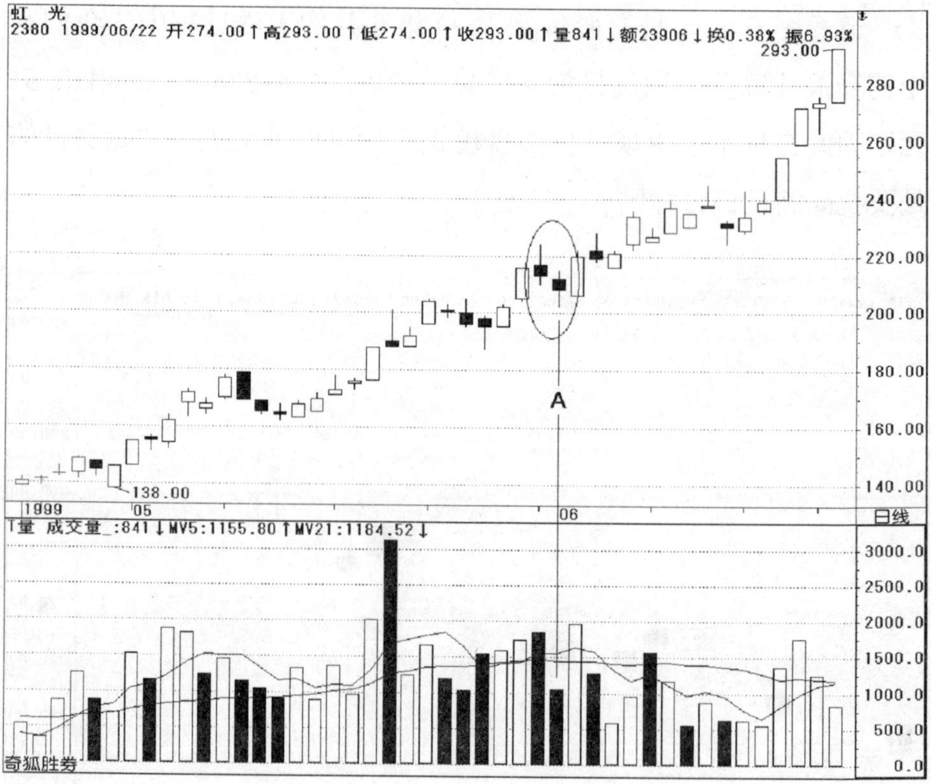

图 5-14 一日洗盘范例之三

能退潮属于量能中期趋势观察法则，投资人不能因为短线的强势而忽略中期走势的隐忧。

五、震荡洗盘

震荡洗盘(图 5-15)是股价在高角度上攻的过程中，顺势做拉回的洗盘动作，其目的是为了缓和当时指标过热的现象，一般发生在主要攻击波段的延伸走势当中，多以三五天的拉回为标准形态。

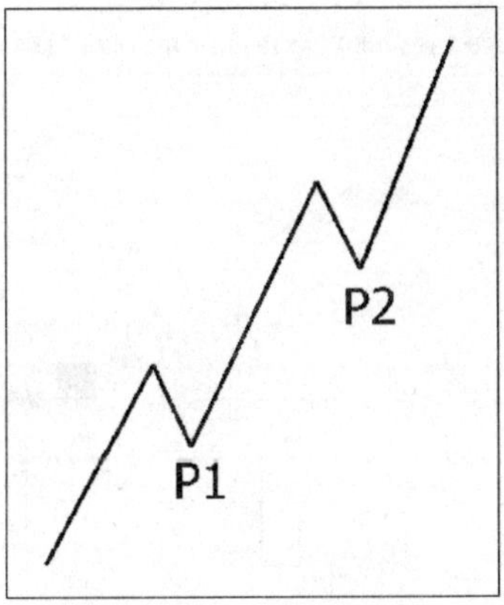

图 5-15　震荡洗盘形态图

震荡洗盘结束后，如果可以适时切入，通常能够快速获取短线小波段利润，但是仍有其风险性，建议操作时善用黄金螺旋的测量法则，当临近满足区时，短线切入的资金比例宜降低，并且严设止损点。

实际运用范例

请看图 5-16，汉磊股价在 2004 年初的上涨属于中期多头波动，既然如此才会有短线洗盘的必要。当股价从 12.6 元开始上攻，呈现连续日出的攻击走势，会使上攻角度变陡，当突破前波压力时，往往会顺势洗盘，减轻上攻的阻力。

在图中标示 A 即突破前波负反转压力，股价拉回过程中量能迅速萎缩，呈现量缩价稳，最后量能出现凹洞量，回调天数为四天，当出现中阳日出攻击时，便宣告震荡洗盘模式结束，股价将会持续短期波段上涨。

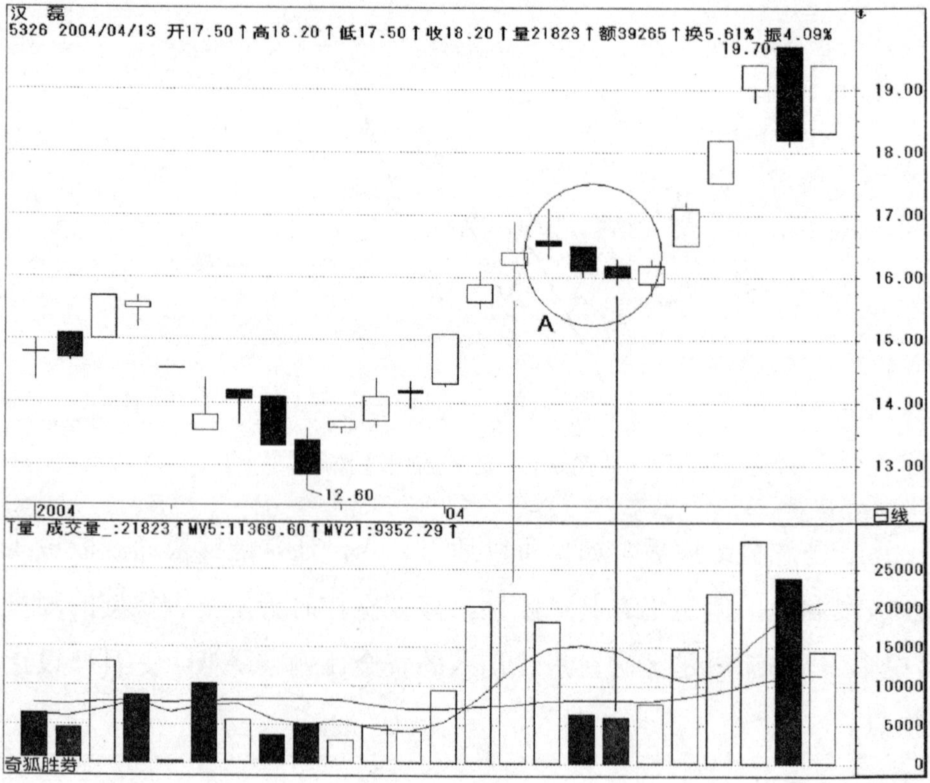

图 5-16 震荡洗盘范例之一

请看图 5-17，华容股价在 2003 年 5 月初从 6.85 元开始盘一个底部，底部完成后正常会进行小波段洗盘，但是该股却在标示 A 进行震荡洗盘(五天)，暗示该股操盘主力较为强势或是急躁，后续股价急速上涨自然不意外。

而当股价上涨到标示 B 后，暴出大量进行短线拉回，量能则是急速萎缩形成凹洞量的结构，亦为震荡洗盘模式，后续出现日出攻击 K 线代表洗盘结束，股价持续另一个波段的推升。

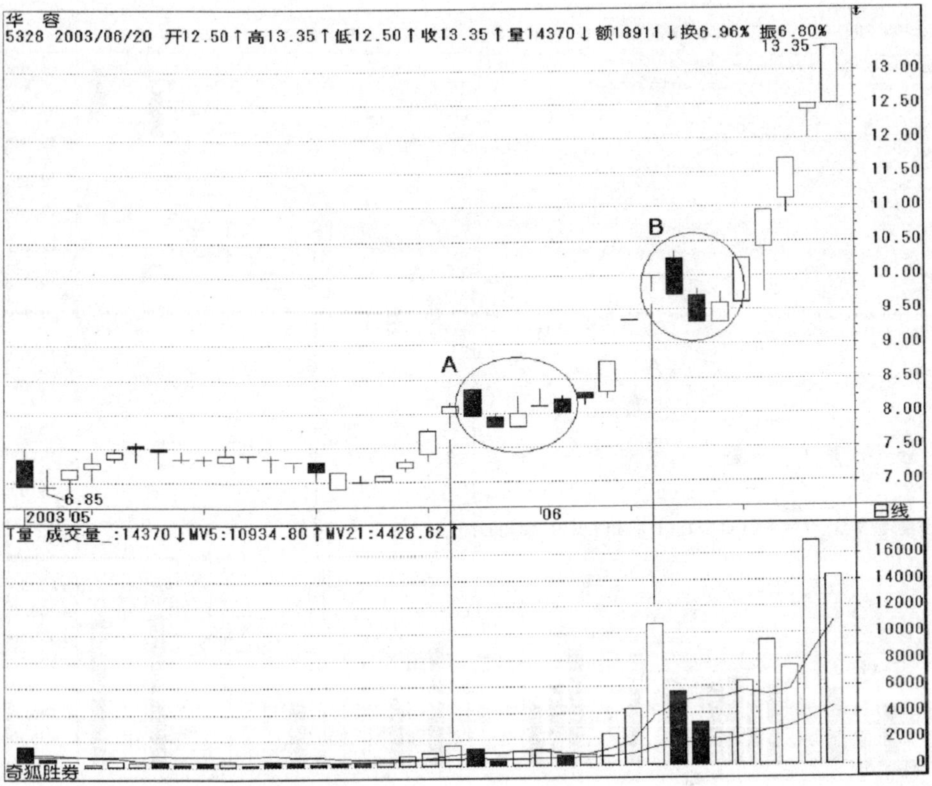

图 5-17 震荡洗盘范例之二

请看图 5-18，联电股价在 2001 年 11 月初从 28 元开始起涨，分别在标示 B、C 出现震荡洗盘的模式，请注意洗盘结束点通常是对应到量能极度萎缩，或是呈现凹洞量，在标示 A、D 则是出现一日洗盘的结构，也就是整个上涨段中有小细节的洗盘，再组合成一个类似盘坚洗盘的上推模式。

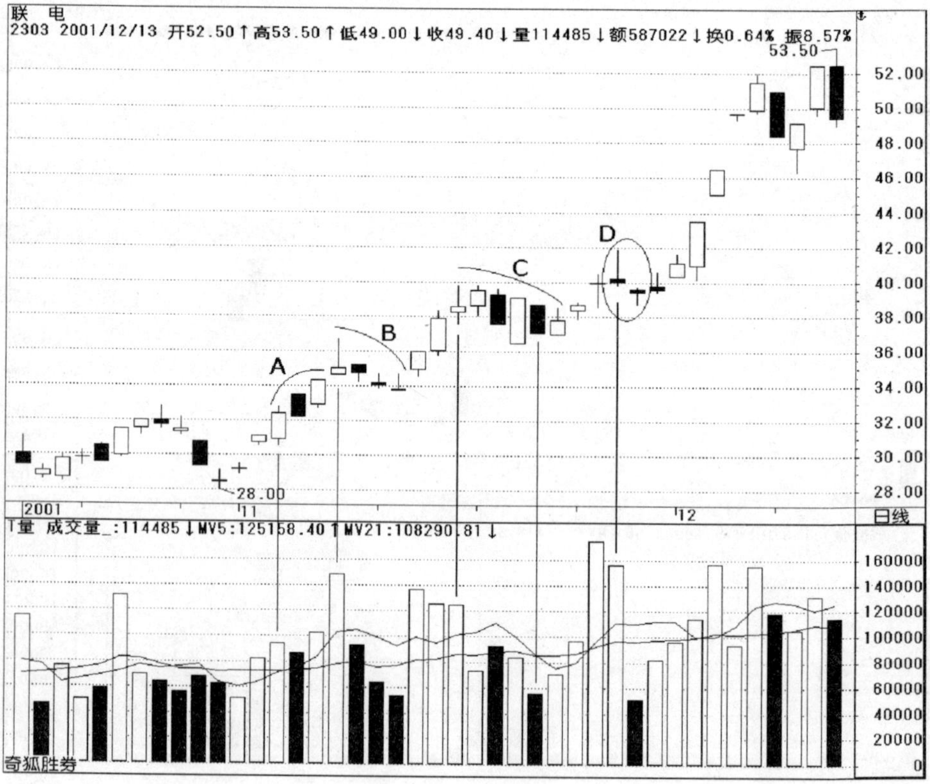

图 5-18 震荡洗盘范例之三

六、强悍型洗盘

强悍型洗盘发生在平台的中段整理过程，其手法是利用破支撑点的下杀，逼出短线止损筹码，藉此清洗浮筹，一般较常出现的形态有三大类(图 5-19)，分述如下。

形态 A：整理过程以平台的某低点为水平支撑，接近整理末端时，会先向上拉高并出量，接着就跌破水平支撑，跌破支撑如果出

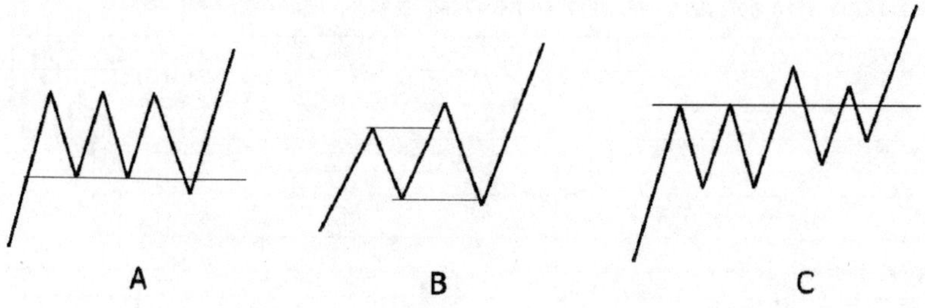

图 5-19　强悍型洗盘形态图

量止跌，还会再做一次量缩的洗盘点。

形态 B：上涨后先做短线拉回修正，接着出量拉高过前波高点水平颈线，此时会有暴量止涨的现象，紧接着再迅速跌破前波低点水平颈线，藉此做出货→洗盘的动作，跌破水平颈线时会出现对应的量缩点，并做出明确的止跌信号。此形态容易与反转形态混淆，除了注意相对位置之外，止跌点的迹象为分析的关键所在。

形态 C：股价在进入震荡整理后，先针对整理形态的平台高点进行拉高突破的动作，接着呈现止涨动作后拉回修正，修正时的幅度会相当深，造成剧烈震荡的现象，通常会将突破平台的攻击 K 线低点跌破，甚至跌破起涨攻击点，但是不会跌破前波低点。震荡进入尾声时会以量缩的技术面呈现，接着出现的攻击信号便可以伺机切入。

实际运用范例

请看图 5-20，这个例子属于强悍型洗盘的 A 模式。远纺股价在修正过程的第一个低点出现时，以其低点取一条水平颈线观察，发现股价在调整过程中，出现均量线黄金交叉形成波段起涨的现象，这是主力意图拉高攻击的模式，但是没有针对前波高点做有效突

图 5-20　强悍型洗盘范例之一

破，显然是主力拉抬过程当中，感受到卖压与浮筹相对沉重，那么在攻击遭受阻力的背景下，很容易做拉回洗盘的动作。

操作者只要注意洗盘的过程所呈现的现象，不需猜测股价将会出现何种洗盘模式，当洗盘即将进入尾声时，模式自然会清晰呈现，此时再套入已知的模式加以运用即可。在标示 A 出现跌破之前所画的水平颈线，且破线当时出量止跌，暗示有特定人士进场承接。

跌破水平颈线后拉高反弹，再做一段如标示 B 的拉回洗盘，这一段的目的是测试标示 A 的支撑是有效的，且出现量缩洗盘点，当再出现标示 C 的中长阳线的多头攻击信号，并形成均量线波段起涨，便是洗盘结束多头波段的起涨点，操作者宜于当时适时介入做多。

请看图 5-21。这个例子属于强悍型洗盘的 B 模式。华邦电股价在 2001 年 11 月上旬，即标示 A 先出现大量后止涨拉回，修正后再度冲高止涨，是一个攻击失败的模式，旋即拉回跌破前波正反转低点，此时如果是一种反转模式，那么在价的方面不会出现止跌，量亦不会呈现量缩，并且会立即出现空头攻击的信号。

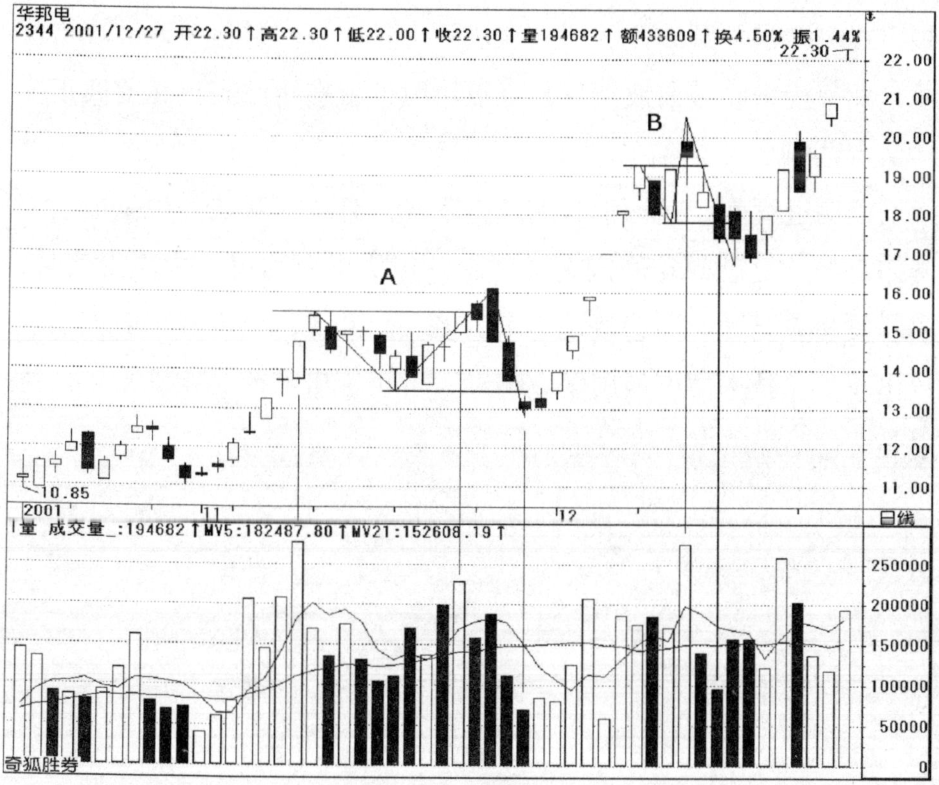

图 5-21　强悍型洗盘范例之二

标示B也是一样的洗盘手法，波段攻击之后止涨拉回修正后再度攻击，但是呈现攻击失败，拉回过程跌破前正反转低点，接着出现量缩止跌后多头再度攻击便完成此种模式的洗盘行为。将A、B两处加以比较，发现A处的止跌信号相当明确，B处的止跌做得有点失败，暗示筹码已经开始凌乱，主力掌握程度不佳，再上涨的行情将有可能是最后一段拉抬，操作者若于后续看见卖出信号，宜逢高退出，空手者则不宜再介入做多。

请看图5-22。这一个例子属于强悍型洗盘的C模式。宏基股价在高位震荡过程中，呈现一个水平箱形的整理模式，在标示A以出量方式突破水平颈线，随即止涨压回，且在压回过程中跌破攻击棒线，所幸尚未跌破前波正反转低点，股价就在止涨高点和前波正反转低点之间剧烈震荡。

震荡过程中，在标示B出现中阳线，且成交量亦突破量能的下降趋势线，这就是拉回震荡过程中，多头出现的第一次攻击信号，暗示投资人要开始注意整理结束的多头起涨点。至于标示C就出现日出攻击，技术面不但出现攻击量，价也突破之前的止涨高点，意思是洗盘已经结束，股价正式向上攻击。

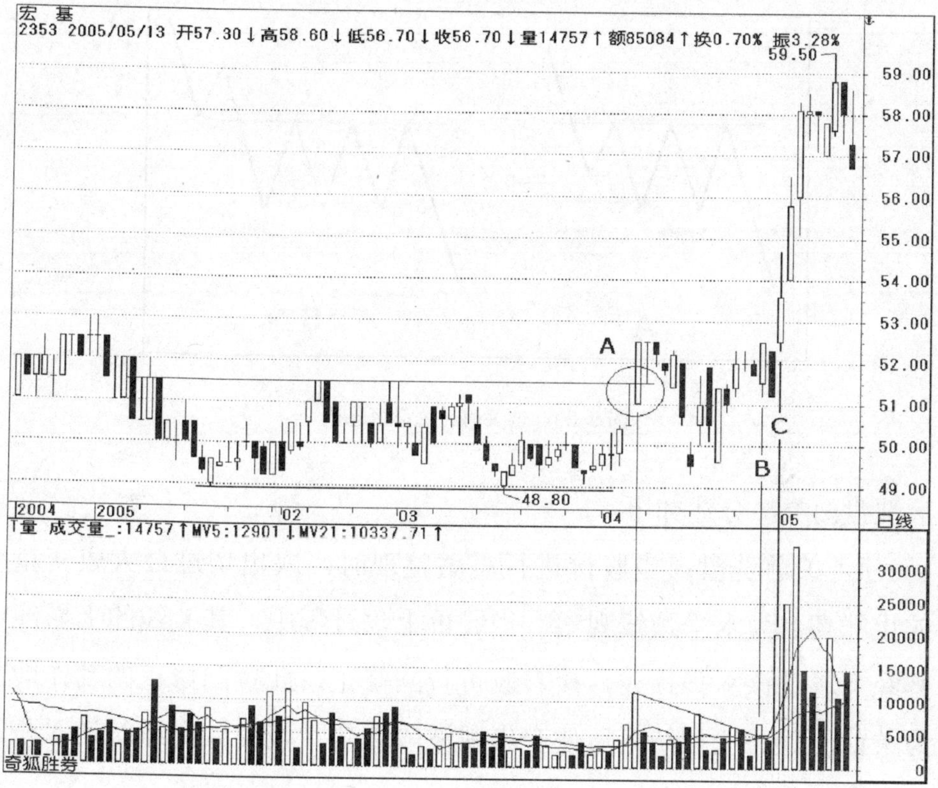

图 5-22　强悍型洗盘范例之三

七、过关前后洗盘

主力洗盘的关卡，如果没有特别指定，一般是指股价上涨中的负反转点所形成的水平颈线，这条水平颈线通常决定在大成交量止涨的负反转高点，因为该处必有技术面的套牢现象，因此主力想要攻过该关卡，除了要做出攻击的量能外，必须在关卡附近做出洗盘动作，以营造诱空、杀多的走势，并可以转换浮动筹码，藉轧空力道将股价上推至波段高点(图 5-23)。关卡洗盘区分为关前洗盘与关

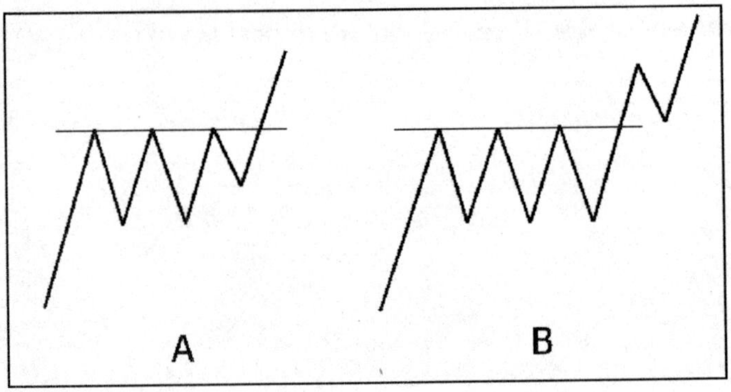

图 5-23 过关前后洗盘形态围

后洗盘两类，分述如下。

A. 关前洗盘：当股价进行震荡整理时，取出切过最大成交量的止涨高点为水平颈线观察，当股价上攻过程中，其 K 线的上影线曾经穿越过该水平颈线，接着股价拉回修正，此拉回修正的动作即为关前洗盘。洗盘结束后便会出现波段涨势，投资人宜适时切入积极做多。

B. 关后洗盘：当股价进行震荡整理时，取水平颈线的方式与关前洗盘一样，但是股价上攻时，却是以 K 线的收盘价站上水平颈线，通常会多上涨一小段空间，以拉开与水平颈线的距离。拉开距离的目的是为了有利于做洗盘的动作，因为关后洗盘必然维持在水平颈线之上，此种洗盘模式切勿与强悍型洗盘的形态 C 混淆。

实际运用范例

请看图 5-24，新兴股价在标示 A 的位置出现大量止涨，股价拉回后进行除权息，接着便进入股价调整的走势，我们可以将标示 A 的高点，画上水平颈线观察，通常这里的调整走势多空不明，不建

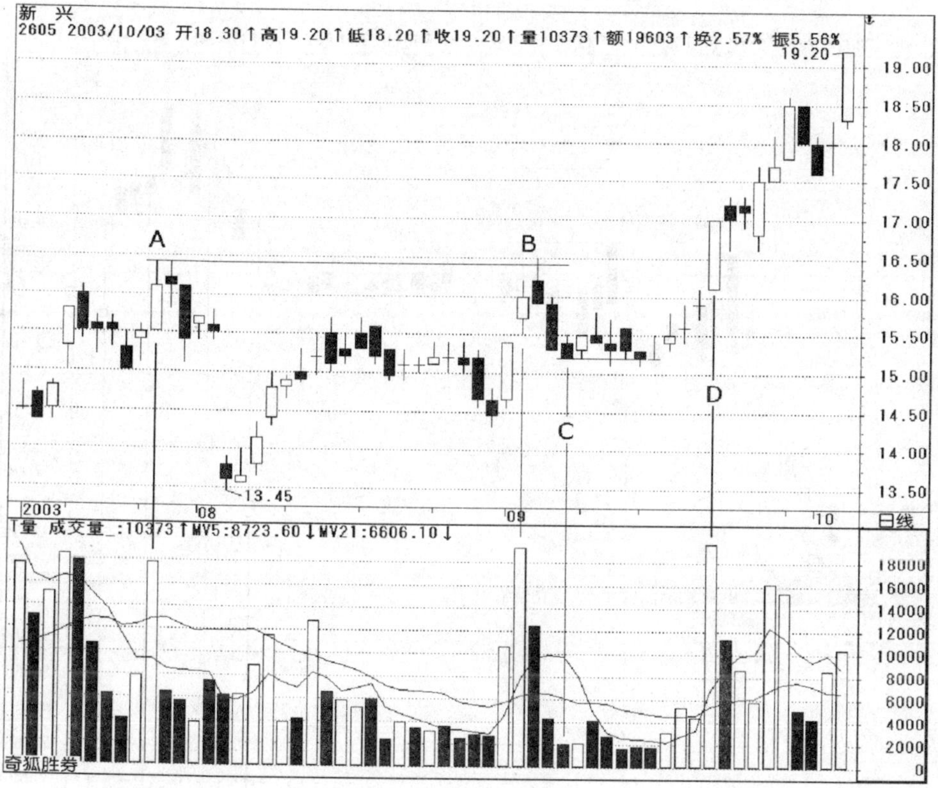

图 5-24　过关前后洗盘范例之一

议投资人在此积极介入。

股价向上调整过程中，在标示 B 以上影线突破标示 A 的水平颈线，随即股价进行拉回修正，此即为关前洗盘的动作，标示 C 为洗盘点，也是标准的凹洞量。股价在短线震荡后，出现如标示 D 的中长阳线攻击，量能形成波段起涨信号，就是代表洗盘结束，股价正式向上攻击。

请看图 5-25。阳明股价在标示 A 出现增量后止涨，并拉回修正。我们利用止涨高点画一条水平颈线观察，股价都在此颈线下横盘震荡，在标示 B 出现量增的波段起涨信号，且价为中长阳收高在

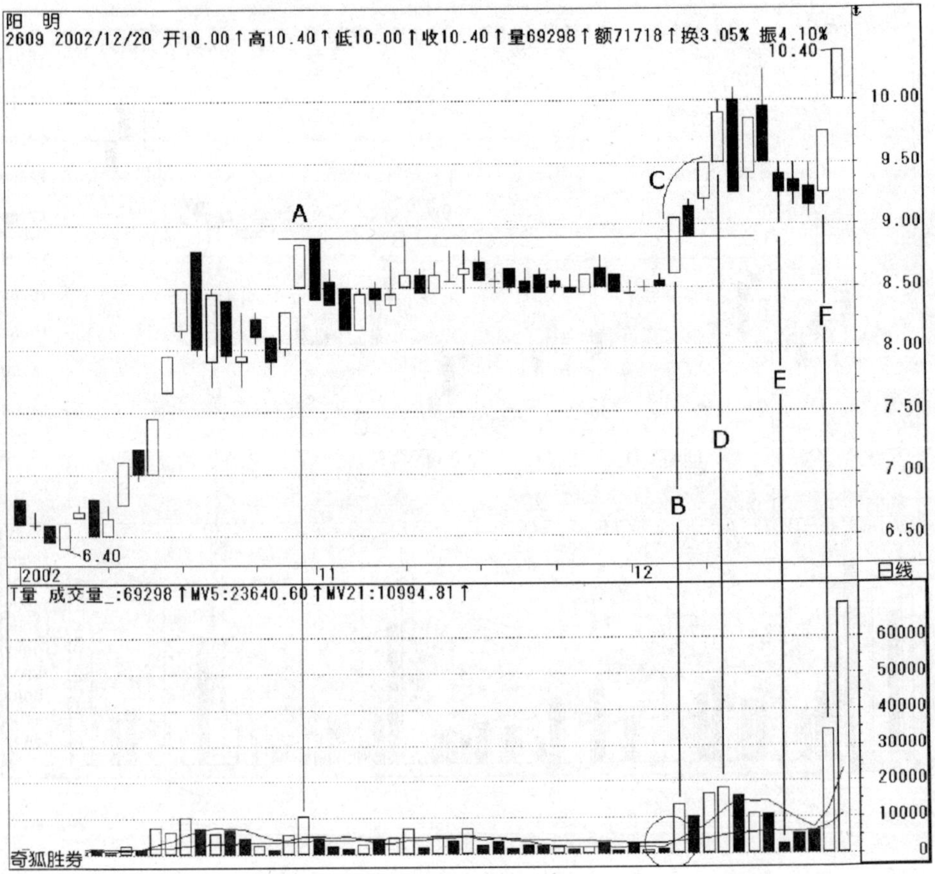

图 5-25　过关前后洗盘范例之二

水平颈线之上，标示 C 为一日洗盘结构，且拉开与水平颈线的距离，最后在标示 D 出量止涨，股价做震荡拉回。

要完成过关后的洗盘，在过关后是不可以跌破水平颈线的，而股价过关后拉回修正的最低点在标示 E，并且完成凹洞量的洗盘点特征，紧接着在标示 F 出现中长阳的多头攻击 K 线，就是过关后洗盘结束的多头发动，股价从这里一路上涨到 22.9 元才正式进入修正。

八、平台型洗盘

平台型洗盘(图 5-26)发生的时机在于主力做最后一段拉高进货之后，股价先拉回测试支撑，回测支撑的过程中，必定不会跌破主力最后一段拉抬的起涨低点，这段回测也有最后压低进货的味道存在，但是这段的压低进货通常不明显，投资人只要注意起涨低点能够防守住即可。

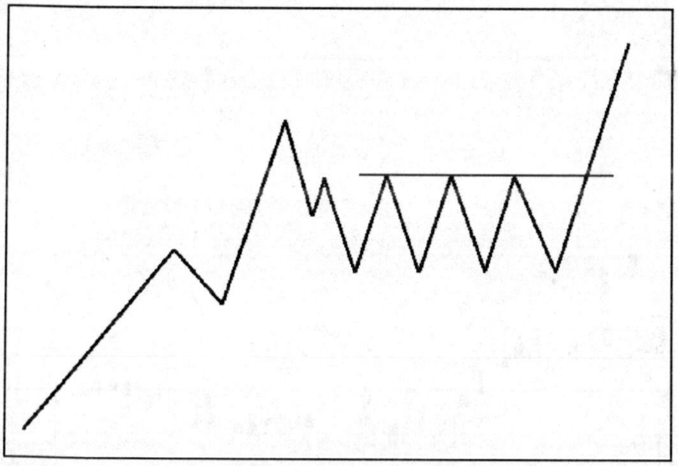

图 5-26　平台型洗盘形态图

当拉回测试支撑之后，股价便进行止跌反弹与震荡的动作，根据股票的股本大小与股性活泼程度，上下震荡的平台幅度将会有所差异，整理的时间长短也会因此不同，通常整理过程中会呈现量能退潮、萎缩的现象外，最容易出现所谓的谷底量形态，当成交量可以突破量能所画出的下降趋势线，同时又出现波段起涨，且 K 线以突破平台高点的中长阳线形态时，即为洗盘结束的最佳切入点。

实际运用范例

请看图 5-27，福懋油在 2003 年 12 月中旬做一段拉高走势之后，股价拉回进行修正，该段拉抬在当时消息面是公司实施公司回购股票的利多信息，因此可以视为特定人士进场，修正过程中只要没有跌破起涨低点，都定位为是对多头有利。

在图中发现标示 B 的拉回修正，并未跌破前波起涨低点，修正过程中出现如标示 A 的谷底量信号，图中亦可以取出一条明显的水平颈线观察。在标示 C 出现量能缩到极致的窒息量，亦为凹洞量结

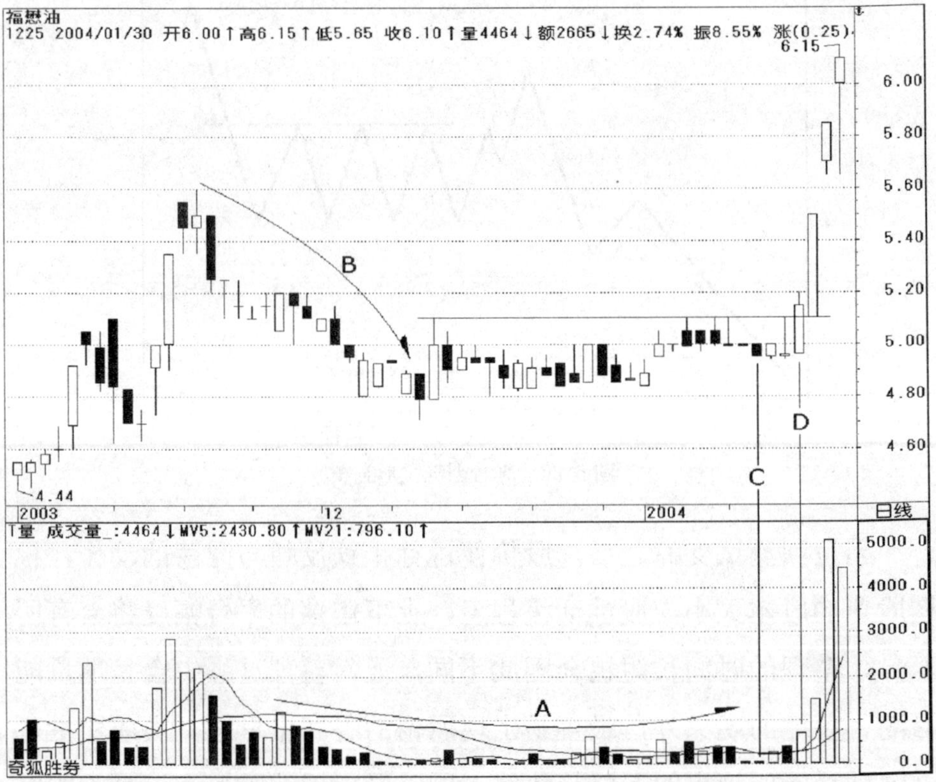

图 5-27　平台型洗盘范例之一

构，股价接着便出现标示 D 的起涨信号，如此就完成了平台型洗盘的动作。

请看图 5-28，远纺股价在 2003 年 11 月初进行拉回修正的走势，修正过程中守住多头有利支撑，在图中亦可以取得一条水平颈线观察，而股价便在此水平颈线下进行震荡盘整的动作。

虽然标示 A 出现量增攻击走势，但是没有正式突破水平颈线，所以是攻击失败的走法，股价将会持续进行调整。在标示 B 出现中长阳量增，且价收在水平颈线之上，因此是一个有效的多头攻击，暗示平台型洗盘已经结束，而股价在上攻过程中出现标示 C、D 的

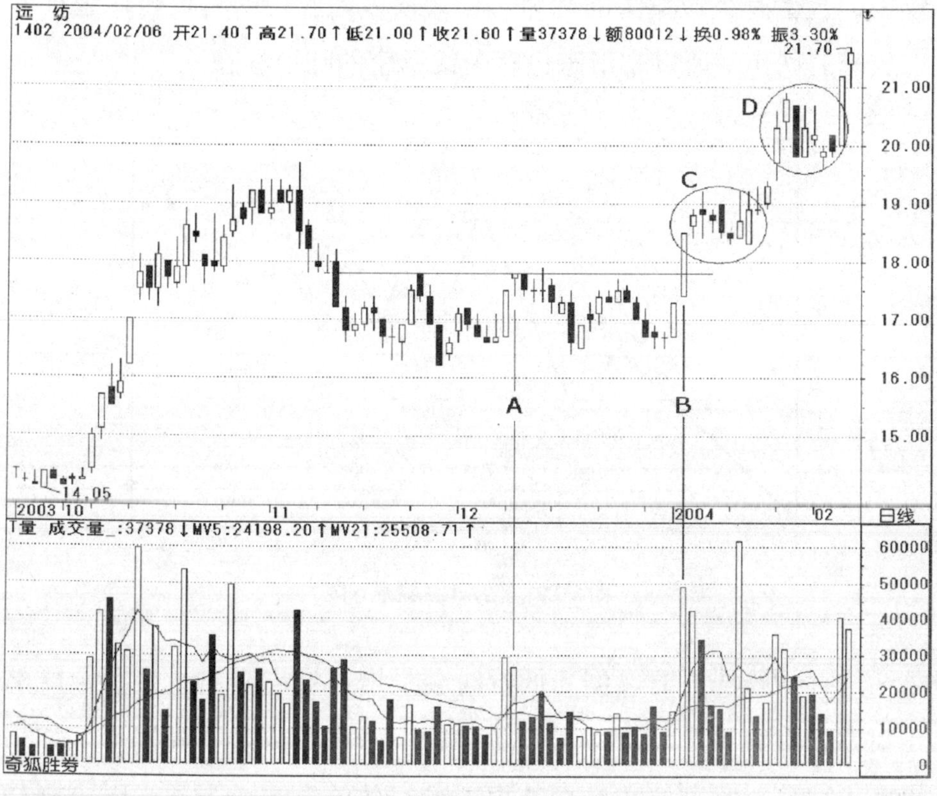

图 5-28　平台型洗盘范例之二

震荡洗盘，除了突破压力位拉回震荡的现象之外，也是该股股本较大的正常反应。

九、盘跌型洗盘

盘跌型洗盘(图 5-29)发生的时机在于股价出现强势上涨之后，股价筹码凌乱，散户跟单者众，为了有利于主力再度做拉抬，同时缓和当时技术指标过热的现象，股价会做拉回修正的动作，因为此模式是针对中线多头进行洗盘，所以洗盘的时间周期会较长、幅度较大，甚至有类似盘头的行为，使人误以为股价即将反转，进行套现放空的动作，所以本形态也有中线诱空的味道存在。

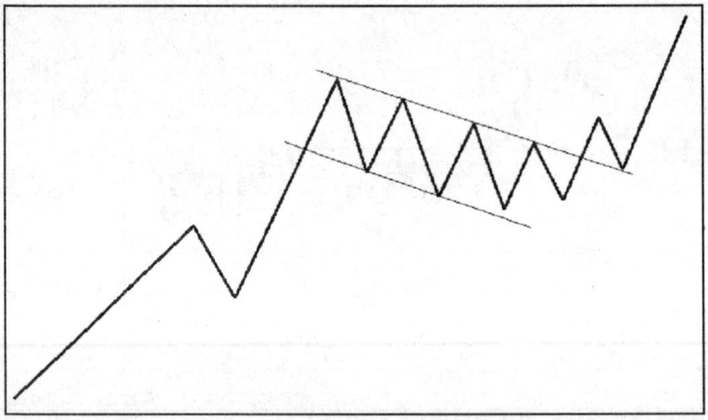

图 5-29　盘跌型洗盘形态图

进行盘跌洗盘时，创新低价时会量增，拉高时出量止涨，既然是盘跌，很容易出现类似形态学中的下降旗形或是下降楔形，如果投资人要分析盘跌洗盘是否结束，最有效的方法是观察当时下降趋势线是否出现有效突破，通常当突破下降趋势线时会有短线洗盘，此时才是最佳的介入时机。

实际运用范例

请看图5-30，台扬股价在2003年12月初拉高后止涨，接着便进入回调修正动作，修正过程中可以看见量能迅速萎缩，价的修正是没有填补前波多头跳空缺口，也就是这个修正对多头有利，做多者宜注意多头发动时机。

在整个调整过程中，发现标示A在创新低时量增，接着便出现

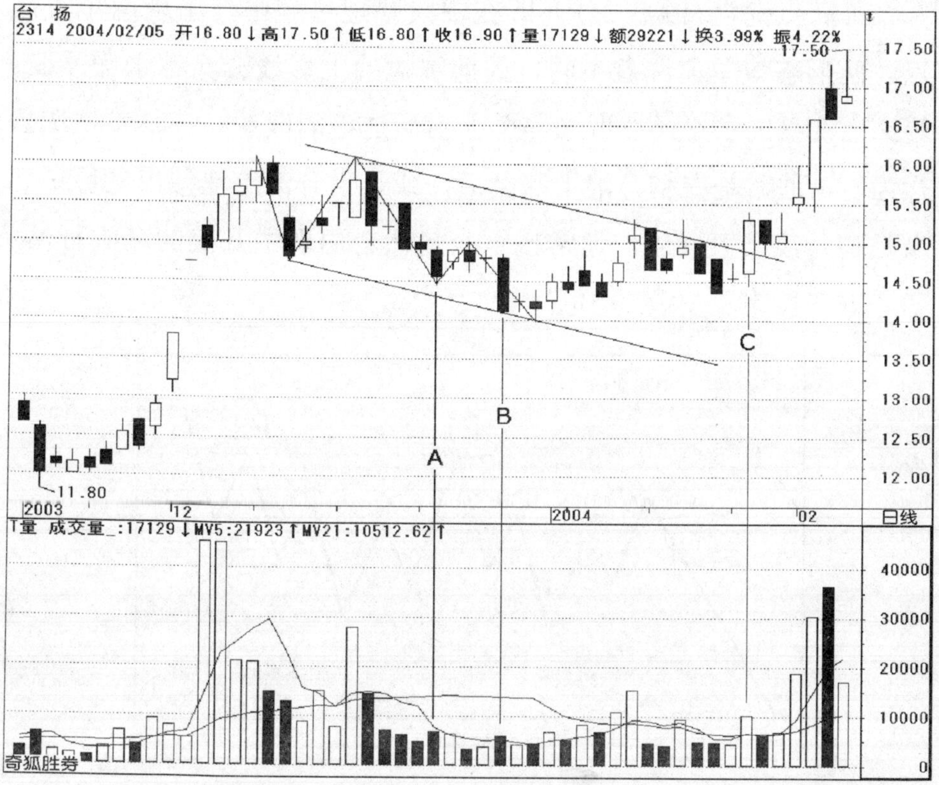

图5-30 盘跌型洗盘范例

反弹，同样，标示B也是创新低后量增，接着就出现反弹，这种价的模式为标准盘跌，且量能方面在创低时均出量，暗示为有量支撑的味道，因此这一段走势可以暂时先定位是盘跌型洗盘。

通常盘跌型洗盘过程可以利用价、量取出下降趋势线，当股价正式转强时，必会正式突破下降趋势线，图中标示C正是这样的行为，投资人只要在当时适时切入做多即可。

十、等高点洗盘

等高点洗盘(图5-31)亦即在中段整理过程中，出现两个等高点。此形态与关前洗盘不同，关前洗盘的上影线会穿越水平颈线。等高点洗盘的水平颈线取法与关卡前后洗盘的取法一致，发生洗盘行为时，通常是在初升浪上涨之后，或是主升浪上涨结束之后。如果是初升浪结束发生，通常接下来自然会出现主升浪的多头行情；

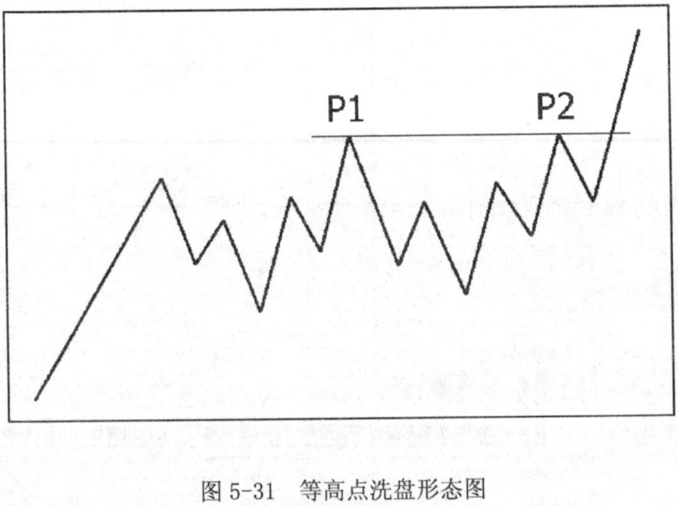

图5-31 等高点洗盘形态图

若在主升浪之后发生，接下来的末升浪会以井喷走势表现，而当井喷行情结束之后，将会迅速反转，修正的幅度会相当大，投资人当时宜提高警觉。

通常等高点洗盘的时间周期有些规律，在初升浪之后发生的整理时间较短，在主升浪之后的整理时间较长，分析时重视的是第二个等高点(即 P2 点)之后的股价行为，当发现 P2 点暴量约与 P1 点接近后，形成等高点止涨拉回，拉回时注意量缩的洗盘点出现，当出现中长阳 K 线收高，且属于量增价涨组合时，便可以设好止损，介入做多。

实际运用范例

请看图 5-32，顺德股价从 5.2 元的历史低点拉出初升浪之后，在标示 A 出量，随即于标示 P1 的位置止涨，因此先以 P1 的 K 线高点画一条水平颈线观察，股价从 P1 拉回修正过程中量能迅速萎缩，且出现凹洞量结构，亦即这种修正模式对多头有利，换言之，现在正在进行洗盘的行为。

接着股价反弹在标示 B 出大量止涨，也就是标示 P2 的位置，当时 P2 高点等于 P1 高点，故可以先定位属于等高点洗盘，股价从 P2 拉回修正过程中，同样出现对多头有利的凹洞量结构，当股价向上到标示 C 这一笔时，再度出现大量收阴，随即日出站上水平颈线，完成了主力“一日洗盘”兼“一日换手”的动作，同时也宣告等高点洗盘结束，股价进行另一个波段的上涨。

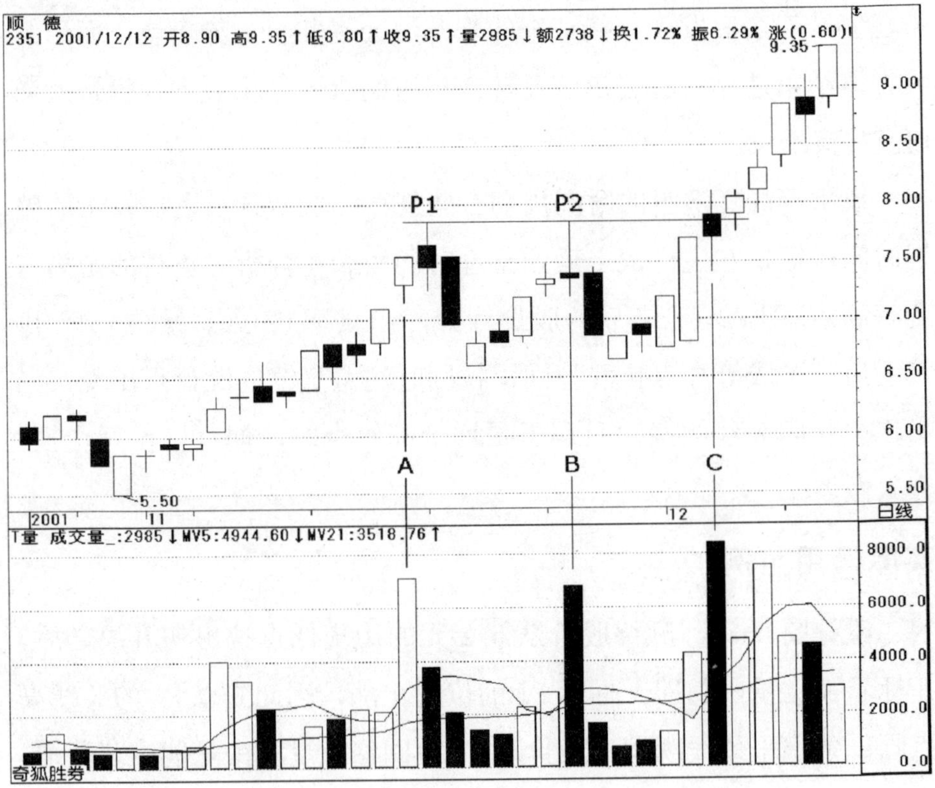

图 5-32 等高点洗盘范例之一

请看图 5-33，广宇股价先行破底进货后，再拉高进货，拉抬到标示 P1 止涨，股价进入震荡修正，P1 点以前的进货手法请参考第四章中图 4-10 的范例说明。当股价修正到末端，出现标示 P2 的避雷针止涨，正好使 P1 高点＝P2 高点，因此可以先定位是等高点洗盘。

接着股价出现标示 A 的拉回，但是量能迅速萎缩到极致，接着再出现标示 B 的中长阳多头攻击信号，突破 P1～P2 连接的水平颈线，完成等高点洗盘的动作，且标示 A 为酒田 K 线中“上肩缺口”的形态，亦宣告后续容易出现强势的波段上涨走势。

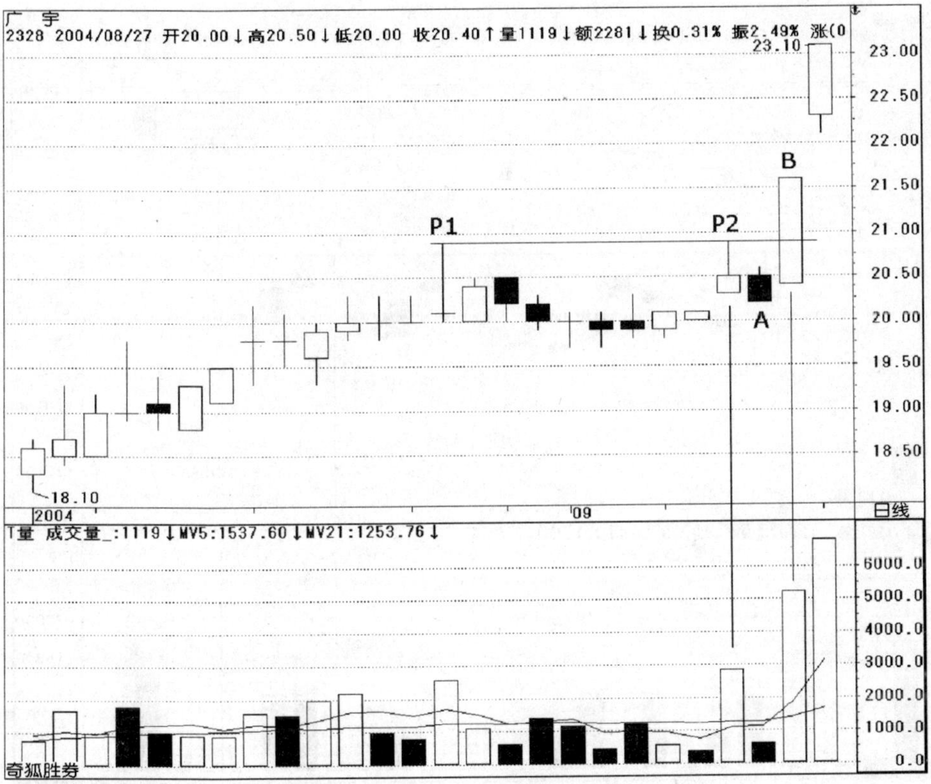

图 5-33　等高点洗盘范例之二

请看图 5-34，鸿海股价先行破底进货后，再拉高进货，拉抬到标示 P1 的位置止涨，股价进入震荡修正，P1 点以前的进货手法请参考第四章图 4-9 的范例说明。当股价出量反弹形成 P2 点止涨时，正好使 P1 高点＝P2 高点，因此暂时先定位是等高点洗盘。

接着股价从 P2 拉回修正过程出现标准的凹洞量结构，如标示 A 所示，再紧接着出现标示 B 的量增中长阳，突破 P1～P2 连接的水平颈线，完成等高点洗盘的动作，亦是波段起涨的开始。

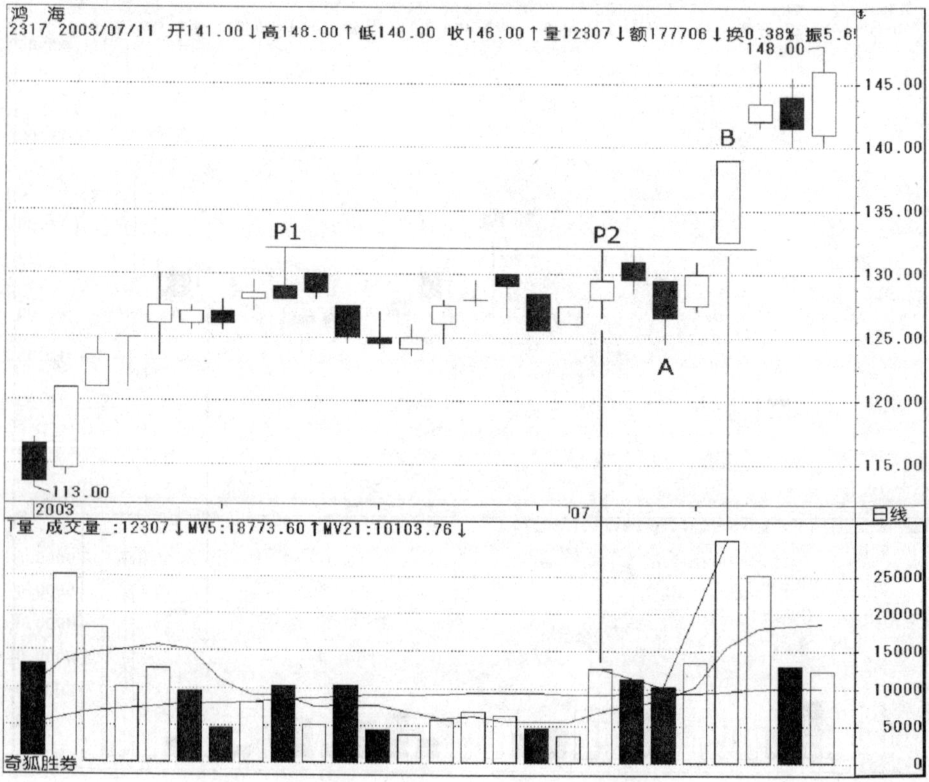

图 5-34 等高点洗盘范例之三

请看图 5-35，鸿海股价在 1997 年 4 月中旬，完成某一轮主升段的攻击波动后，进入整理修正的走势。在当时有不少投资人误以为这个调整过程是复合式头肩顶的头部，其实是对形态学认识不够透彻与对洗盘观念混淆所致。

当取出 P1 高点 =P2 高点之后，当然可以进行不同假设，而决定整个形态是属于洗盘行为的关键因素在于标示 A 的这根 K 线。标示 B 则是过关后的洗盘，也就是如果操作者不幸误判走势而被轧空，在标示 A、B 都应该要伺机回补认输，因为推浪法则告诉我们，股价可能将从这里上涨到 274 元以上，事实上该股最高是涨到 345元。

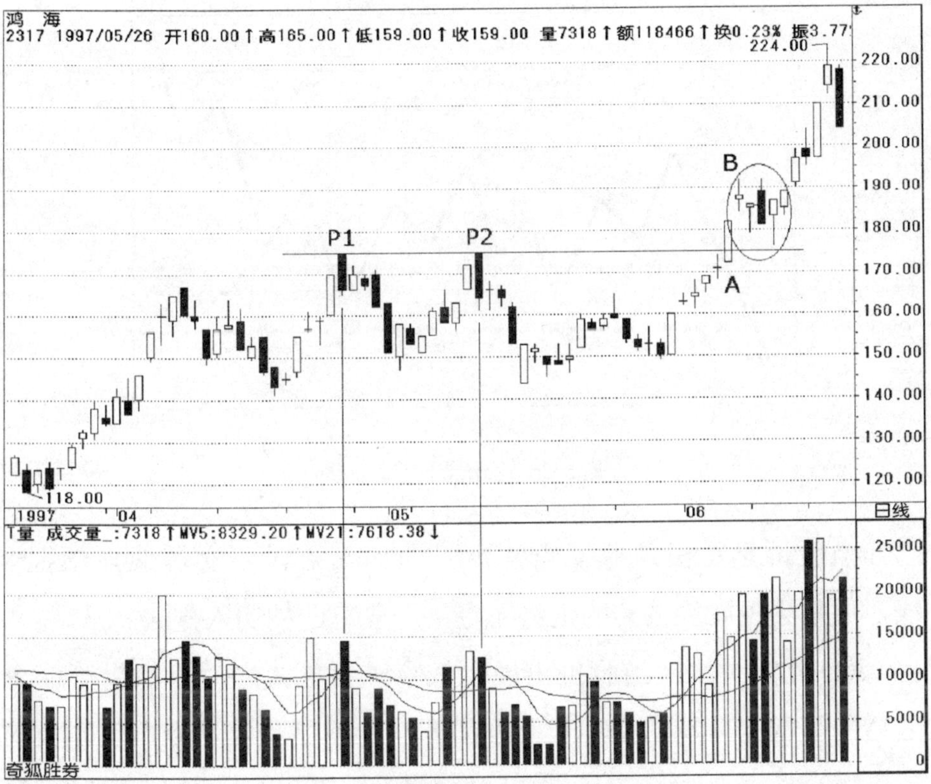

图 5-35　等高点洗盘范例之四

十一、等低点洗盘

等低点洗盘(图 5-36)的出现位置与等高点洗盘相同，差异在于洗盘过程中会出现等低点，等低点只要两个低点就符合标准形态，超过两个则无妨。而等低点的成交量形态相对变化较多，可以增量，亦可以量缩。根据实际操作经验，量增的支撑效度较大，与 K 线形态和阴阳比较无关。

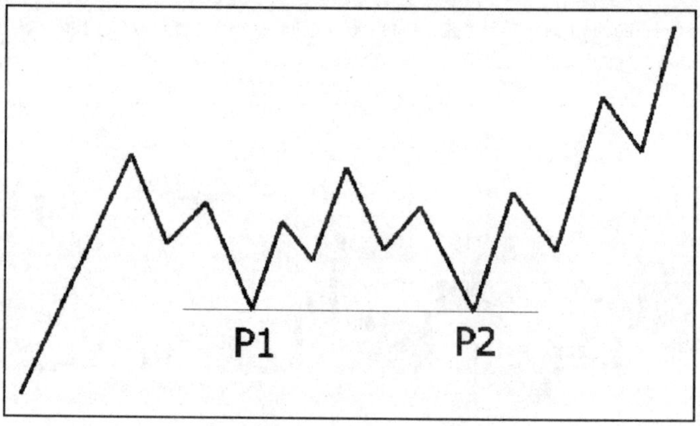

图 5-36　等低点洗盘形态图

当股价走势出现等低点洗盘时的切入点，不在等低点该根 K 线，通常会视股价波动的走势而定，一般有两种切入方法。

(1)逢低买法：当股价出现等低点洗盘模式之后，如果第二个之后的等低点呈现的是中长阳强势 K 线，或是“宝塔翻白”之类的多头组合，那么股价在反弹之后拉回测试该表态 K 线的支撑时，便可以逢低酌量买进，止损点即为等低点。此种买法的风险性较高，但是却可以买在起涨最低点位置，获得较高的投资回报率，投资人想要获得高回报自然得承受较高风险，介入前应先自行斟酌风险和资金控管问题。

(2)攻击买法：等低点洗盘结束后，其惯性从低点向上攻坚时，再做一个小波段拉回修正的动作，当时如果出现成交量萎缩对应到修正低点附近，再出现中长阳 K 线的日出攻击，此日出攻击的 K 线即为多头切入做多的点位，这种买法是建构在多头确定攻击时，所以相对安全，止损点就设定在该攻击棒线低点。

实际运用范例

请看图 5-37，英群股价在 2001 年 12 月底走完主攻段后，进入中段整理周期，分别在整理过程中找到标示 P1 的低点，与标示 H1 处的高点分别画出水平颈线观察。股价在调整过程中，出现与 P1 等低点即标示 P2 的位置，股价随即向上反弹，此时便可以先假设这里的调整有机会属于等低点洗盘。

从 P2 向上弹升撞到 H1 的水平颈线后，形成 H2 的高点与 H1 的高点相等，是为等高点洗盘，标示 A 出现放量换手，从 H2 的压回

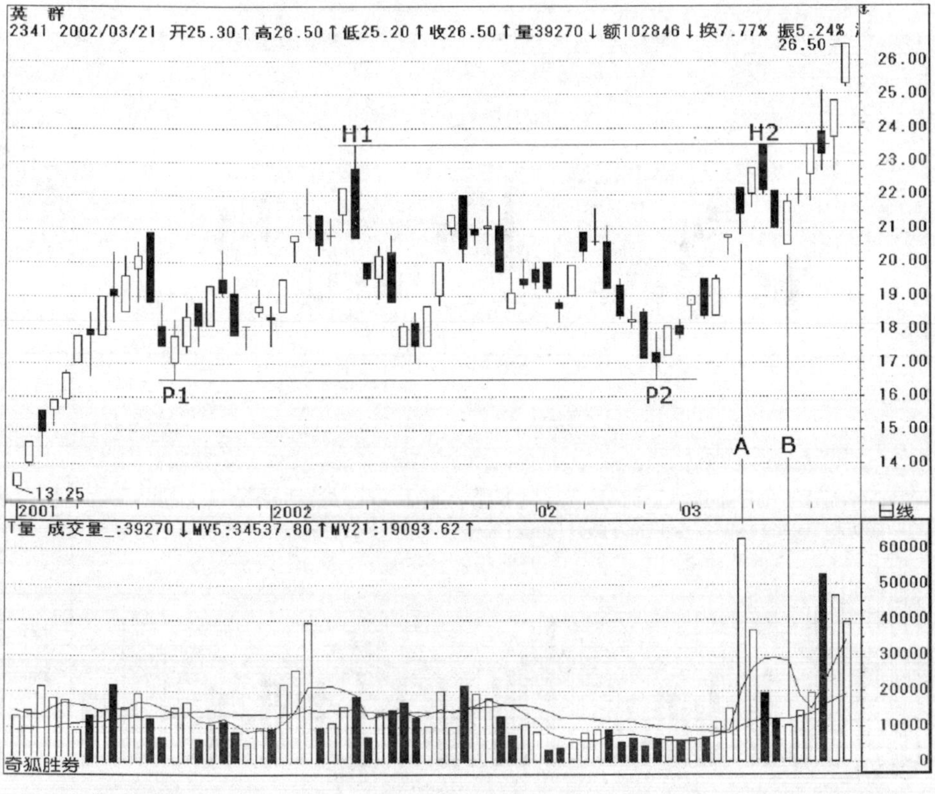

图 5-37　等低点洗盘范例之一

并未跌破标示 A 的换手 K 线低点，在标示 B 又呈现凹洞量，暗示此处可能是洗盘点，后续股价果然突破 H1～H2 的水平颈线，形成井喷走势，最高涨到 43.4 元后，股价才盘头反转。

请看图 5-38，可以很容易地在 2003 年 6 月以后的台积电股价走势中，取出一条相等低点的水平颈线观察，如标示 L 所示。这是属于等低点洗盘的模式之一，在标示 A 出现大量，且 K 线为宝塔翻阳，此 K 线宣告水平颈线支撑确立，宜于测试宝塔翻阳 K 线支撑时，逢低买进做多。

在标示 B 最低测试到水平颈线，随即以墓碑线 (参见《主控战略

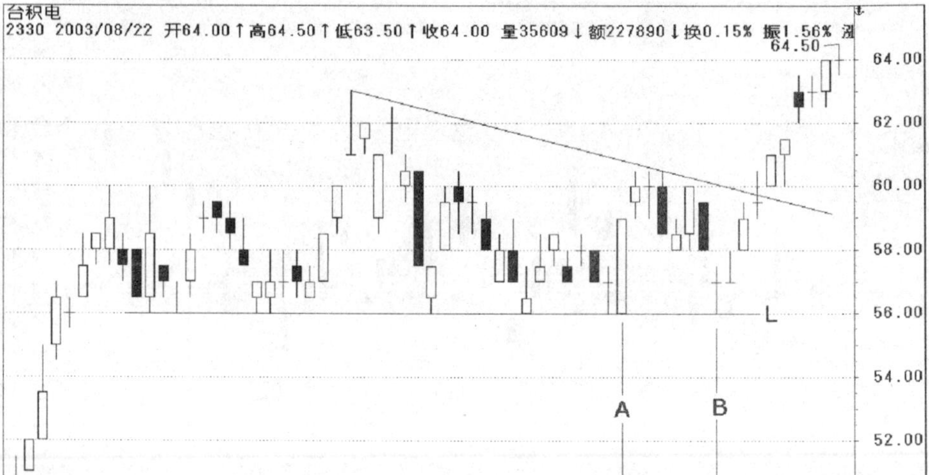

图 5-38 等低点洗盘范例之二

K 线》第 265 页）日出，再以蜡烛线确定标示 B 的十字线低点支撑成立，当突破整理过程中的下降趋势线或是创下波段新高点时，均可以视为整理洗盘结束的信号。

请看图 5-39，佰钰股价 2003 年 11 月创下当时最低点 8.7 元，随即出现一口气拉抬，接着便出现等低点洗盘模式。

在标示 A 放量攻击，但是形成避雷针的 K 线形态，标示 B 压回再度形成等低点，且量能急速萎缩，A、B 两处整个形态组合颇有“上冲下洗”的味道。在标示 C 再度放量攻击，且又形成避雷针的 K 线形态，这一根 K 线很容易使投资人误以为当时是一笔出货棒线，

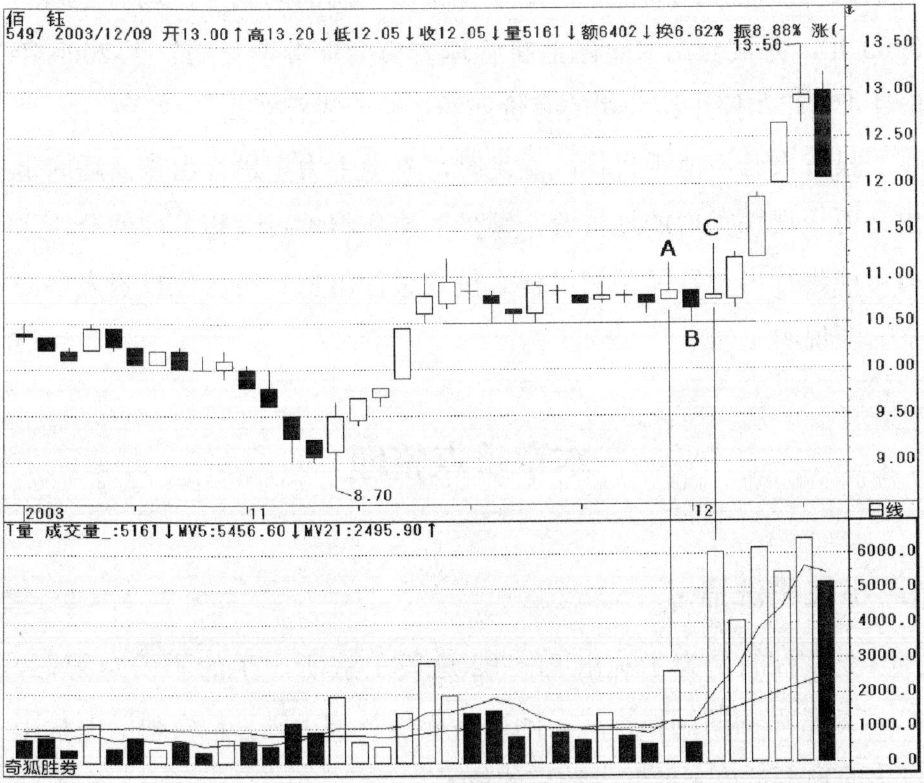

图 5-39　等低点洗盘范例之三

在盘态中此种走势为“吊高盘”，就实际操作而言，主力没有理由在此做吊高盘出货，因此以一日压盘几率较高，这并非看图说故事，而是当时实际操作的验证，确认的法则就是隔笔的阳K线，如果要吊高出货，不会在这个位置做等低点洗盘，也不会做量能急缩收放的动作，更不会在出货后，仍然做阳K线攻击。

当然，该股主力色彩相当浓厚，如果以第一段攻击为测量，即等低点洗盘前的那一段，那么计算出来的目标预估为：(11.2－8.7)×4.236＋8.7＝19.29，则在2004年2月6日穿越该目标，隔一天创下20.4元的高点止涨，股价随即拉回修正，完全符合自然律的波动，而在此高点拉回后，竟暴出消息面的利空，最后下跌到0.63元，并被台湾“金融监督管理委员会证券期货局”于2005年5月4日起，停止该公司的有价证券在柜台进行买卖。

投资人若不能于目标区满足时，察觉主力正进行出货而适时退出，万一误踩类似的地雷股，蒙受的损失将不堪设想，如何分辨主力可能进行出货？又是利用什么模式进行出货？请各位投资人参阅下一章说明。

本章重点整理

1. 小波段洗盘

洗盘目的是为了洗出P1～P2这段上涨所产生的不安定筹码，P3点最常见到凹洞量模式，随即会出现量增上涨，K线则以中长阳日出的攻击走势来做洗盘结束的信号。

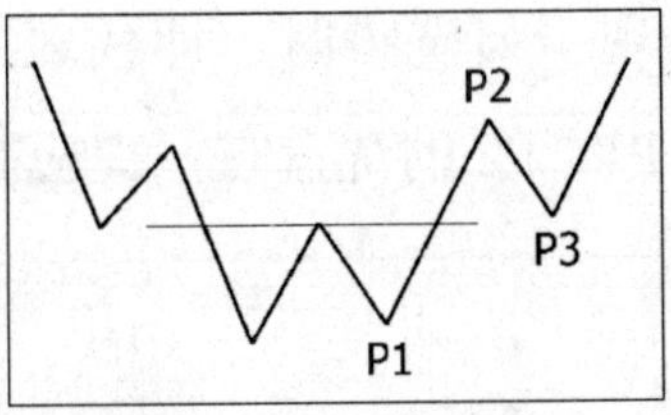

2. 波段洗盘

P2～P3 这段往往以量能退潮的现象最多，修正接近结束时，量能会缩到极限，接着呈现波段起涨信号，并突破 P2～P3 这个区域的下降趋势线。

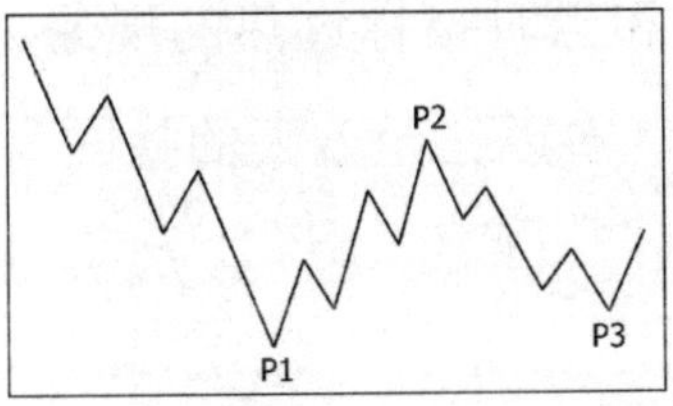

3. 盘坚型洗盘

呈现低点垫高、高点创高的特性，且量增、量缩的过程相当规律，以前波谷底为止损观察点，或是等待最后洗盘点出现多头进行攻击时再切入。

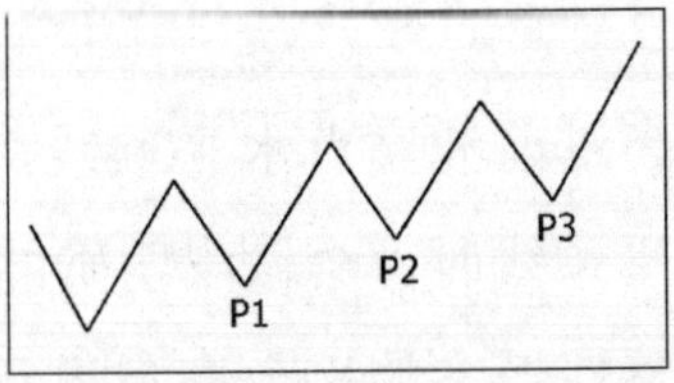

4. 一日洗盘

P1 和 P2 便是短线的洗盘点，其特性都会呈现量缩，以呈现价跌量缩的稳定，当出现一日洗盘时，即代表该波段为一个攻击段，未来波段起涨低点与 P1、P2 的洗盘点，理应有短线支撑。

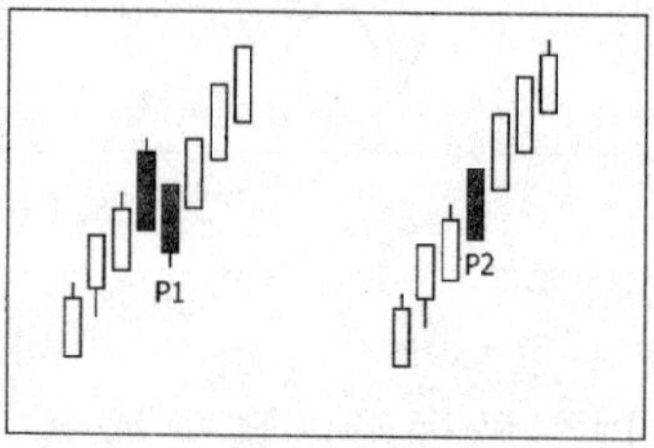

5. 震荡洗盘

震荡洗盘是股价在高角度上攻的过程中，顺势做拉回的洗盘动作，其目的是为了缓和当时指标过热的现象，一般发生在主要攻击波段的延伸走势当中，多以三至五天的拉回为标准形态。

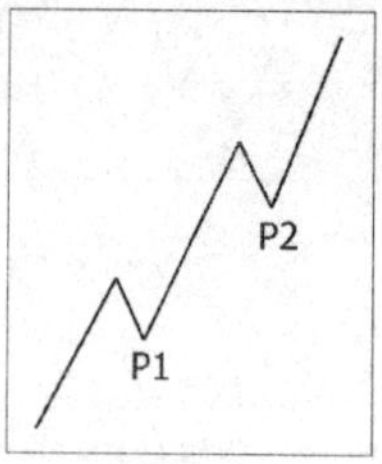

6. 强悍型洗盘

形态 A：先跌破整理形态的水平支撑，当出现量缩洗盘点后形态才算完成。

形态 B：出量拉高过前波高点水平颈线，紧接着再跌破前波低点水平颈线，跌破水平颈线时，会做出明确的止跌信号。

形态 C：先针对整理形态的平台高点进行拉高突破，再止涨拉回修正，修正时的幅度会相当深，但是不会跌破前波低点，震荡进入尾声时会以量缩的技术面来呈现。

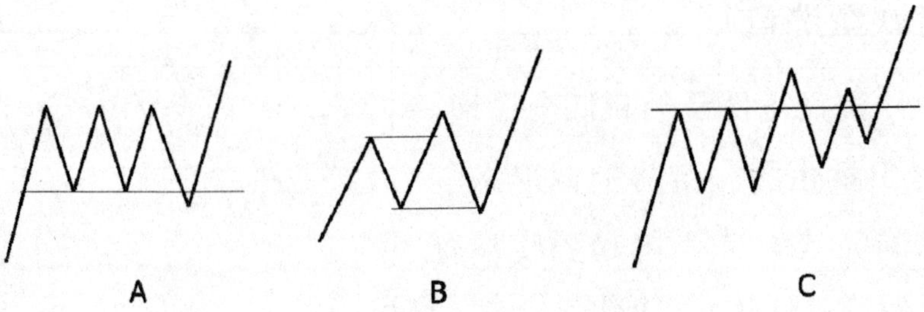

7. 过关前后洗盘

A. 关前洗盘：股价上攻使K线的上影线穿越过该水平颈线，接着股价拉回修正做洗盘。

B. 关后洗盘：股价上攻使K线的收盘价站上该水平颈线，接着股价拉回修正在水平颈线之上做洗盘。

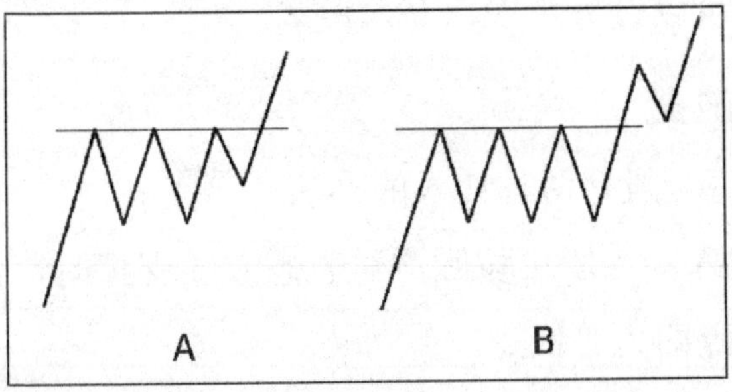

8. 平台型洗盘

当主力做最后一段拉高进货之后，股价先拉回测试支撑，并且不破最后一段拉抬的起涨低点，接着便进行箱形走势的洗盘。

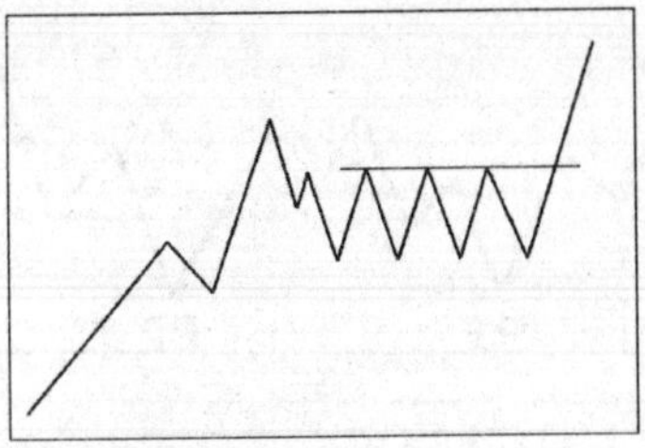

9. 盘跌型洗盘

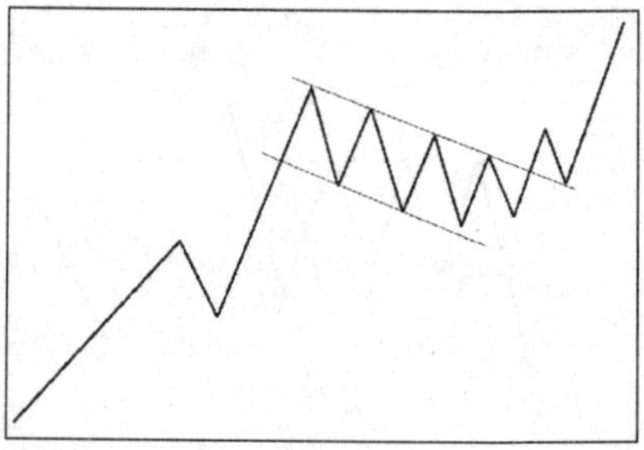

盘跌洗盘特性是创新低会量增，拉高时出量止涨，走势类似形态学中的下降形态，当下降趋势线被有效突破时是最佳的介入时机。

10. 等高点洗盘

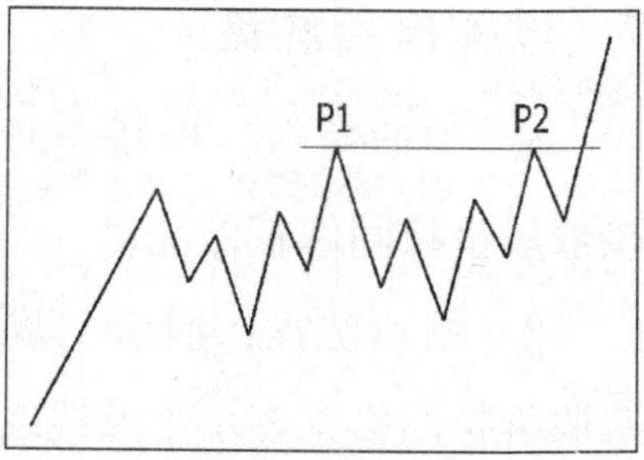

整理时会出现两个等高点，且P1和P2有等大量的惯性，当形成等高点止涨拉回时呈现量缩的洗盘点，并以中长阳线收高表现，为量增价涨组合时，便可以设好止损，介入做多。

11. 等低点洗盘

等低点洗盘一般有两种切入的办法：

1. 逢低买入：当股价拉回测试表态K线支撑时，便可以逢低酌量买进，止损点即为等低点。

2. 攻击买法：股价从低点向上攻击，并做一个小波段拉回修正，当修正结束再出现中长阳K线的日出攻击为多头做多点，止损点设在攻击K线低点。

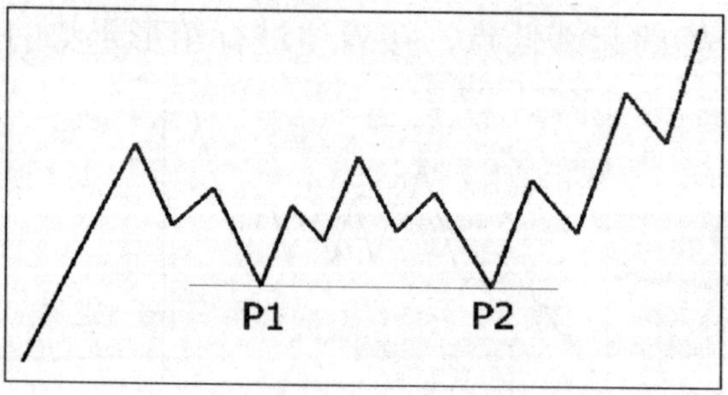

第六章

主控盘出货模式研究

当股价上涨到一定幅度之后，自然会出现获利回吐的卖压，一般投资人买进股票操作的目的就是要获利，主力更是如此。又因为主力掌握的筹码较多，在出货时更需要相当的时间与空间。在出货时，必须视手中筹码多寡与当时的时空背景，搭配不同的消息面释放利多，造容易出货的技术线形。

一般人对于出货与中级整理颇不易辨别，其实只要从主力的角度进行思考，就不难分辨出其中差异。既然股价千拉万抬就为出，主力也想赚钱，而所掌握的筹码又多，自然不可能在布局完成就会急着要出货，至少也要拉到相当幅度后，才能有价差与顺利出货的空间，因此只要善用测量学，即可以分辨何处是容易出货的相对位置。

当然，也有作线不顺的主力会认赔退出，但是这会在拉抬不易时就出现迹象，而这些迹象会从成交量透露出来，最显著的就是草丛量。至于何处是容易出货的相对位置，可以从简单的平均成本观念加以推论。

从平均成本与出货对应图例(图 6-1)中，标示 A 所画的框框位

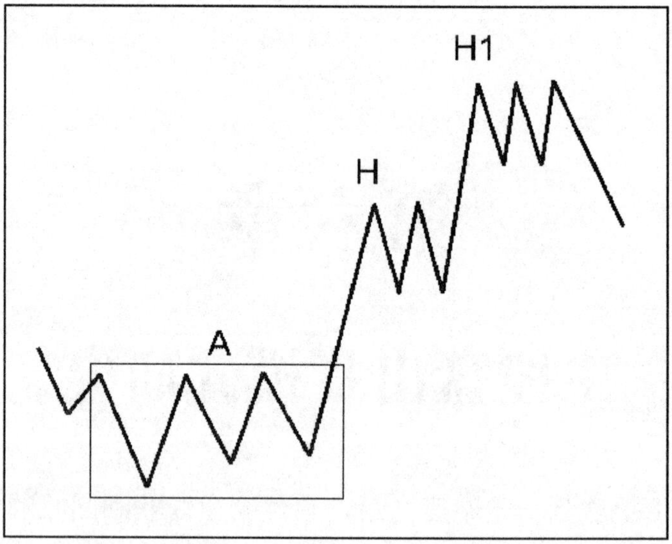

图 6-1 平均成本与出货对应图例

置，代表某只股票在低点水平位置后盘底上涨，投资人可以先计算该形态的平均价位，正常而言，主力第一次尝试的出货点位，大约会在该平均价位的 1.3 倍以上，即标示 H 的位置，接下来震荡修正之后，会再度拉高做第二次出货的行为，这一次的目标假设在 H1，那么 H1 的数值大约在 H 的 1.1～1.2 倍之间。

虽然这是一个简易的算法，却可以帮助投资人分辨可能的出货位置，在相对的 H 与 H1 高点附近，就不适合积极做多，而通常出货不会只出一次，所以 H 点附近做空的利润不大，最好是避免。

万一该股没有明显的底部帮助做平均成本计算，也可以借助黄金螺旋的推演帮助投资人定位，相关理论请参阅《主控战略移动平均线》一书，这里不再赘述。另外也可以利用波浪理论的浪潮，或是笔者独创的“推浪三部曲”加以推演，自然可以大约得知可能的主力出货区。

这些技术面上的形态，完全可以藉由学习加以辨识，并且做出适当的对应操作策略，使得自己的利润提高，损失降低。虽然学习技术分析不能达成百分百的获利保证，但是趋吉避凶的功能绝对可以实现。各位投资人或许会觉得奇怪，为什么推测目标时总是这么吻合，尤其是用黄金螺旋与浪潮这些技巧推演时，精确度有时让人目瞪口呆。

我们只要想想，黄金螺旋与浪潮原本就源自于人类对自然律的观察。主力作手也是属于自然界中的一环，不管他如何积极作价拉抬，当到了压力关卡，仍然要反应拉回，这些股价波动的惯性其实就是自然律，很难跳脱其范畴，就算多拉抬了一些，也不过是延缓回调时间，加大拉抬的空间，后续会以多跌加以响应，但是这些不是我们需要考虑的范围。投资人只要在正常情形下，有可能是出货的位置提高警觉，并且选择恰当时机退出，之后就算多涨一些，也与我们无关，就怕为了多贪得一点点利润，反而遭受更大损失。

那么，如何知道主力有出货的行为呢？当出货时，量能变化一定会出现异常的现象与形态，请参阅第二章说明。在股价方面，进入有可能出货的高位时，如果短线中出现任何技术面的“轧空点”被跌破，均视为短线出货，此时再将格局拉大，观察整个股价波动的模式就几乎可以认定，换句话说，当股价处于高位可能出货的位置时，跌破技术面的轧空点时，短线操作者的多单宜先逢高退出；中长线操作者，则宜于出货模式进行中或是完成时，将持有的多单全部退出。

笔者尝试将出货盘分类如图 6-2。

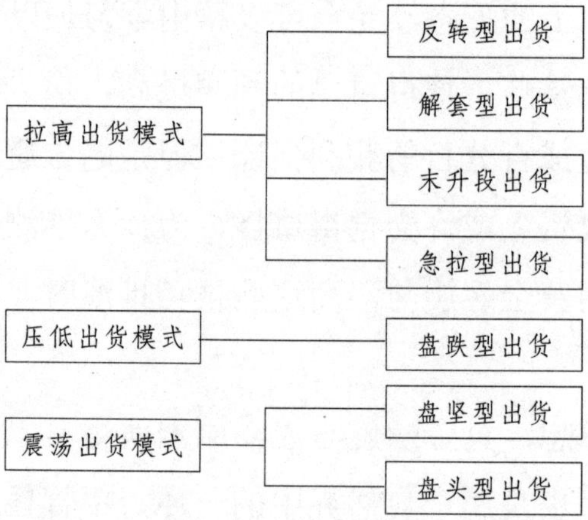

图 6-2　出货模式分类

我们也可以根据出货模式类型，反推主力控盘的能力高低，与掌握筹码程度多寡，作为下一次选股依据。因为主力在操作一只股票，不是乱选标的，而是选择自己比较熟悉的产业或是人脉，这样不但容易互相配合，也可以掌握该产业的生命循环周期，因此主力通常有自己惯于操作的个股。假设主力的控盘能力较低，资金不雄厚，相对掌握筹码的程度会比较差，选股时就可以列为次要选择。当然，这些分类属于实际操作经验累积，不是参考上的绝对值(表 6-1)。

表 6-1 主力控盘能力与出货模式对照表

时空背景	采用的出货模式	控盘多少	控盘能力
对多头有利 利多消息频传	盘头型出货 盘坚型出货	多	高
	急拉型出货 末升段出货	少	
	解套型出货 盘跌型出货	多	低
	末升段出货 盘跌型出货	少	
对多头不利 利空消息不断	解套型出货 盘跌型出货	多	高
	急拉型出货 反转型出货	少	
	盘跌型出货 末升段出货	多	
	盘跌型出货	少	

下面就为各位投资人介绍这些出货模式。

一、反转型出货

其实反转型出货包含了两种出货手法，一种是短线拉高出货，一种是短线压低出货。形态的模式(图 6-3)是在确定为多头的上涨过程中，先出现一个正反转低点，接着股价以中长阳或是跳空的强势多头创下新高点，此时往往会满足起涨段计算出来的黄金螺旋倍幅。通常这段强势的上涨会被实际操作经验丰富的投资人先定位成拉高出货，操作策略便是逢高先减码退出多单。

当满足黄金螺旋倍幅后，如果暴出大量并且呈现短线止涨，股价拉回过程又出现量增价跌，并跌破疑似拉高出货段的正反转低

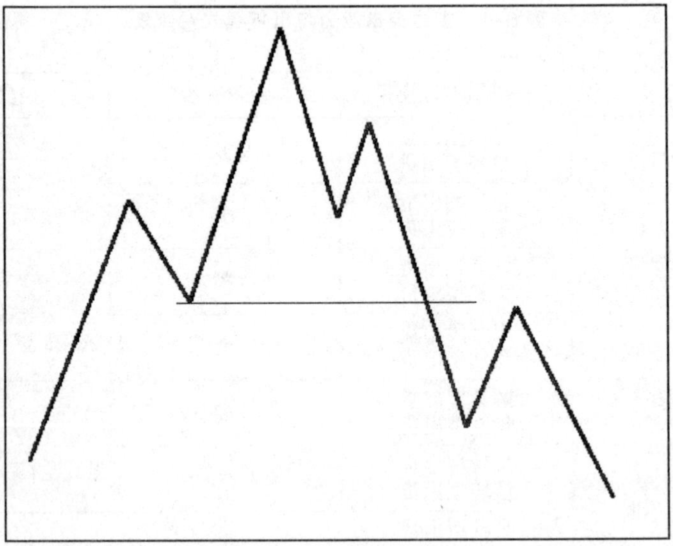

图 6-3　反转型出货形态图

点，就可以确认多头反转，股价进入修正走势。正常而言，这一段走势称为压低出货，K 线下跌走势会非常迅速，不拖泥带水。

当反转型出货结束后，根据主力出货程度不同，会出现不同幅度的反弹，一般属于股本较小的股票，主力容易出货，往往在拉高阶段就已经出掉七八成左右，压低出货很容易把剩余的筹码出得一干二净，因此反弹幅度通常不大，接着会再度下杀。至于股本较大的股票，因为出货不是那么容易，在反转型出货走完后出现的反弹幅度会比较大，通常可以反弹约 1/2 以上。

实际运用范例

请看图 6-4，台苯股价利用黄金螺旋计算，其最大倍幅 6.854 的目标＝(14.4－9.8)×6.854＋9.8＝41.33 元，在标示 A 当天穿越这一个目标价，就黄金螺旋而言，只要取段正确，通常这个数值被

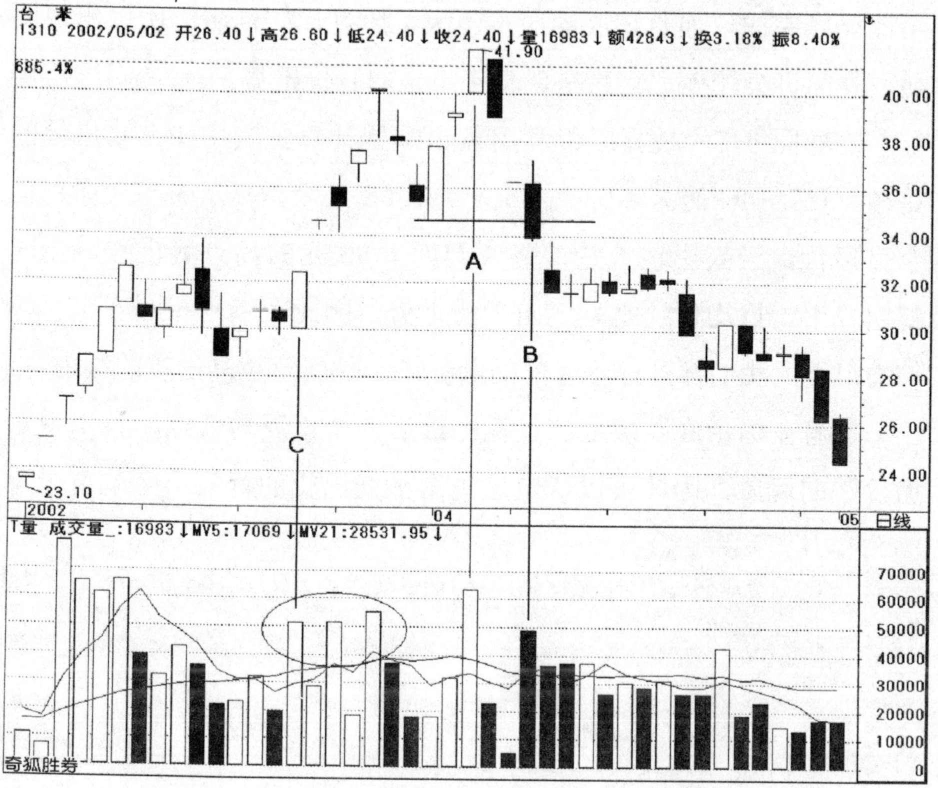

图 6-4　反转型出货范例之一

满足是绝对卖出点，在标示 A 隔一天立刻出现阴 K 日落线，形成对多头不利的回转线，正是积极卖出的信号。

标示 C 这根中长阳 K 线之后，股价进行最后一段的强势拉抬，但是成交量却出现草丛量的量能形态，在接近高位满足区出现这样的形态，自然会假设以拉高出货的嫌疑居多，所以出现标示 A 的回转线，就没有对多单留恋的理由。

最后在标示 B 这一根，跌破上涨过程中，最后一个正反转低点，且出现大量为量增价跌的现象，因此可以认定从标示 A 以后到标示 B 这一笔，进行的是压低出货的手法，整个反转型出货的形态至此已经完成，而且该股的股本不大，股性比较活泼，所以出现明显反弹的机会较少，容易呈现直接急杀的股价走势。

请看图 6-5，技嘉股价利用黄金螺旋计算，其中 4.236 倍幅的目标＝(57－46.5)×4.236＋46.5＝90.98 元，在标示 A 当天穿越这个目标价，当天出现大量，隔一天创下 93 元的高点后止涨，当时整个二十一日均量线是呈现向下的走势，因此在满足相对卖出目标的情形下，我们怀疑标示 A 前的顺势量，是属于拉高出货的行为。

接着在标示 B 跌破上涨过程中最后一个正反转低点，且出现量增价跌的现象，因此可以认定这里有压低出货的行为，至此整个反

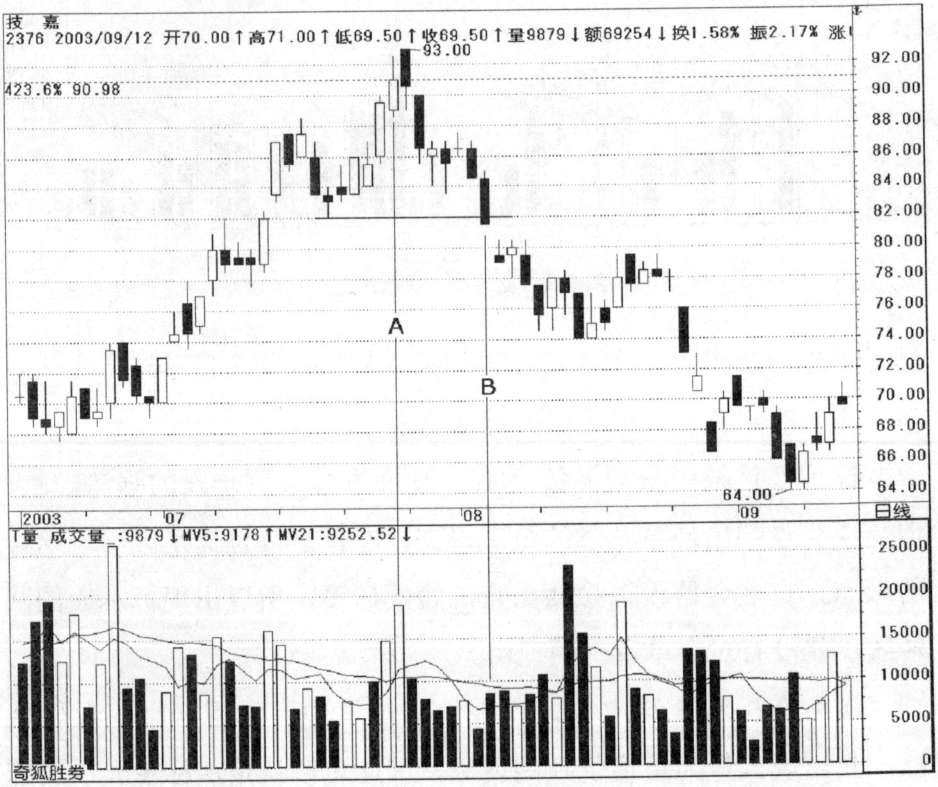

图 6-5　反转型出货范例之二

转型出货的模式已经完成。投资人理应于标示 A 之后出脱多单，并于出货形态确认后，在严设止损的背景下，伺机套现。

请看图 6-6，中联股价利用黄金螺旋计算，其中 2.618 倍幅的目标 =(3.69 −1.5) ×2.618 +1.5 =7.23 元，取段测量先观察 2.618 倍幅，是因为减资的关系。在标示 A 的隔天穿越这个目标价，穿越后的隔天止涨，且标示 A 当天出现大量，并呈现顺势量上涨结构，颇有拉高出货的味道。

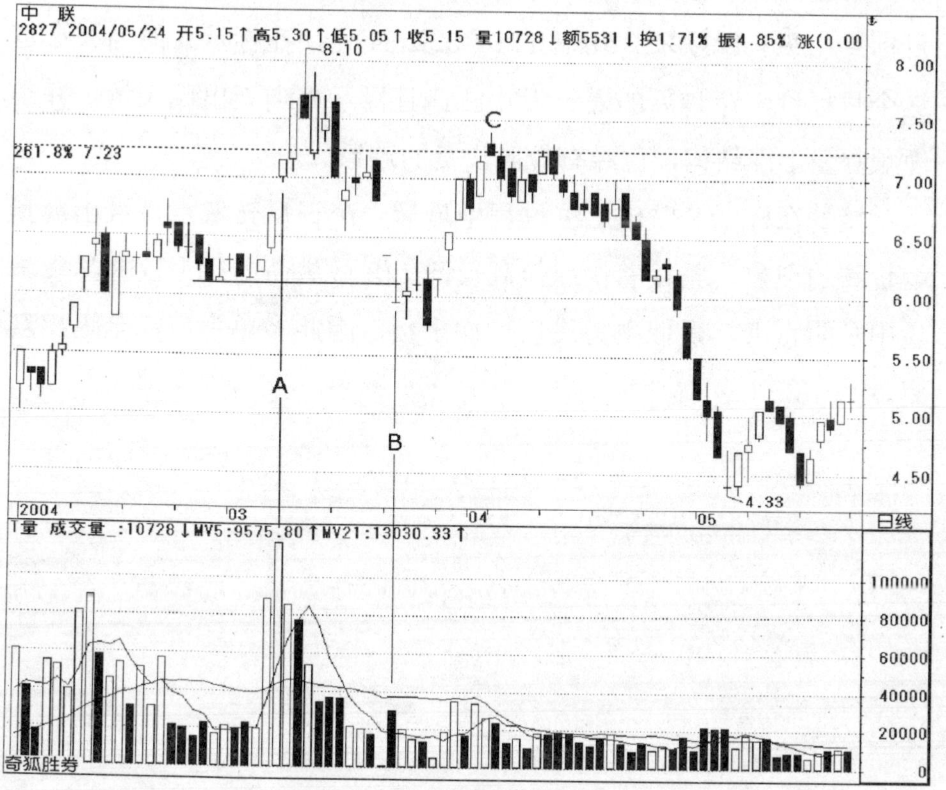

图 6-6　反转型出货范例之三

接着在标示 B 跌破上涨过程中最后一个正反转低点，且出现量增价跌，虽然当时是因为选举后的消息面影响，但是仍依法分析，视为压低出货的行为，又该股的股本较大，再加上当时时空背景的关系，加权指数很容易会出现拉高反弹，个股正常会同步出现反弹，反弹幅度将有机会达下跌段的 1/2 以上。因为反转型出货的模式已经完整，看见反弹应该是先将套牢单，或是抢短多单先行退出观望，而不是继续持股，做波段行情的期待。

请看图 6-7，铼德股价利用黄金螺旋计算，其中 2.618 倍幅的目标＝(229－171)×2.618＋171＝322.84 元，在标示 A 的当天穿越这个目标价，穿越后的隔一天止涨，且标示 A 当天出现大量，并呈现顺势量上涨结构，已经有拉高出货的迹象。

接着在标示 B 跌破上涨过程中最后一个正反转低点，且出现量增价跌的现象，紧接着快速拉高反弹 1/2 做逃命的行为，并呈现暴量中长阴止涨，疑似主力最后一次出货，因此多单理应完全退出观望。

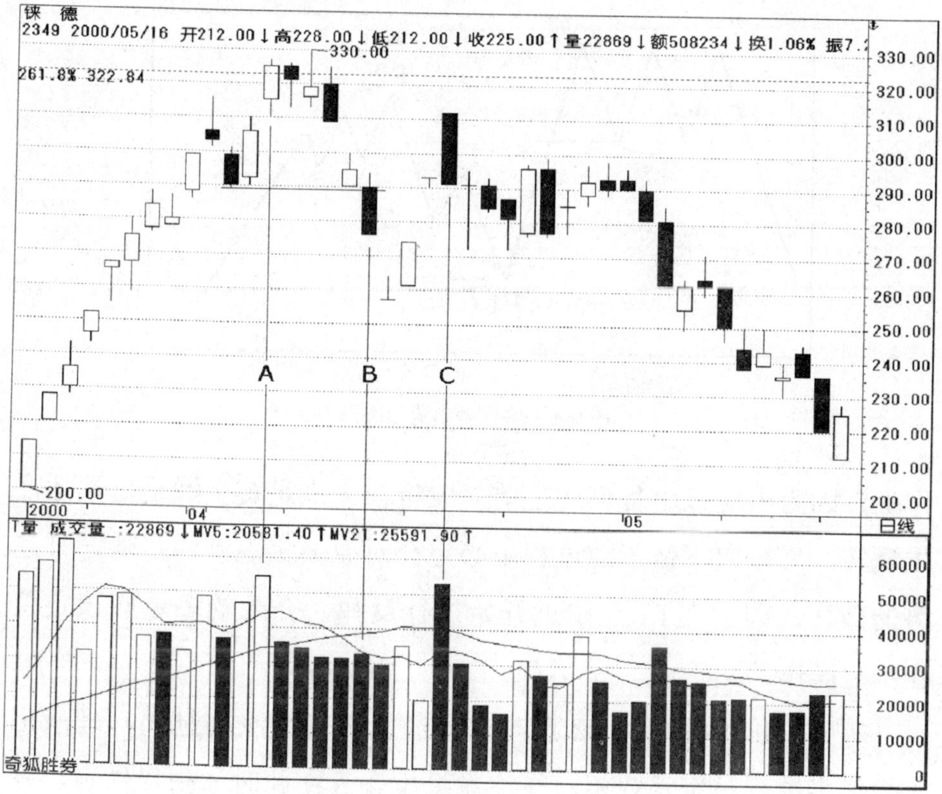

图 6-7　反转型出货范例之四

二、解套型出货

解套型出货的意义，是前波高点可能利用盘头出货，或是反转型出货等不同出货模式之后，股价修正到支撑位置开始出现反弹 1/2 以上的走势，在图 6-8 中标示 P1～P2 的这一段反弹走势就称为“解套型出货”。

解套型出货约有 7 成左右的走势会使投资人误以为股价仍在多头波动，因为走势会相当强劲，且呈现短期趋势的量价齐扬。在操

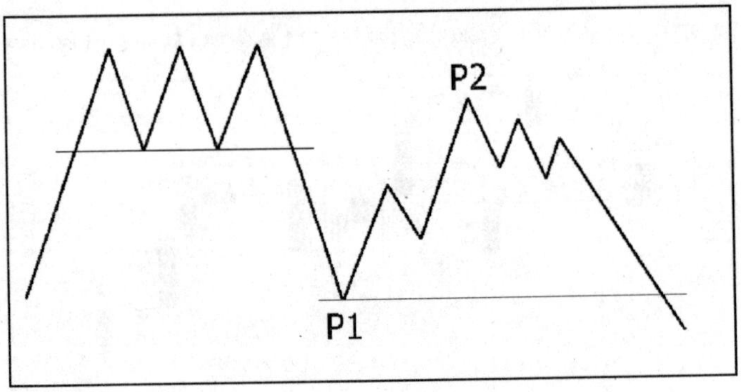

图 6-8 解套型出货形态图

作上，因为出现该出货模式之前，股价会先满足黄金螺旋倍幅才产生反转，反转向下修正的过程中必定会对原多头上涨的走势产升趋势的破坏，因此在 P1 点附近开始进行反弹，介入的多单应该定位在抢短操作。

等到股价上涨到达 P2 点时，已经属于短线涨幅过大，理应退出短线多单或是空手观望，往往看见投资人在此时才积极做多，跌破高位支撑时，又没有迅速执行止损，结果持股就套在当时高位，而投资人的驼鸟心态，将会导致未来面对股价腰斩(甚至三度腰斩)的命运。因为这种出货模式，多是在多头炙热时出现，往往是主力大户长期作线后的结束点，也是主力弃守点，我们称为“波段诱多”，诱多结束后股价将会呈现自由落体的命运。

实际运用范例

请看图 6-9，联电股价利用黄金螺旋计算，其中 4.236 倍幅的目标＝(49.4－29.7)×4.236＋29.7＝113.15 元，股价穿越满足后拉高在标示 A 的当天暴出大量止涨，随即进行拉回修正的动作，请注意此时 21 日均量线已经开始向下，最后完成一个“头肩顶”的头

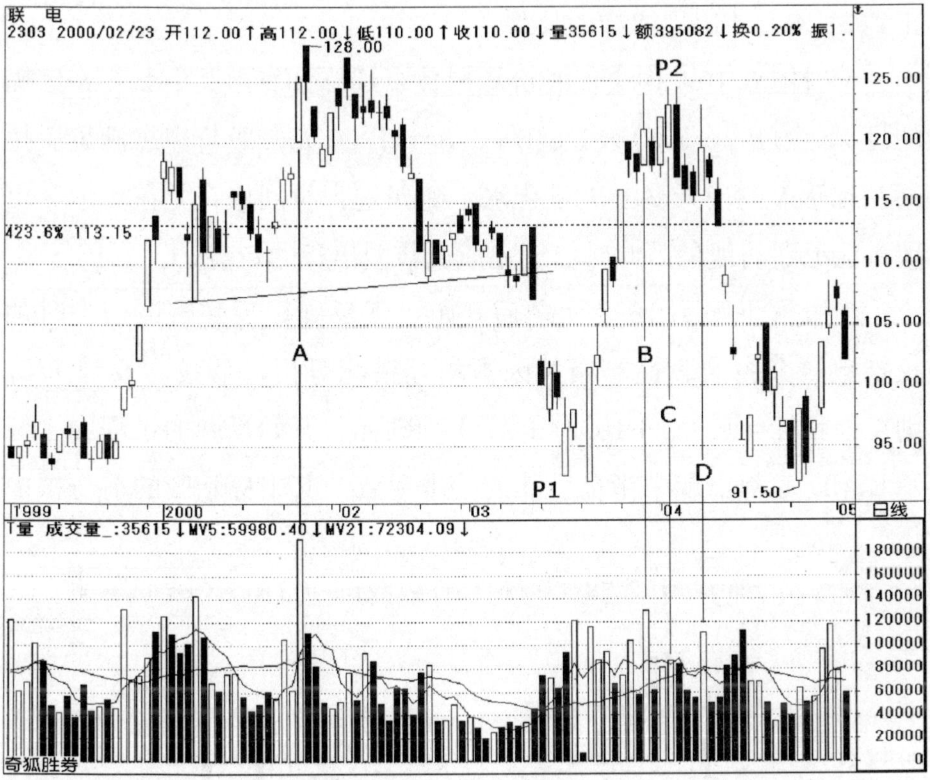

图 6-9　解套型出货范例之一

部形态。

完成头部后股价修正到 P1 处，已经将满足 4.236 倍幅的这段多头强攻走势破坏，接着进行强烈反弹，此时如果介入多单，只能定位在抢反弹行情，截至目前为止，整个走法颇有解套型出货疑虑，当股价拉高到 P2 位置的高点附近时，介入的抢短多单宜逢多头转弱信号先行退出观望。我们可以在图中看见标示 B、C、D，出现量增中长阳走势，但是隔一笔却是不创高反收阴止涨，颇有短线出货的味道，尤其是这三笔之后都带有一点“回转线”的类似形态，因此多单应该有所警觉。假设当时没有适时退出，股价则是修正到 23.4 元才出现象样的反弹。

请看图 6-10，中央保股价利用黄金螺旋计算，其中 2.618 倍幅的目标＝(11.3－5.8)×2.618＋5.8＝21.20 元，股价穿越满足后拉高在标示 A 的当天暴出大量止涨，随即进行拉回修正并在标示 B 出现量能退潮的现象，此时已经完成反转型出货的走势。

当股价下跌到 16.3 元之后开始出现反弹，反弹时请与当时加权指数、个股的股性等相关因素相互搭配分析，假设会反弹 1/2，则反弹目标＝(23.4＋16.3)÷2＝19.85 元。开始反弹的过程中，标示 C、D、E 都出现中指量止涨的技术现象，其中标示 E 的前一根中

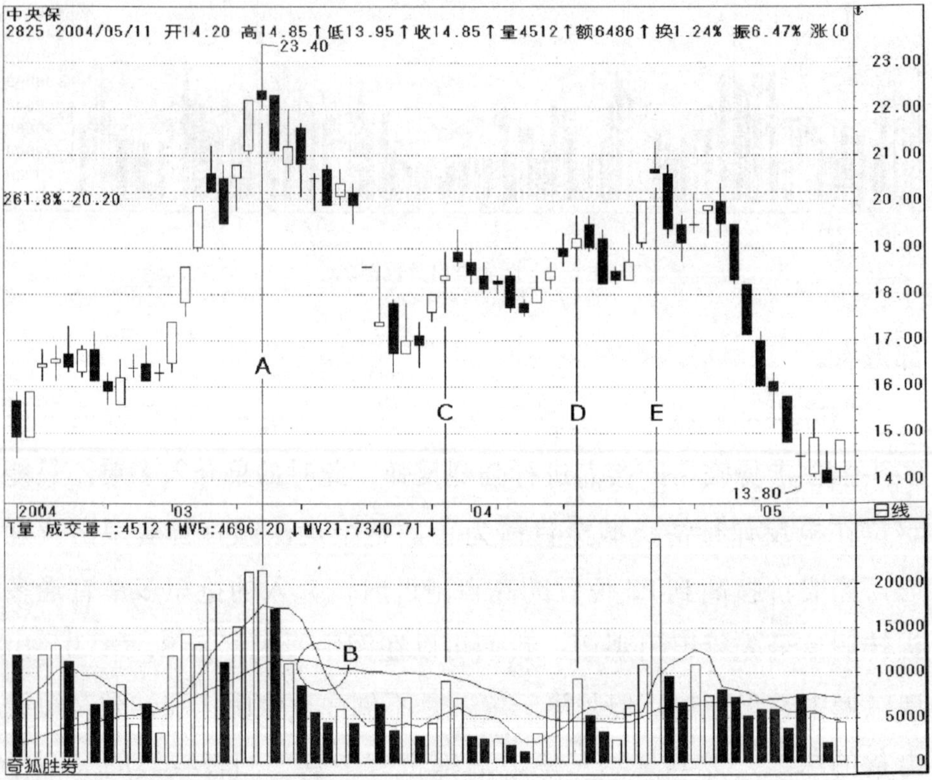

图 6-10　解套型出货范例之二

长阳K线，穿越反弹1/2的目标价，标示E当笔随即暴出前一日两倍以上的大量，并且呈现股价止涨，K线为避雷针的形态，暗示主力最后一次出货，此时理应已经出清所有多单，甚至伺机做空。

请看图6-11，茂硅股价利用黄金螺旋计算，其中2.618倍幅的目标＝(37.8－18.8)×2.618＋18.8＝68.54元，当股价上涨接近此价位时，标示A暴出大量，撞到前波高点所画的水平颈线，出现等高点洗盘的模式，就此洗盘模式而言，后续股价很容易再冲高一段。

图6-11　解套型出货范例之三

从图中发现标示 B、C、D 出现放量上攻，只有在标示 D 之后股价出现涨势减缓迹象，在标示 E 又出现量能退潮的信号，因此对应的 93.5 元高点之后，可以定位成盘头或是盘整的走势，而从 93.5 元的拉回，跌破了上涨过程中最后一个正反转低点，再拉高到标示 F 的出量，并以中长阴止涨，亦是中指量的出货形态，到此我们怀疑头部正在进行，标示 F 的 K 线则暂时定位成头部第二头。

当股价完成头部修正到 P1 点后，股价进行强势反弹，在标示 G 出现中指量，并撞到头部第二头，隔一根 K 线出现止涨，但是没有穿越第二头的高点，显见头部压力相当重，亦即没有针对头部解套，随后 K 线形成回转线，从 P1～P2 的这段上涨，就主力出货模式而言，正是不折不扣的解套型出货，股价则从此处开始下跌到 5.25 元才出现像样的反弹，最后还曾因为利空下跌到 1.49 元，暂时停止上市后，才又减资重新上市交易。假设当时套在 P1～P2 的“波段诱多”，金钱上的损失实在是难以估计。

三、末升段出货

末升段出货(图 6-12)，是股价进行主升段行情之后，进入中段整理行情时，出现了形态学中属于“三角形态”的整理，三角形态包含所有的三角形与楔形走势。当整理走势告一个段落，股价进行的便是末升段行情，主力往往利用此末升段行情的上涨走势进行出货动作。

因为在中段整理的过程中，通常成交量会出现量能退潮，因此在末升段走势时，主力为了顺利出货，一般都会配合消息面利多的

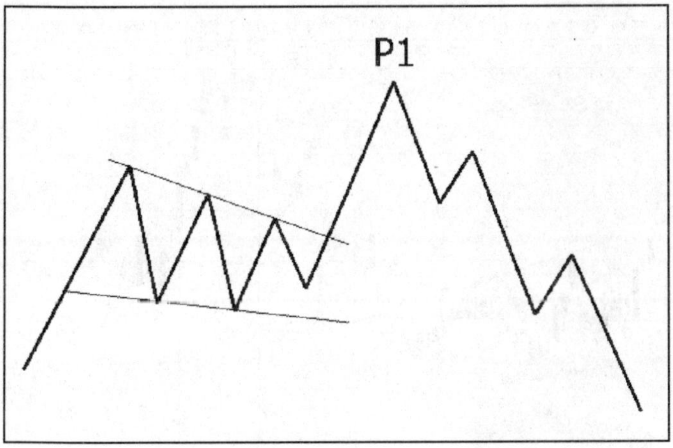

图 6-12　末升段出货形态图

释出，进行边拉边出的动作，散户投资人会在此尝到甜头，市场上也往往开始喊价，未来看起来一片美景，成交量也会出现波段起涨信号。

当股价上涨到 P1 时，理应穿越重要的黄金螺旋倍幅，接着暴量上涨并破坏短线多头支撑，而末升段出货结束后，股价一般会出现小 5 浪下跌的走势，部分会以盘跌型出货的模式进行。就实际操作纪律而言，波段上涨到黄金螺旋倍幅又出现卖出信号，应立即执行多单持股的退出，因为接下来股价不是进入整理便是盘头反转，假设股价整理后还会上涨，自然会产生买进信号，此时再介入做多不迟，万一出现反转，因为采取空手观望，也不会遭受到损失。

实际运用范例

请看图 6-13，大同股价利用黄金螺旋计算，取某一上涨段 2.618 倍幅的目标＝(8.2－4.88)×2.618＋4.88＝13.57 元，当股价上涨穿越该目标时，呈现标示 H 的 K 线止涨，股价随即进入中段

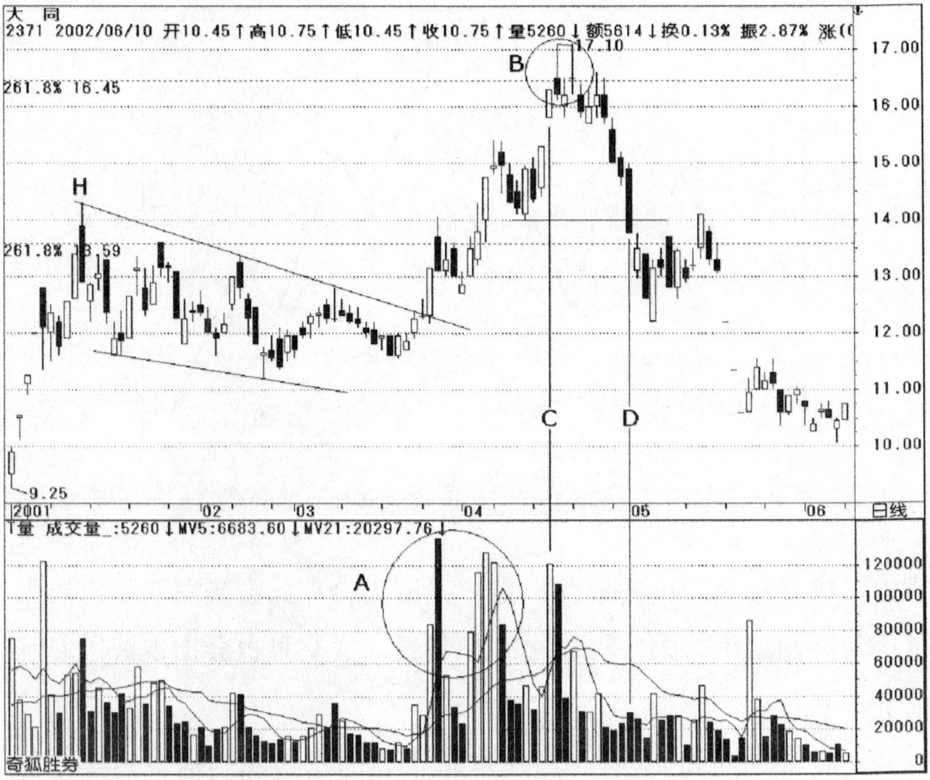

图6-13　末升段出货范例之一

整理走势，整理的形态属于下降楔形，在下降楔形后的股价上涨，通常定位成末升段行情。

当股价突破下降趋势线后，量能出现起涨，标示A不断滚出大量，宜提防主力进行末升段的拉高出货，再取另一段计算黄金螺旋目标＝(9.3－4.88)×2.618＋4.88＝16.45元，标示C则是先出现大量，后续于标示B穿越目标满足，并呈现对多头不利的三柱清香K线形态，最后在标示D跌破上涨中最后一个正反转低点，且呈现价跌量增，亦即先完成末升段出货后，在此处完成反转型出货的手段。

请看图 6-14，明电股价利用黄金螺旋计算，其中 4.236 倍幅的目标＝(37.9－24.5)×4.236＋24.5＝81.26 元，当股价上涨穿越该目标时，发现前波整理走势是以三角形的整理形态呈现，亦即上涨到 86 元这里属于末升段的上涨。

在标示 A 先出现量能退潮的信号，又于三角形整理后的拉高出现标示 B 的波段起涨，最后满足 4.236 倍幅，故定位这一段上涨属于拉高出货相当合理，尤以标示 C 的大量后穿越目标，呈现避雷针止涨的行为最为明显，接着股价反转，以盘跌型出货模式进行压低出货，可以看见标示 D、E、F、G 都出现大量，这种出货模式将于后

图 6-14　末升段出货范例之二

面文章详述。

请看图 6-15，宏基股价利用黄金螺旋计算，其中 2.618 倍幅的目标＝(117－45)×2.618＋45＝233.50 元，在接近此目标时，从图中可以看见是属于扩散楔形的整理形态。

整理过程中，21 日均量线呈现向下的走势，在标示 A、B 均出现突兀的大量，并伴随价的止涨，在当时可以怀疑这些大量是属于拉高的出货量，标示 D 出现波段起涨信号，后续股价再拉高一段穿越 2.618 的倍幅目标，在穿越目标前，标示 C 再度出现大量，随后便留下较长的上影线止涨，股价就出现反转压回，很明显完成了末

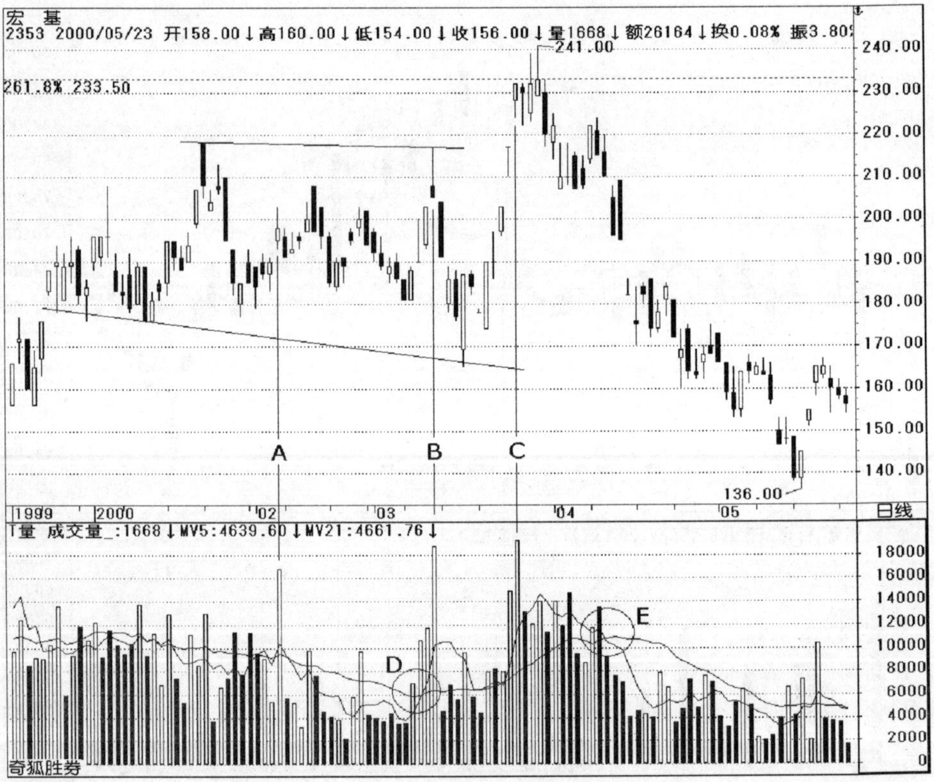

图 6-15 末升段出货范例之三

升段出货模式，最后在标示 E 出现量能退潮的信号，暗示未来股价将会以 5 浪下跌模式呈现。

请看图 6-16，佳能股价利用黄金螺旋计算，其中 4.236 倍幅的目标＝(20.3－16.7)×4.236＋16.7＝31.95 元，6.854 倍幅的目标＝(20.3－1 6.7)×6.854＋16.7＝41.37 元，股价先穿越满足 4.236 的倍幅后，进行三角形的整理形态。

当股价突破三角形的下降趋势线后，就先定位成是末升段的行情，可以推测股价有机会往 6.854 的倍幅前进，并注意观察在这末升段过程中是否有主力出货的迹象。在标示 A 出现大量长阴止涨，

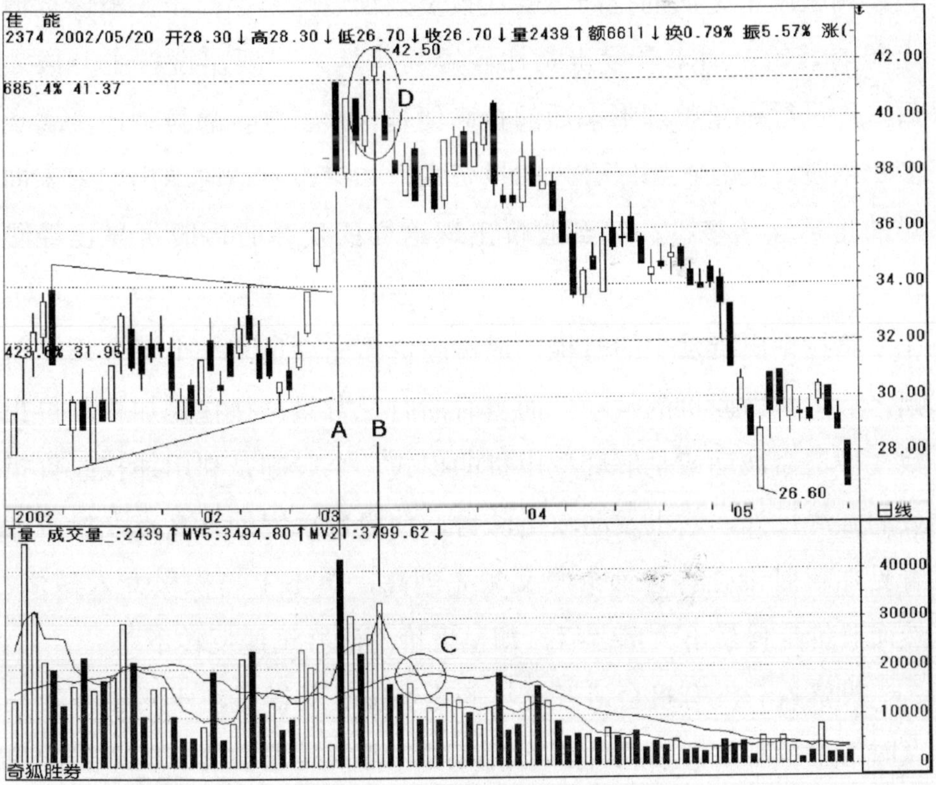

图 6-16 末升段出货范例之四

再以标示B的量增价涨穿越6.854倍幅，并完成标示D的岛状反转K线形态，因此多单在满足极限倍幅，且又有多头疑虑的情形下，宜先退出观望，最后标示C出现量能退潮，更是主力出货结束的明证。

四、急拉型出货

急拉型出货(图6-17)与末升段出货有点类似，差别在于拉高出货前的走势有所不同。急拉型出货之前股价会先进行周期很长的调整，调整结束之后的拉高，会让投资人误以为是另一个大波段行情走势的开始；而末升段出货比较容易辨认，只要出现在主升段之后，先进行三角整理形态后的拉高便是。换言之，急拉型出货属于多头陷阱，而且在当时介入的投资人，如果没有适时退出，未来面对的将是强杀多盘，等到股价出现这样的反弹时，股价早已经腰斩。

急拉型出货发生的时机，通常股价会先满足某一个黄金螺旋倍幅之后，再做股价的拉动，而当时的时空背景，往往是加权股价指数在做逃命波动或是解套型出货的模式，个股则是利用加权股价指数的强势反弹，趁机发动攻击涨势，使股价再度创下高点，投资人看见加权股价强势，该个股又领先创高，莫不上当积极介入做多，然而股价走势暴出大量之后，却呈现价不涨并迅速反转下杀。

投资人有没有机会避开这样的走势呢？关键就在于对创下新高点时的量价观察。当股价创下新高时，通常是量增价涨的中长阳攻击K线，就以此K线低点为支撑观察点，既然是攻击走势，该K线

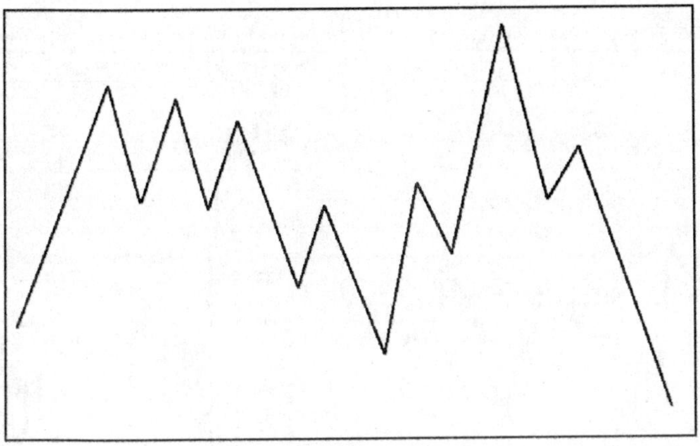

图 6-17　急拉型出货形态图

低点理应不被跌破，如果不幸跌破，就实际操作经验的反应，逢盘中反弹就先行退出，因为这是属于假突破信号，假突破反应的将会是“真拉回”。

实际运用范例

请看图 6-18，敬鹏股价利用黄金螺旋计算，其中 2.618 倍幅的目标＝(29.3－20.3)×2.618＋20.3＝43.86 元，股价在标示 H 满足目标后，就进行长达三个月的调整走势，调整后股价往上攻坚，量能方面在标示 A 出现中指量，隔一笔形成回转线，接着就止跌再创下新高。

创高时于标示 B 再度出量，接着便出现止涨，拉回修正过程中，量能迅速萎缩，使均量线在标示 E 形成量能退潮，这不是波段上涨正常会有的现象，后续股价于标示 C 出现反弹，成交量放大为前一天的两倍，但是隔一笔走势没有续强，反而出现代表空头攻击的回转线形态，最后股价跌破上涨段最后一个正反转低点，完成反

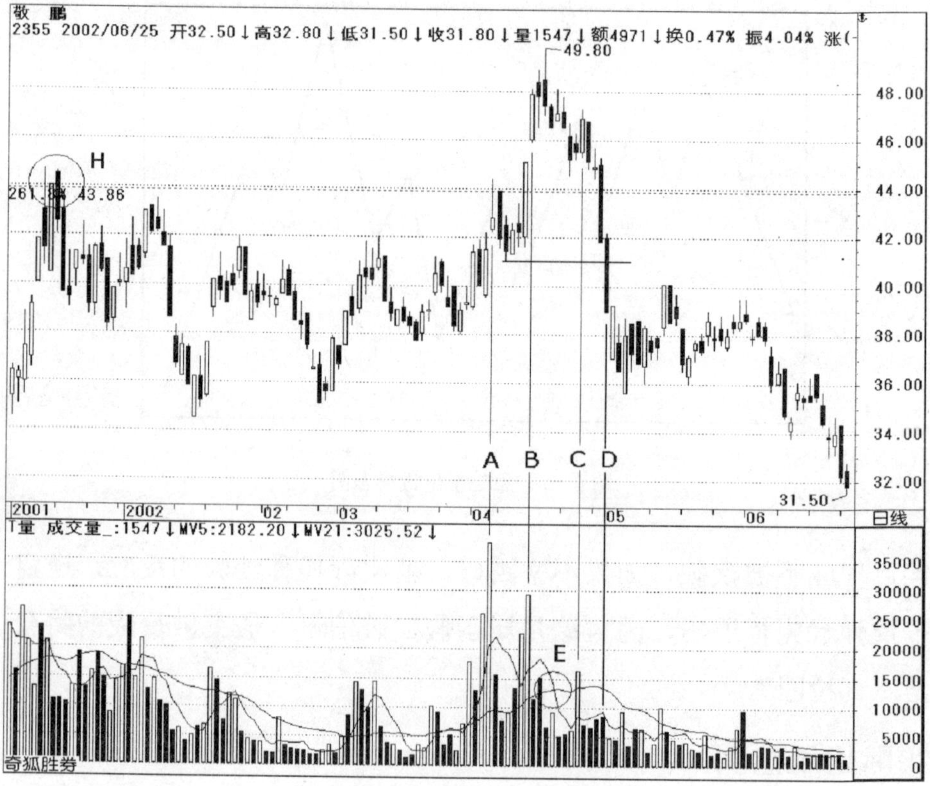

图 6-18 急拉型出货范例之一

转型出货的动作，辨认的法则之一就是标示 D 破前低时，呈现逆势量的结构。也就是该股整个出货形态，先是出现急拉型的出货模式，进行拉高出货的动作，紧接着再利用反转型出货进行压低出货，是属于复合式的出货模式，亦即突破标示 H 所创下的新高点，是行假突破、真拉回的动作。

请看图 6-19，中环股价利用黄金螺旋计算，其中 2.618 倍幅的目标＝(18.9－11.25)×2.618＋11.25＝31.28 元，在经过约八个月的调整后，股价发动一波涨势穿越该目标价，随即拉回修正，接着便在标示 A 出量上攻，隔一笔就穿越前波高点，创下新高。

图 6-19　急拉型出货范例之二

创下新高后在标示 C 形成“乌云罩顶”的 K 线组合，于标示 B 再度放量，仍未能创下新高，后续却出现跌破母线支撑的走势，至此已经形成假突破、真拉回的动作，就实际操作经验分析，应可以推论此为急拉型出货，后续股价将出现强烈的修正。

五、盘跌型出货

盘跌型出货的特性是成交量呈现不规则变化，或是在量能退潮现象之后发生，而盘跌型出货的走势会将股价慢慢压低到季线之下，而且盘跌属于缓跌模式，跟急杀下跌破季线的表现方式不同，投资人往往忽略这样的下跌走势，有点“温水煮青蛙”的味道，当跌破季线呈现负乖离过大之后，股价忽然强势反弹到季线，这是另一次麻痹投资人的手法，会让人误以为另一个波段行情已经开始，事实上是最后一次的拉高出货动作，而该高点将是反弹的最高点。

盘跌型出货的标准模式是低点会越来越低(图 6-20)，即 P1＞P2＞P3＞P4，且创下低点时会量增，而股价下跌或上涨时有时会量增，有时量减；下跌时量增呈现“逆势量”意味着主力在压低出货，上涨时量增呈现“顺势量”，则是短线拉高出货。这样操作的手法是让投资人误以为下跌有特定人士承接，反弹会可能形成起涨信号，藉这种技术模式进行出货。

观察的方法用心理层面思考就可以破解，假设你是控盘主力，会不会在相对满足区进行压低进货？这样不就会提高自己的平均成本？那么营造出有特定人士介入的“逆势量”目的就很明显了。再者，假设真的是行压低进货的手法，一般投资人也不必急于在底部未完成，或是最大下降趋势线未突破前介入，自然这些伎俩就无法

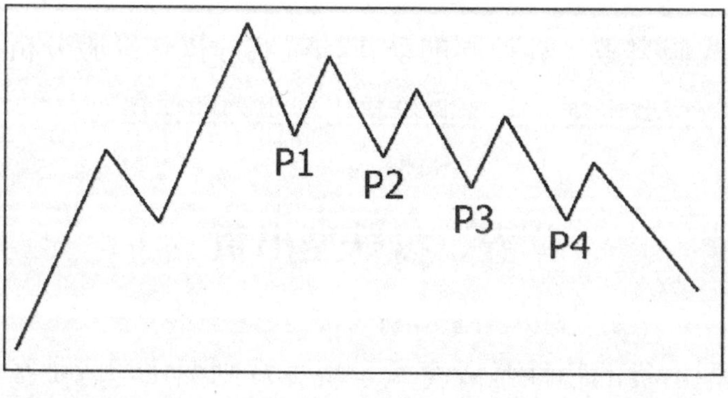

图 6-20　盘跌型出货形态图

骗倒投资人了。

实际运用范例

请看图 6-21，国产股价利用黄金螺旋计算，其中 2.618 倍幅的目标＝(115－90)×2.618＋90＝155.45 元，当股价上涨穿越后，便出现盘头走势，分析的关键之一是标示 A 形成波段起涨信号失败，但是标示 B 的量能退潮却获得确认。

当股价完成头部下跌之后，没有出现很强烈的急杀盘，反而是以盘跌型出货表示，从标示 C 创下前波低点却呈现“逆势量”结

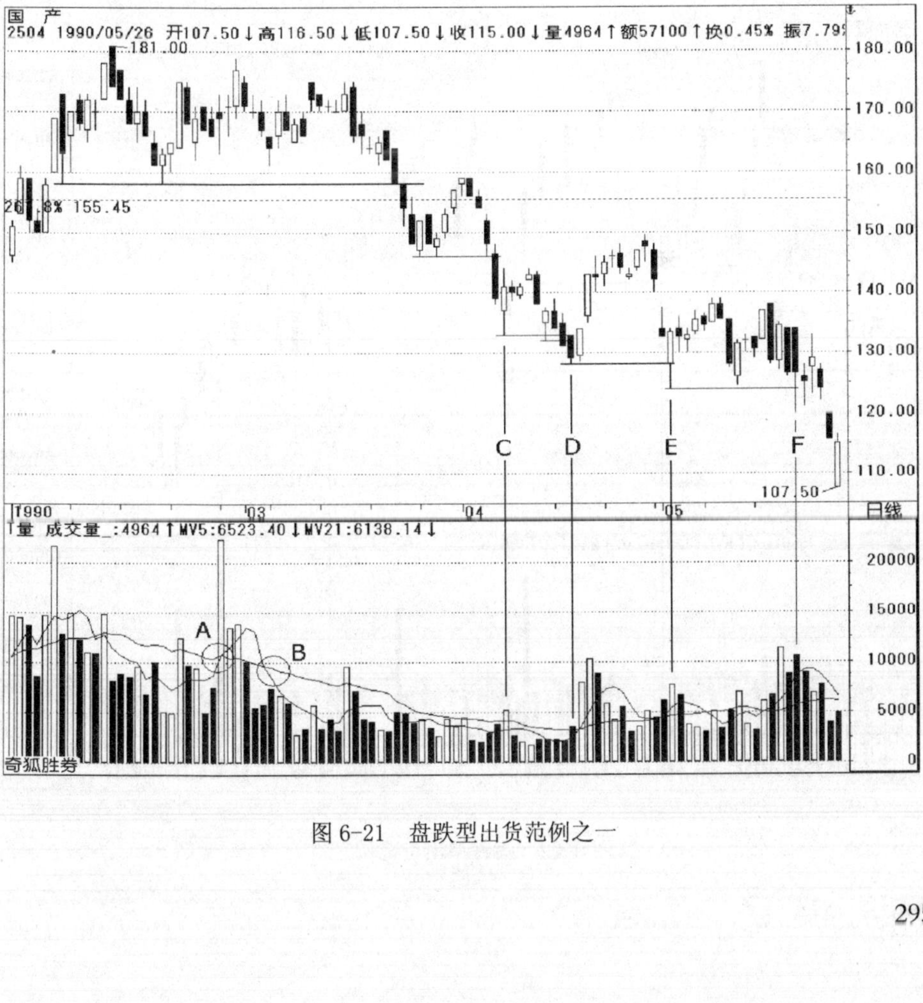

图 6-21　盘跌型出货范例之一

构，再加上创新低当笔就止跌反弹的走势观察，可以先定位成盘跌出货，后续标示 D、E、F 都是相同的看法。

出现盘跌走势时，在高位位置是不可能再度进货，就算是想要介入多单者仍须等底部信号完成，绝对不可以贸然介入，万一这真的是盘跌出货，主力在出货结束之后，股价将会出现急速性杀盘，因为这种出货有弃守或是筹码出干净的味道，股价将很难于近期出现止跌反弹的走势。

请看图 6-22，台积电股价利用黄金螺旋计算，其中 1.618 倍幅的目标＝(54－34.9)×1.618＋34.9＝65.8 元，当股价上涨穿越后，

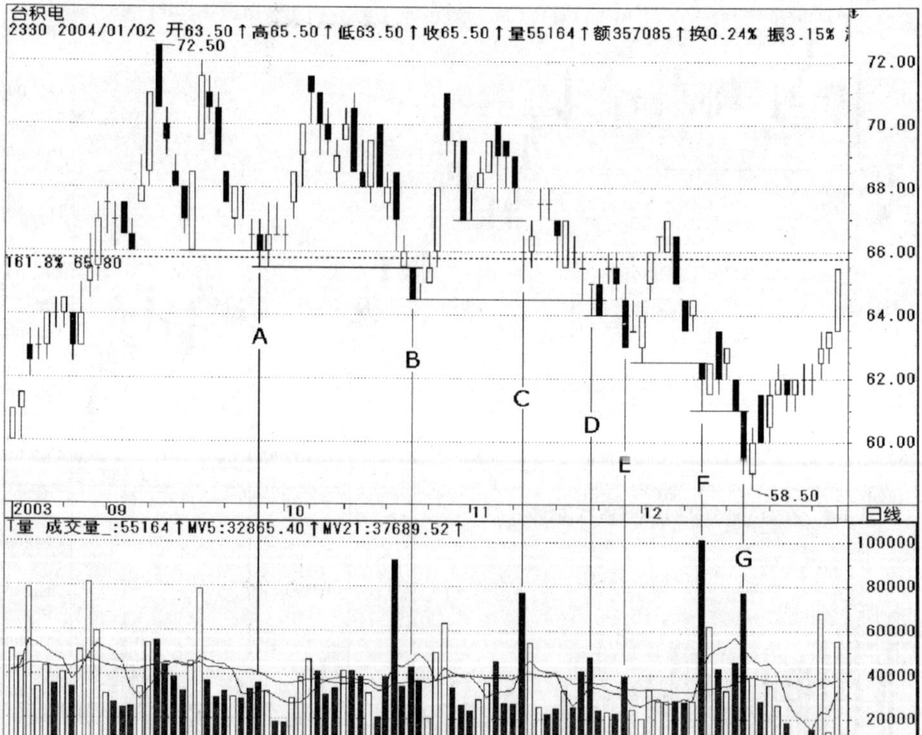

图 6-22　盘跌型出货范例之二

再拉高一段便开始震荡盘头，因为台积电已经成为外资、基金控盘的工具，因此该股的走势有其策略性的目的。

在标示A看见量增破前低却止跌，股价反弹未创前高再度回折测试，此时就有点盘跌走势的味道，接着分别在标示B、C、D、E、F、G都出现相同的现象，亦即该股已经呈现盘跌型出货的模式，暗示当时的主流非权值股，而是以转机股或是投机股挂帅。

六、盘坚型出货

盘坚型出货的特性是拉高出货过程中，往往以顺势量结构表现，且21日均量线走势已经不强，甚至已经转成退潮走势，而当5日均量和21日均量黄金交叉产生波段起涨信号时，却又无法形成波段上涨，股价呈现的是创高点后遭逢空头卖压而止涨，波段起涨反应的只是“短期波段起涨”。如果上述的现象已经大致吻合，又有成交量大于前一日约两倍左右的单笔大量，该笔往往是主力大出货的特征，投资人宜于当时任何属于短线轧空点被跌破后，逢反弹高点尽速退出。

通常盘坚盘的标准形态(图6-23)是穿越重压，或是满足一个波段的黄金螺旋比例之后，出现止涨的行为，这个点我们定位成P1，压回略为修正后，再创下新高，形成P4＞P3＞P2＞P1的现象，当创下新高时往往会伴随出量止涨，一般而言，盘坚的高点至少是3个，整个出货形态的完成，将会以跌破盘坚走势的上升趋势线做确认。

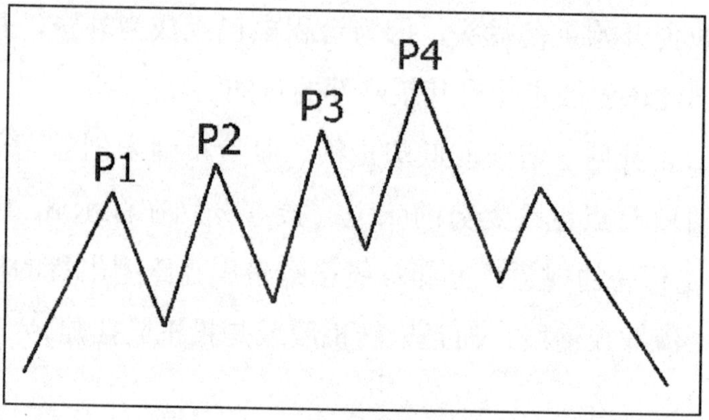

图 6-23　盘坚型出货形态图

实际运用范例

请看图 6-24，环电股价利用黄金螺旋计算，其中 2.618 倍幅的目标=(12.5−6.75)×2.618+6.75=21.8 元，当股价上涨穿越后，随即于标示 A 暴出前一日两倍以上大量上涨，接着再拉高一段之后便开始出现盘坚上涨走势。

盘坚的观察方法相当简单，只要创下新高点较前一日量增，紧接着呈现止涨拉回修正，但是又不破前波谷底时便可以定位成盘坚走势。在图中标示 B、C、D、E 都是创高后止涨，比较特殊的地方是标示 C 后的拉回，已经跌破前波谷底，当股价再度拉高，再加上暴量止涨信号，通常对于多头的上攻是属于不利现象，创下 28.9 元高点的现象便是如此，而股价在最后跌破盘坚走势的上升趋势线，正式宣告盘坚出货的完成。

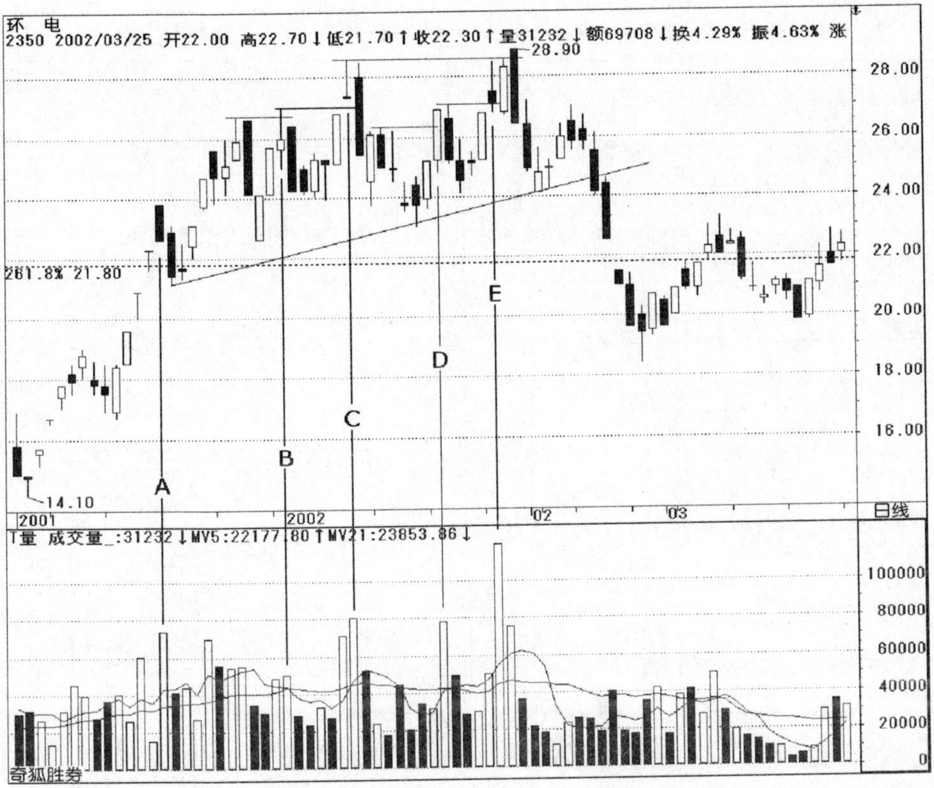

图 6-24　盘坚型出货范例之一

请看图 6-25，宏洲股价当时处于跌深后的浪潮反弹，利用黄金螺旋计算，取第一浪反弹的 1.618 倍幅目标＝(5.05－2.45)×1.618＋2.45－6.66 元，当股价突破第一浪高点所标示 H 的水平颈线之后，股价便开始进行盘坚震荡走势。

我们可以从标示 A、B、C 量价关系确认这属于盘坚上涨，标示 C 则是暴出前一日成交量的两倍以上，同时穿越反弹的 1.618 倍幅，接着便止涨回头，暗示股价转弱，当跌破盘坚的上升趋势线时，就可以确认出货结束。

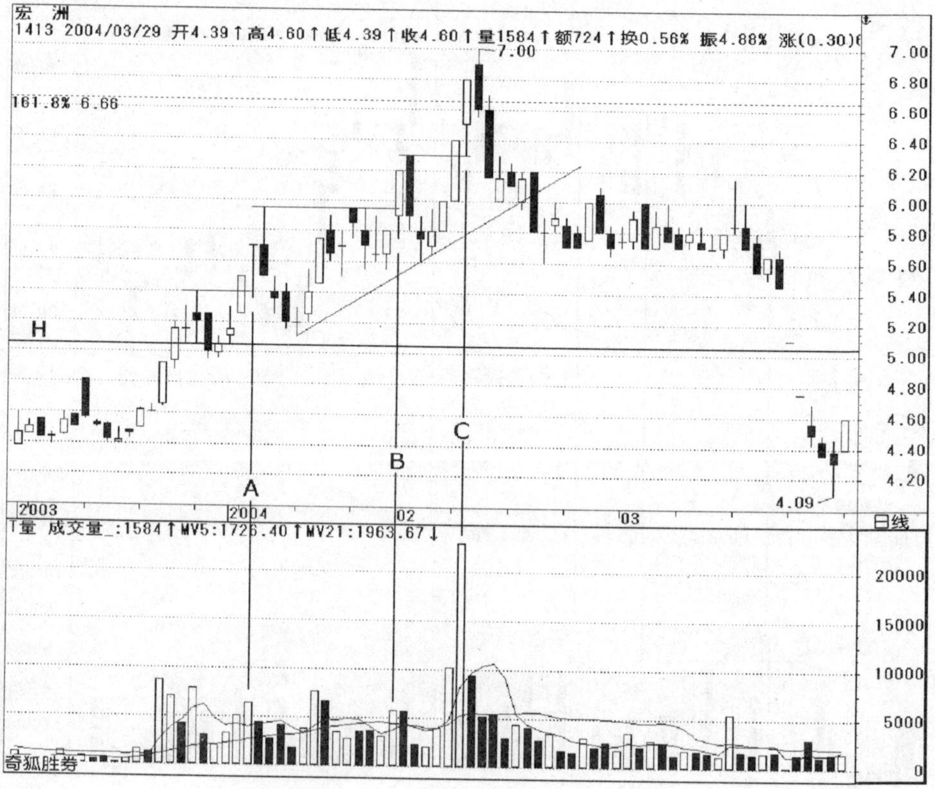

图 6-25　盘坚型出货范例之二

请看图 6-26，所罗门股价在当时属于跌深反弹的波动，我们利用第一段反弹浪潮，计算黄金螺旋的 4.236 倍幅目标＝(13－9.6)×4.236＋9.6＝24 元，在图左侧的走势，从量能与价格波动，多头已经有转弱的迹象，在标示 A 之前的拉抬波段，出现顺势量的上涨结构，并在 A 处暴量后创下新高点，随即出现回转线拉回修正。

此次的修正幅度不深，再度出现顺势量向上推升，并在标示 B 量增止涨，同时满足 4.236 倍幅的目标，其他如标示 C、D 也是相同的盘坚现象，在相对满足点之后，不得不有盘坚出货的假设，最后在跌破盘坚走势的上升趋势线获得确认。

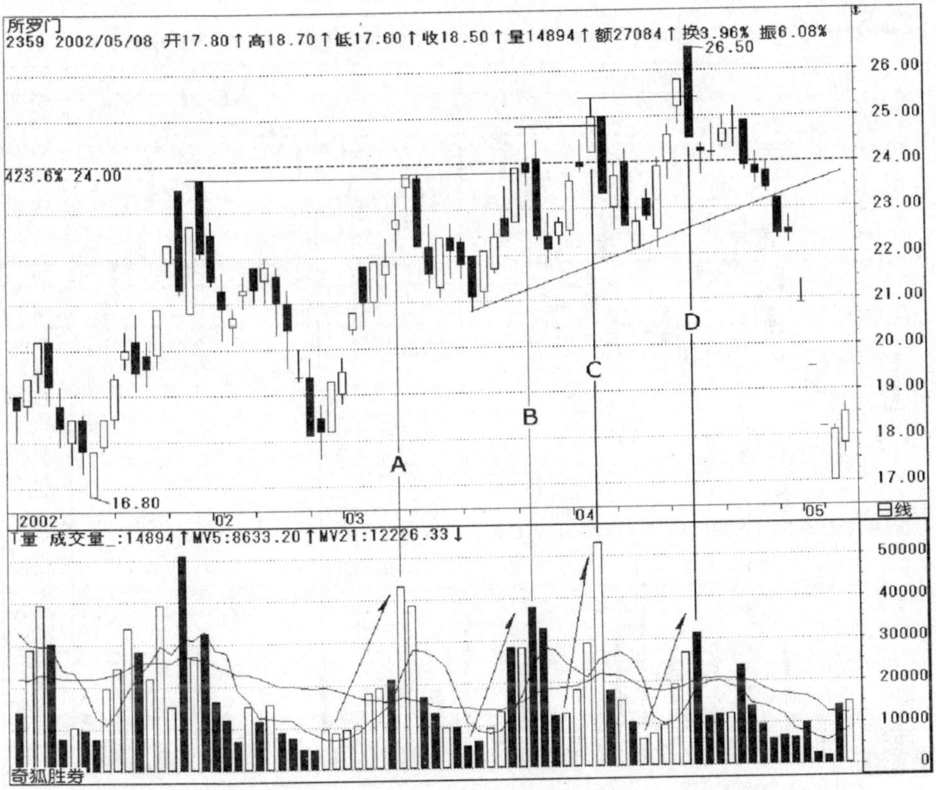

图 6-26　盘坚型出货范例之三

请看图 6-27，昆盈股价利用黄金螺旋计算，其中 4.236 倍幅的目标＝(21.7－13)×4.236＋13＝49.85 元，股价在标示 A 前一笔穿越满足，并在 A 处出量止涨，且在标示 B、C 有短线盘坚的味道，当股价从标示 C 拉回跌破前转折点之后，股价的再度拉高上涨，往往会呈现盘坚走势。

从标示 D、E、F、G、H、K 很明显地看出是属于盘坚出货走势，分析方法如前面例子所述，尤当标示 E 后的拉回再度跌破前波谷底，后续股价的盘坚上涨，多头就没有再持多单的理由。

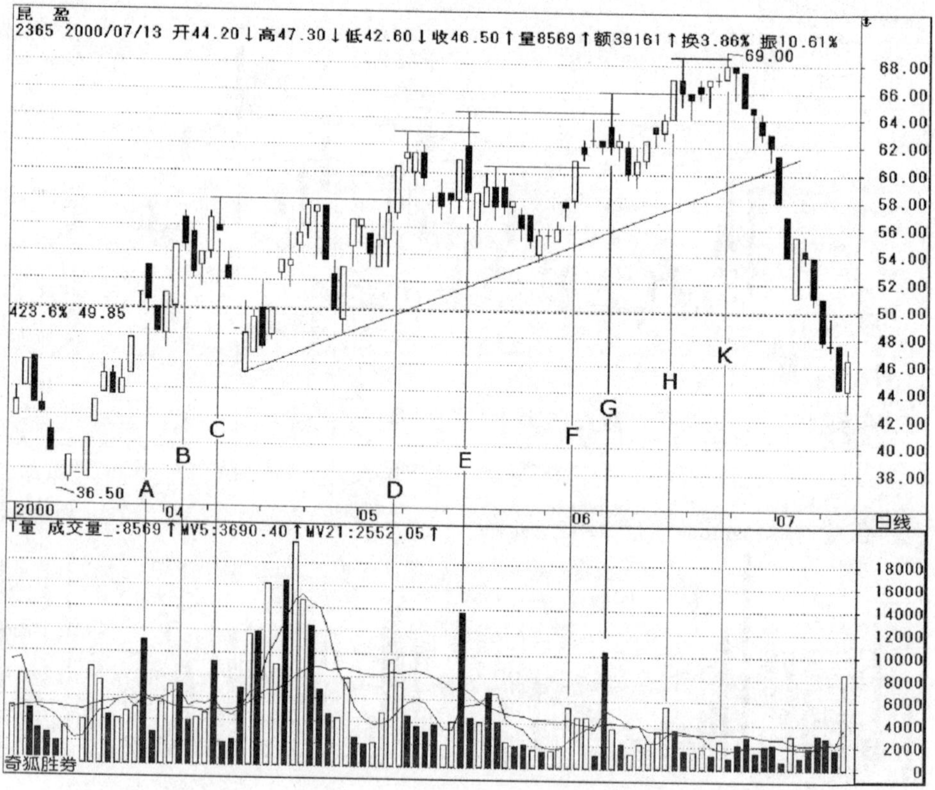

图 6-27 盘坚型出货范例之四

请看图 6-28，硅品股价利用黄金螺旋计算，其中 4.236 倍幅的目标＝(19.4－14)×4.236＋14＝36.87 元，当股价上涨穿越后，便开始呈现震荡走高，其中在标示 A 为波段起涨失败，标示 B 的量能退潮却获得确认，因此标示 C、D 的顺势量上涨，且出现前一日两倍的大量，就带有盘坚出货的味道。

其中标示 C 之后的拉回，跌破了前波上涨的谷底，后续标示 D 的拉高，更加深了拉高出货疑虑，当然整个出货模式被确认是等到跌破盘坚过程的上升趋势线，但是实际操作上，可以在标示 D 的拉高后先退出，不必理会有几次的盘坚高点。

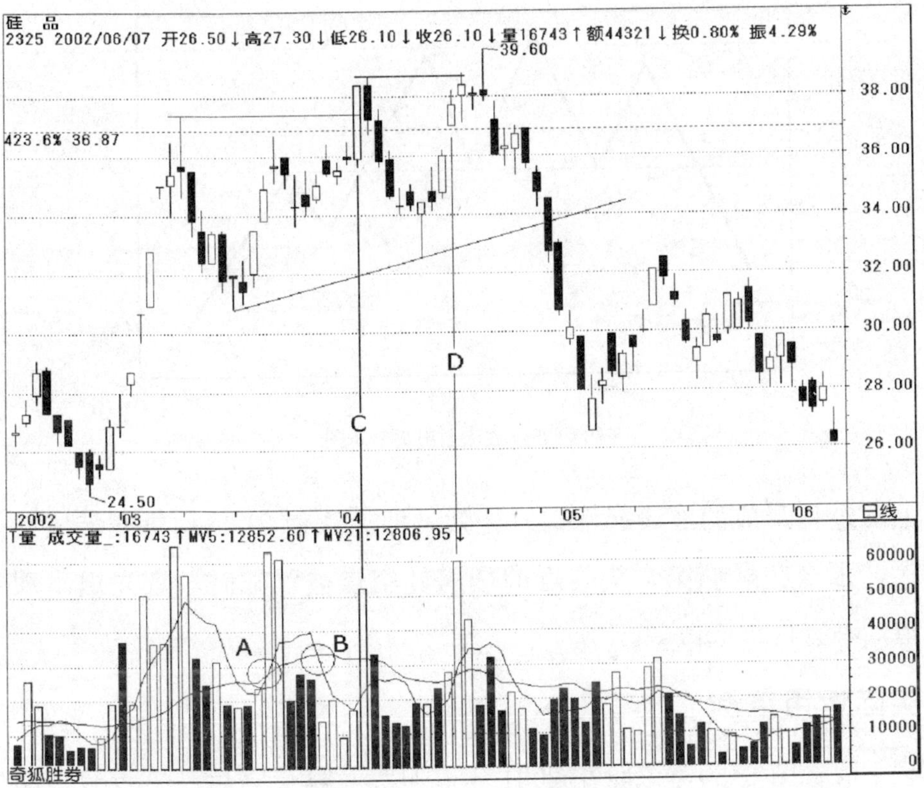

图 6-28　盘坚型出货范例之五

七、盘头型出货

盘头型出货(图 6-29)是投资人认识最普遍的出货形态之一，也是形态学中重要形态，凡是形态中任何头部的行为，都视为出货的动作。在盘头过程中，最明显的便是 21 日均量线的走势，当 21 日均量线向右下方移动时，代表中期量能的力道已经消减，而短期量能的增加却无法使 21 日均量线扭转成向上走势。

如果在疑似盘头过程中，下跌以“逆势量”结构呈现，或者是

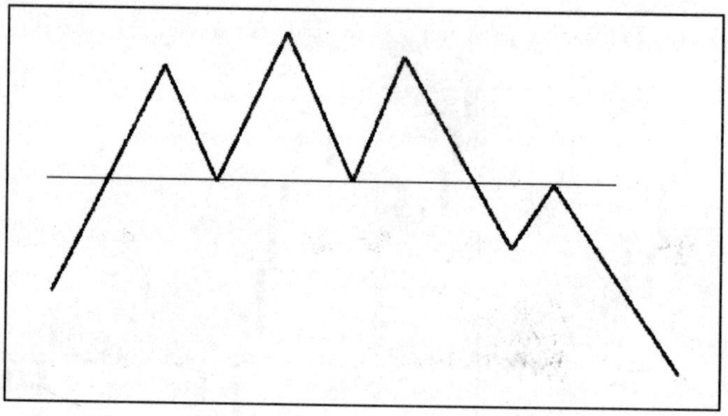

图 6-29　盘头型出货形态图

上涨过程形成的波段起涨信号无效，即无法使 21 日均量线转成向上，那么在疑似第二头附近的任何轧空点被跌破时，宜先退出观望，不宜再积极做多。

实际运用范例

请看图 6-30，该股在 2001 年 5 月盘头结束之后，笔者曾与朋友讨论，请参阅本书图 1-11 的说明，这是主力加上市公司等大户做最后逃命的波动，不过当时似乎无法引起共鸣，虽然最后证明这样的分析是不离谱的，但是最低下跌到 14.7 元，已经是哀鸿遍野。

分析的法则是因为第一波上涨过程是滚量上攻，假设该段滚量是主力想要积极作价，最起码在拉回修正后理应再攻一个浪潮，结果是进行盘头走势，不得不让人怀疑滚量拉高的目的是什么，也可以从盘头过程观察量能的结构，更惊觉主力急着出脱。

首先从 21 日均量线看，它呈现一个明显的向下走势是无庸置疑的，标示 A、B、C、E 是拉高向上出货，标示 D、F、G 却是逆势量结构，亦即向下压低出货，尤其在跌破头部颈线时，更具有不计

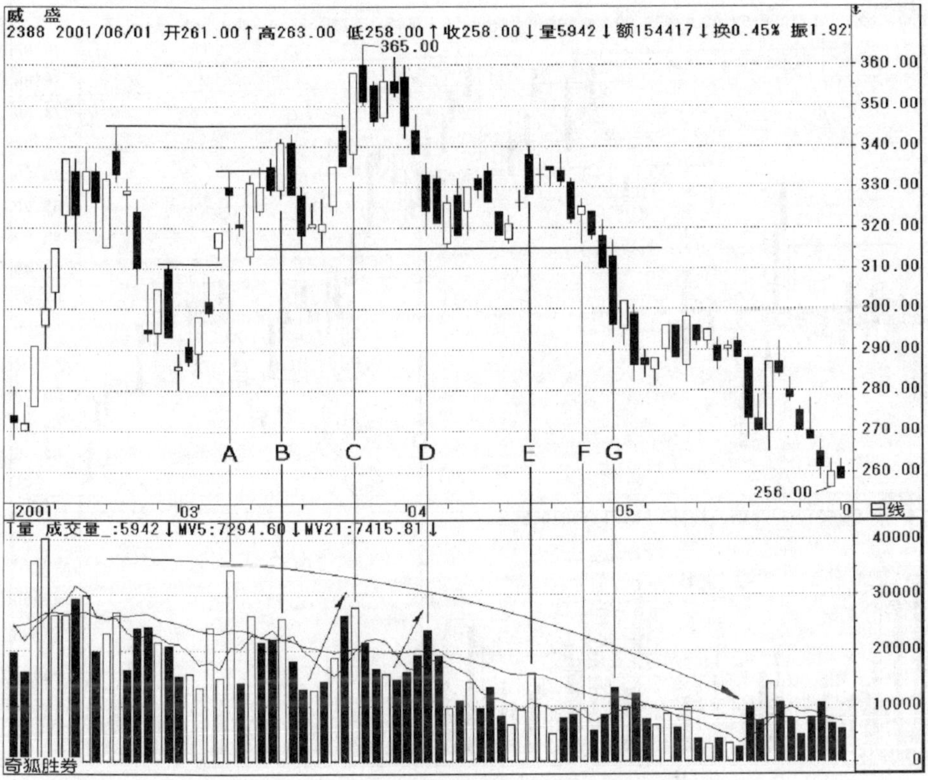

图 6-30　盘头型出货范例之一

代价压低的感觉，而股价后续呈现的无力反弹，更证明主力作手早已弃守该股票。

请看图 6-31，光宝科股价利用黄金螺旋计算，其中 4.236 倍幅的目标＝(26.5－15.8)×4.236＋15.8＝61.13 元，当股价上涨穿越后，在标示 A 的拉高过前高止涨，同时迅速拉回修正，这里已经有了出货行为。

股价紧接着又再度拉高上涨，并伴随如标示 B 所示的波段起涨信号，但是起涨显然失败，因为 21 日均量线才上扬不久就再度恢复原来的下降走势，同时股价在创下 79 元的新高后便开始盘头，

图 6-31 盘头型出货范例之二

标示 C、D 更以压低出货完成头部，整个盘头出货就在跌破头部颈线后获得确认。

请看图 6-32，华邦电股价利用黄金螺旋计算，其中 6.854 倍幅的目标＝(32.6－26.5)×6.854＋26.5＝68.31 元，当股价上涨穿越后，便开始进入震荡走势。在标示 A 先出现波段起涨失败的信号，使 21 日均量线呈现明显向下走势，这是败笔之一。

接着在标示 B、C 的位置先是出现顺势量的拉抬出货，定位是出货肇因于已经满足 6.854 倍的目标。标示 D 却是逆势量结构的压低出货，最后跌破头部颈线，完成整个头部出货的模式，后续标示

图 6-32　盘头型出货范例之三

E 为拉高逃命的走势，标示 F、G 处为再压低出货，不妨参考之前的出货模式对照观察，而此处的压低出货，暗示未来还要下跌一个浪潮，才有机会进行止跌盘底的走势。

本章重点整理

1．反转型出货

此出货形态包含了两种出货手法，一种是短线拉高出货，一种是短线压低出货。而根据主力出货程度的不同，会出现不同幅度的反弹，如果是股本较大的股票，通常反弹的幅度可以反弹约 1/2 以上。

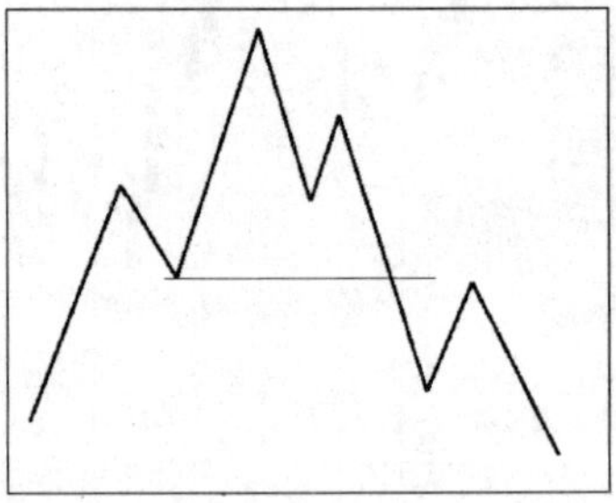

2. 解套型出货

前波利用种种不同模式出货之后，股价修正到支撑位置开始出现反弹 1/2 以上的走势即是。P2 点往往是主力大户长期作线后的结束点，也是主力弃守点，称为“波段诱多”，诱多结束后股价将会呈现自由落体的命运。

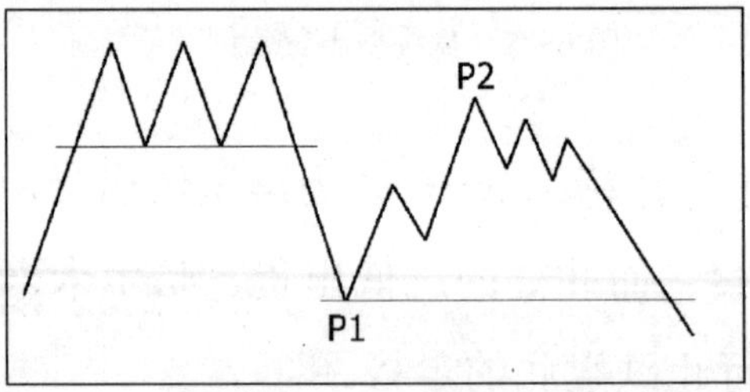

3. 末升段出货

股价进行三角形的中段整理结束后上涨，主力往往利用此末升段行情的走势进行出货的动作。市场上会同时释出利多消息，进行边拉边出的动作。

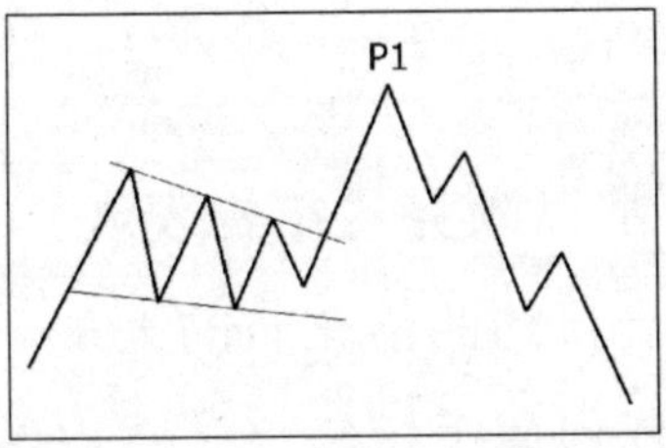

4. 急拉型出货

急拉型出货之前股价会先进行周期很长的调整，拉高出货过程属于多头陷阱，当时的时空背景往往是加权股价指数在做逃命波动，或是解套型出货的模式。

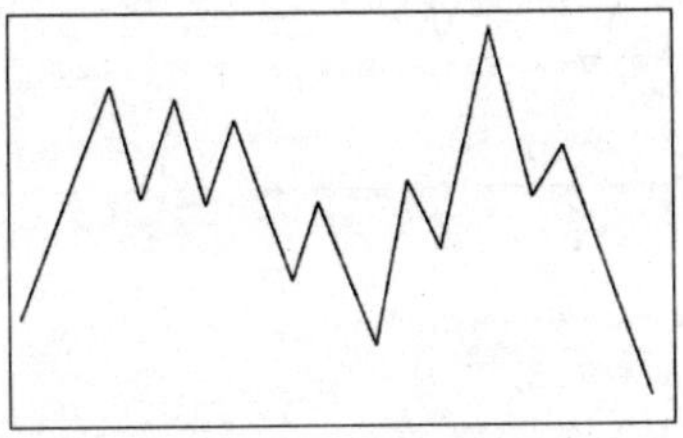

5. 盘跌型出货

成交量呈现不规则变化，或是在量能退潮的现象之后发生，标准模式是低点会越来越低，即 P1＞P2＞P3＞P4，且创下低点时会量增。

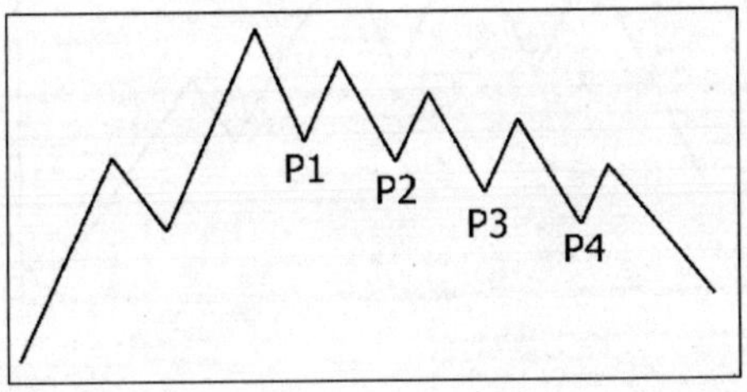

6. 盘坚型出货

拉高出货过程中常以顺势量结构表现，或是已经转成退潮走势，而当出现暴出前一日约两倍左右的大量，是主力一次出货的特征，投资人宜于当时任何属于短线“轧空点”被跌破后，逢反弹高点尽速退出。

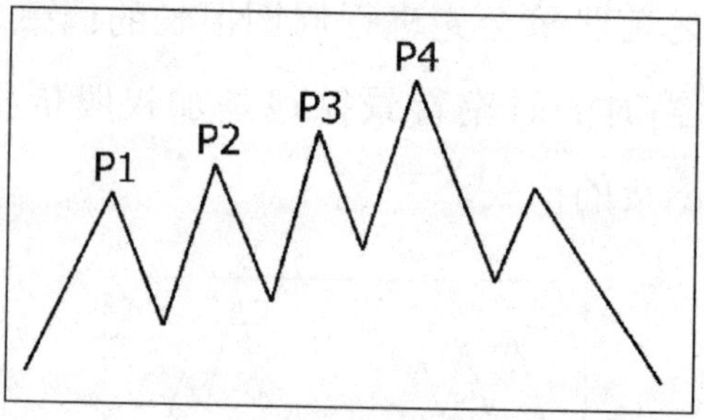

7. 盘头型出货

凡是形态中任何头部行为，都视为出货的动作。当在疑似盘头过程，下跌出现逆势量，或是形成的波段起涨信号无效，无法使21日均量线转成向上，则在疑似第二头附近的轧空点跌破后，宜先退出观望。

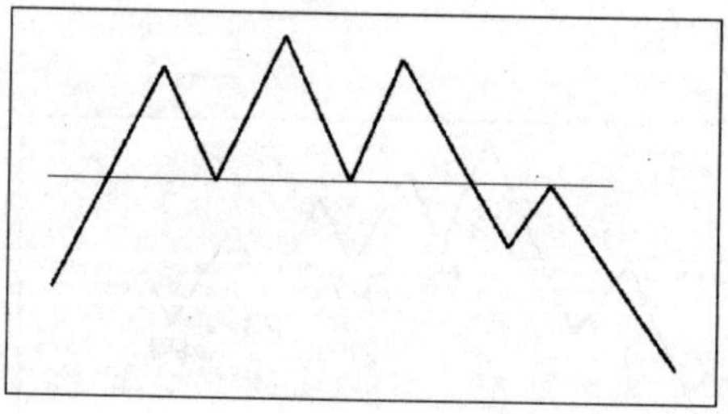

结 语

市场上探讨成交量的专著属于少数，探讨主力进货、洗盘、出货的作线手法则是基本空白，本书将笔者在这个领域中研究多年与实际历练的部分心得提出探讨，希望能为各位投资人开拓一条崭新的技术分析途径，并能真正认识股价波动的根本原因。

在写本书的过程中，深深体会到教学相长是自我成长的最佳途径，为了让自己的想法可以准确表达，并且让投资人在阅读时容易理解，在内容取舍与编排上，都需要经过一番思索，自然地自己思考整合表达的能力，也就在不断的思考过程中成长进步了。

必须提醒投资人注意，图形的分析要保持一些弹性，也就是书中公开的种种形态，只能模拟而非一模一样，因此在读完本书后，尝试在历史 K 线图中寻找雷同的走势，练习思考主力作线、作价的手法，才能真正达到完全运用本书的目的，希望投资人可以将本书当成参考书，纵使每个人体会或是运用的方法不同，但是在经过自己整合与消化之后，自然就可以逐渐建构出属于自己的最佳操作模式。

笔者并不担心这些手法与观察心得因为本书的公开，就会破坏这些理论的实用性，因为股价波动有其逻辑，它总是会循序渐进，主力作手也是必须依循这些逻辑，才能使股价波动呈现最佳化，达成股价循环的目的，因此股价波动看似杂乱无章，其实隐含着本书所揭示的逻辑，当中细微的差异就全依靠投资人细心研究了。

有人说：“给我一条鱼，不如教我捕鱼。”希望这本书是市场中另一种有效的捕鱼方法，可以帮助市场中的新手或是老手更深入了解股价波动的秘密，精确掌握到股价的有效反转点。最后，感谢各位投资人对“主控战略”系列图书的支持，也欢迎到笔者开设的网站(http://www.fmtic.com)上讨论有关技术分析的种种问题，谢谢大家。

主控战略中心

附　录

消息面、技术面与股价的相互关系

在股市当中，消息面的真真假假颇令投资人难以分辨，如果将股价走势简单地区分为：相对低位、盘整待变与相对高位这三个区域，那么股价与消息面之间的连动关系，约略可以归纳如表 1。

表 1　股价与消息面的互动关系

股价位置	消息面	技术面的思考与应对
相对低位	真利多	帮助股价完成底部或是初升段的多头攻击走势
	假利多	短线拉高之后，股价反向破底
	真利空	股价将直接下跌且量缩
	假利空	股价直接下跌却量增，注意是否出现特定人士介入的量价信号
盘整待变	真利多	帮助股价突破盘整区，形成另一个波段的多头攻击走势
	假利多	短线拉高无法突破盘整区或是呈现假突破信号，接着就完成盘头走势，股价下跌
	真利空	直接跌破盘整区，使股价下跌
	假利空	短线没有跌破盘整区或是跌破后呈现特定人士介入的量价信号，接着出现强劲反弹
相对高位	真利多	推升股价持续上涨
	假利多	短线拉高之后，股价进入盘头走势或是反向破底
	真利空	股价直接完成头部下跌，反弹无力后再跌
	假利空	向下修正不破多头支撑并出现特殊的量价结构止跌，接着再拉高突破压力区，创下波段新高点

简单地说，当股价行进到相对高位时，主力为了顺利将手中持股出脱，往往会释放所谓的假利多消息；而股价行进到相对低位时，为了能够顺利吸纳浮动筹码进行吃货，往往会释放出所谓的假利空消息，当低位区出现利多消息让股价推升的现象，大部分则是因为主力的资金不足，才需要利多消息借力使力推升股价。而我们发现，出现在高位的利多消息，实际上股价的走势早就已经反应这样的利多，亦即股价的真实走势会领先该产业的景气提早落底，也会领先反应景气的复苏，通常会提早两三个月左右，因此当利多消息公布时，能否持续推升股价上涨，就有待观察。

分析利多、利空消息的真假，一般投资大众只能够依赖技术面的信号观察与思考，表 1 已经提出了大致的思考方向，换言之，该利空如果是真利空，应该出现哪种技术反应才是合理？如果没有合理的技术面反应，那么投资人就必须进行逆向思考，并准备反向操作，出现利多消息时也是这样的思考模式，才有办法分辨消息面对股价的反应。既然如此，研究技术面的信号是一般投资人的不二选择。

书中介绍的进、出货技巧已经足以应付诡谲多变的股价变化，在这里举几个消息面的例子练习判读，投资人只要善加运用本书原则，就可以看出股价行进间的合理与不合理，在分析时请特别注意消息面与股价的“相对位置”，这是决定推演正确与否的关键之一。相对位置的推演，请运用黄金螺旋的测量法则。

以下的新闻均节录自网络的电子媒体，请各位投资人阅读相关新闻后，对照新闻日期与 K 线图的技术面说明。

烨隆跳票 抱了一缸子钢铁股 基金经理人心慌慌

[东森新闻 / 台北报道 2002/12/25 11:50]

今年下半年以来，投信法人由电子股转战传统产业，钢铁、塑化、汽车等类股成为法人重押标的，其中低价钢铁股更是小兵立大功，烨隆(2014)一度高居今年以来涨幅最多个股，带动重押钢铁股的基金绩效突飞猛进，不料，昨日烨隆暴发退票事件，不仅冲击近两日钢铁股走势，预料也将造成12月份基金排名大地震。

钢铁业今年景气大翻升，吸引投信法人争相加码，部分投信早在上半年即抢先布局。去年运营出现大幅亏损的烨隆自今年3月起转亏为盈，累计至今年10月份税前盈余已达20亿元：在运营出现明显转机下，烨隆股价自2元多开始飒涨，投信也自今年第2季开始介入，更让烨隆股价涨势如虎添翼，日前数度突破10元关卡，而投信对烨隆的持股亦于10月30日至11月5日达到巅峰期，曾达4.38万手。

昨日早盘市场即不断传出“烨隆跳票”消息，让抱了一缸子烨隆的法人顿时乱了方寸，盘中一直到处打电话查询事件发展进度，慌忙向交易员挂出卖单，可惜，昨日因烨隆盘中即打落跌停，投资人是有股卖不出，仅成交19558手，其中投信卖超1200手。

由于今年以来投信的基金持股仅须申报季数据，目前最新数据为9月底基金持股，故目前市场哪档基金有最多的烨隆并不得而知，仅知截至12月24日止，投信整体仍持有烨隆24867手……

“立委”痛批烨隆恶性跳票　“证期会”将彻查　一周内提报告

[东森新闻/台北报道　2002/12/25 11∶33]

烨隆钢铁(2014)昨天传出跳票4900多万元事件，多位民进党“立委”25日在立法院财委会质询时，痛批烨隆集团董事长林义守在烨隆、烨辉两个集团今年盈余高达七八十亿元的情况下，竟为四千多万元跳票，让公司股票成为全额交额股，严重影响股东、外资投资人的权益，“没有道德、可恶到极点”。“财政部”次长王德山则允诺，“证期会”将彻查此事，并在1周内提出调查报告。

烨隆因跳票事件将从27日起变更为全额交割股，今天开盘即以跌停板开出，民进党“立委”林文郎在质询时强烈质疑烨隆、烨辉两集团提存20多亿元，今年盈余46亿元，如再加上折旧预估也能赚七八十亿元，怎么会为四千多万元跳票？他痛骂林义守管理这么庞大的集团，贷款仅有九千多万元，即使跳票四千多万元也可以自己先拿钱出来，不要造成跳票问题，可见林义守是故意放空股票，根本是重大恶极的经济犯罪，“财政部”不能坐视不管……

林文郎认为，今年国际钢铁价格大涨，烨隆股票从每股2.5元涨到最高10元，烨辉钢铁股票最高也涨到30多元，现在却因跳票四千多万元，被打成全额交额股，对股东和外资造成重大损失，也冲击资本市场，可恶到了极点，他要求“财政部”应该指示所有银行都对林义守的事业抽银根。

王得山答询时则强调，将请“证期会”彻查此事，了解公司是否仍有剩余的资金，是否为故意跳票，并在1周内提出调查报告。

请看图1，股票原本称为“烨隆”，后来经公告更名为“中鸿”。从消息面中发现，获利七八十亿元的公司竟然会因为区区四千多万

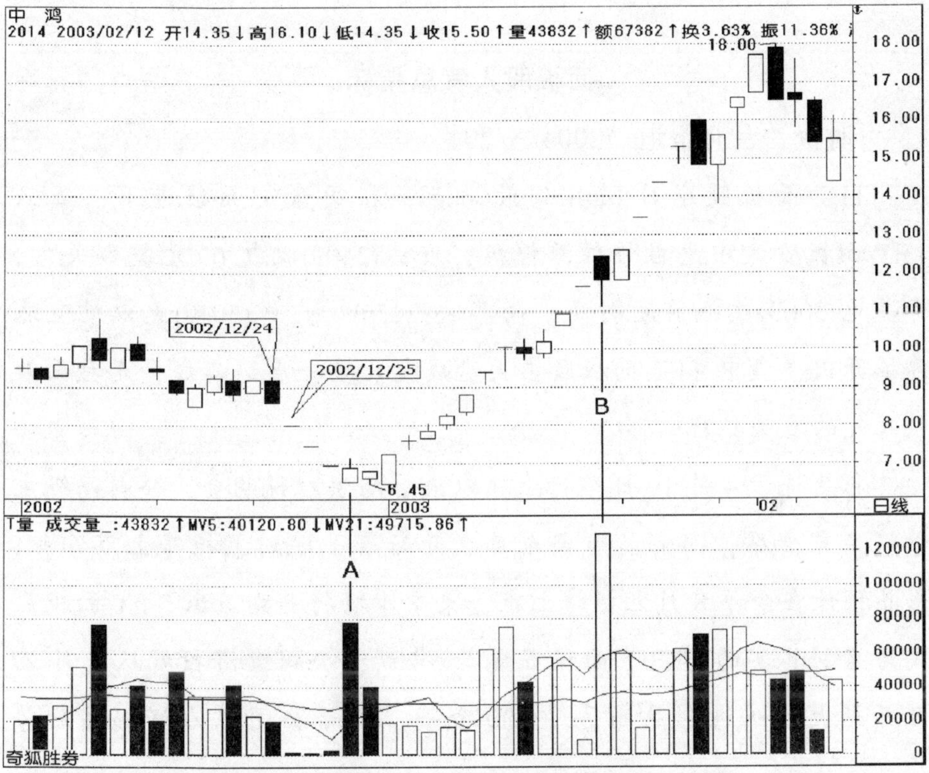

图 1　中鸿在 2002 年 12 月发生跳票事件的股价走势图

元跳票，的确令人觉得相当不合理，当时市场面即传言这是属于技术性跳票，至于真实性如何，一般投资大众实在难以判别，假设这真的是技术性跳票，那么这样的利空就是所谓的假利空，后续应该会出现特殊的量价关系做出止跌信号。

在连续跌停多日后，于标示 A 出现大量止跌，这是属于特定人士进场承接的信号，后续股价能否真的止跌并出现反弹，仍须于 A 处之后的 K 线走势加以分析，从图中可以很明确发现，在见到 6.45 元的低点之后，便以中长阳收高姿态来确立反弹走势，股价并开始一路向上反弹，当到达标示 B 再度出现大量，K 线形态为“吊人线”，后续股价仍持续日出创高，故此吊人线定位为大量换手 K 线。

面板股人气总指标

[时报／台北报道　2004/3/29]

TFT 面板股今日 high 到最高点，在买盘全面敲进下，五只 TFT 面板股盘中悉数锁住涨停板，友达(2409)收复 60 元整数关卡，奇美电(3009)攻抵前波新高，而华映(2475)、广辉(3012)更以跳空涨停板开出，盘中 TFT 面板股占大盘成交比重一度达二成，是盘面最佳人气的多头指标。

彩晶将于 4 月 19 日举行上柜以来首场法人说明会，公司高级主管将亲自出席，而彩晶财务人员也开始着手规划上柜转上市作业，彩晶预计在今年 8 月上柜转上市，集中市场将并列五家 TFT 面板厂成为名副其实的“TFT 面板五虎”。华新予公司金澄投资从 1 月 27 日开始大力叫进彩晶高达 72900 余手，显示公司派看好彩晶后势……

华新卖彩晶股获利 3.6 亿元

[时报／台北报道 2004/4/29]

TFT 面板第一季获利频传佳音，市场对面板后市寄望颇深，在友达(2409)、华映(2475)法说会(公司针对法人和投资大众新开的说明会) 相继释出利多下，彩晶(6116)母集团华新丽华昨日公告处分彩晶股，获利达 3 亿 6700 万元。

华新丽华昨日代子公司金澄投资公告。至今年 4 月 28 日止，总计处分 7.1 万手彩晶股，每股处分均价 18.83 元，处分后仍持有 2.7 万余股，持股 0.55%，此次出脱彩晶股，是日前金澄大举买进后，首度处分，且张数颇惊人。

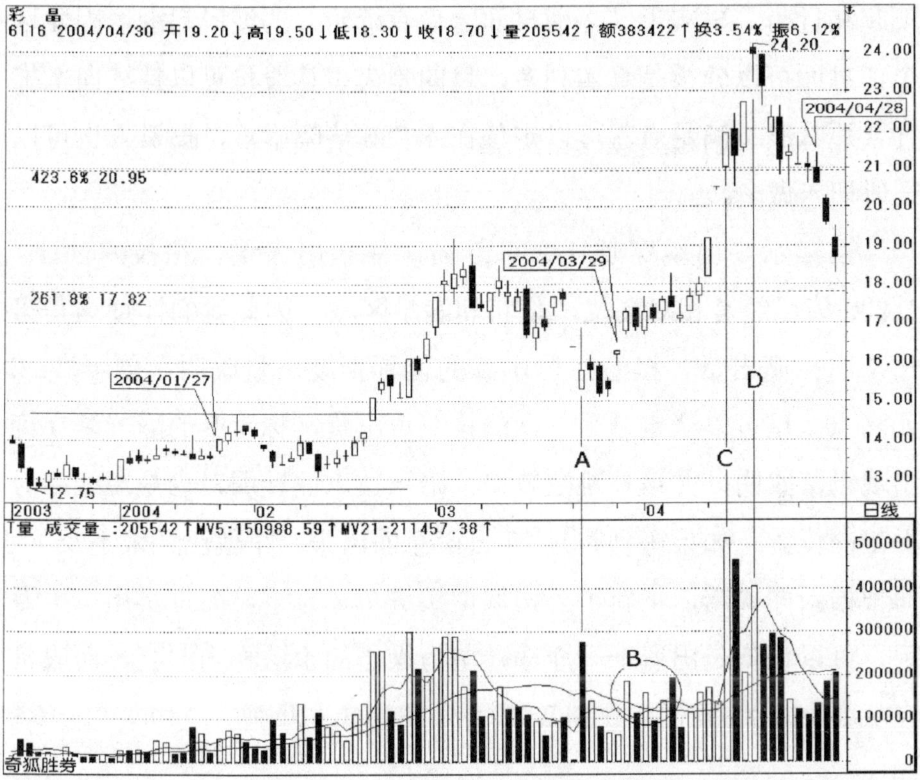

图 2　彩晶从 2004 年初至 4 月底的走势图

请看图 2，根据 2004 年 3 月 29 日的消息面，可以知道华新的子公司在 2003 年 1 月 27 日开始布局该股，当时处于一个震荡区间，且成交量呈现温和递增，均量线持续波段起涨走势，故进行布局相当合理。而消息面公布时，股价正好上涨到 2.618 倍幅后拉回，且在标示 A 呈现大量，后续量能急速萎缩，接着在标示 B 呈现波段起涨的技术现象。

假设该消息是假利多，目的是为了拉高反弹出货，在标示 A 大量进场的主力其利润不大，2003 年 1 月 27 日进场的利润并不多，且在假利多之后应该出现暴量不涨的现象，在消息面之后也不会出现起涨行为。事实上，在消息面之后有标示 B 的波段起涨，因此这个消息面可以分析是真实利多，目的是为了让股价可以持续向上推升，那么股价满足点就可以定位在 4.236 倍幅附近，投资人也可以适时切入做多。

在标示 C 出现穿越 4.236 倍幅，并暴出大量，在技术面上，4.236 倍已经是相对高位，是获利满足区域，因此我们怀疑这是第一次的拉高出货，接着在标示 D 的位置再度出量收阴，创下 24.2 元高点，这可以认定是另一次的拉高再出货，标示 D 的隔一笔立刻出现日落收阴，并填补跳空缺口，暗示技术面转弱，也是短线绝对卖出的位置，如果等到 4 月 28 日消息面出来，早就已经来不及了，而根据新闻揭露，华新子公司低位买进 7.2 万手，高位卖出 7.1 万手，可以说货是出得干干净净，主力操作的手法相当漂亮，而股价也从 24.2 元的高位下跌到 8.35 元才出现止跌反弹。

华映获利丰，第二季对大同挹注业外收益逾 16 亿元

[时报 / 台北电 2004/7/22]

大同(2371)从传统家电业者转型电子业，今年子公司面板厂华映(2475)开始生金蛋，市场粗估第二季华映可赚进约 55 亿元，以大同集团持股约三成计算，单单华映至少就可对母公司挹注业外收益达 16 亿元以上。法人圈估计，上半年大同已赚进约 70 亿元，每股税前盈余高达 1.67 元。

大同今年首季营业出现利益达 1 亿元以上，洗刷至少连续八季以来连续亏损的情况，第二季营收 255.35 亿元，维持首季水平，市场估计本业获利亦有 1 亿元以上，加计华映的贡献，第二李单季获

利有机会达23亿元，法人圈估计今年每股获利挑战3元。

[时报／台北电 2004/7/31]

大同(2371)董事会承认上半年财报，执行副总经理林郭文艳表示，上半年税前盈余约70亿元，每股税前盈余1.6元，本业获利超过4.5亿元。大同第二季营业利益达3.5亿元以上，较首季成长高达2.5倍。林郭文艳说，第四季搭配信息业的旺季来临，单月营收可望突破百亿元。

请看图3，根据消息面，在2004年7月22日和7月31日分别出现利多的消息面，当时股价正处于拉回修正过程。假设这些利多

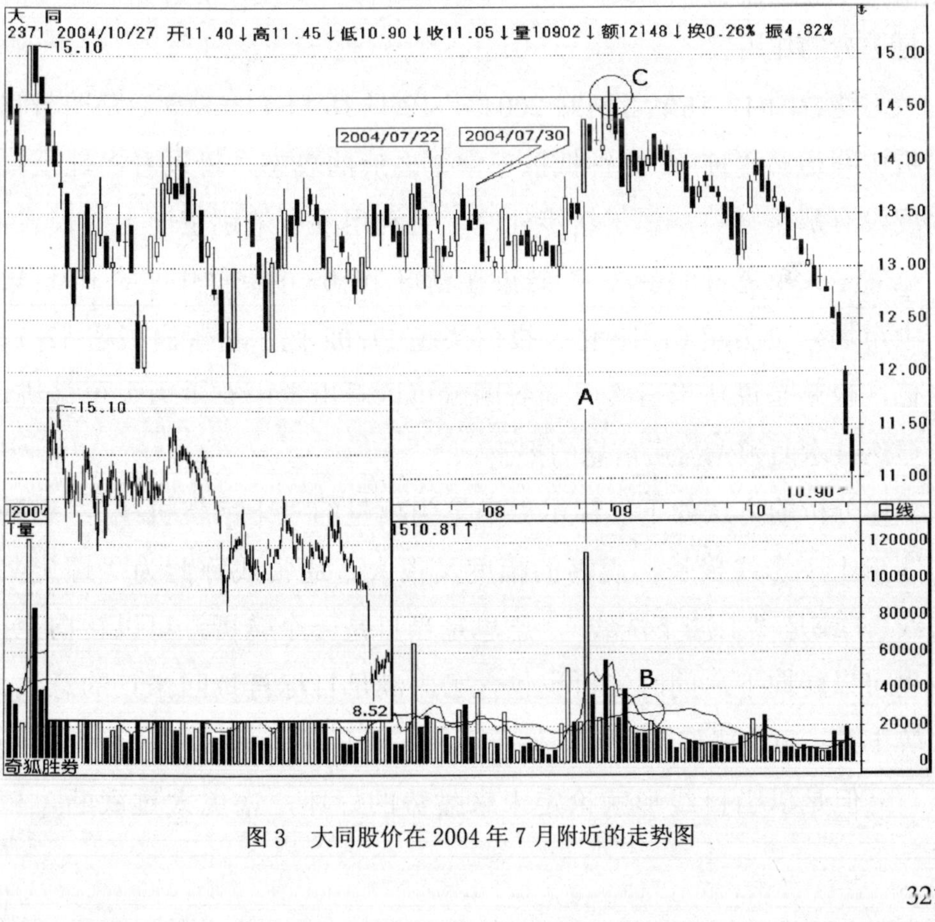

图3　大同股价在2004年7月附近的走势图

是对股价上涨有帮助，那么应该会有所“明确”表态，怎样的多头表态才算明确呢？该股在创下15.1元的新高点时暴出121844手大量，股价不涨反而回头修正，暗示这里有套牢卖压，多头想要出现波段行情，必须要先对此处解套。

也就是出现的利多如果无法将这里的压力克服，那么就是主力利用利多拉高退出持股，如果可以将此压力克服，才算是真实利多。而从线图中发现，利多后出现标示A的大量攻击(与套牢的成交量相当接近)，随后撞到套牢区，即标示C的位置，但是没有对15.1元解套，反而拉回，在标示B处呈现量能退潮，这不是多头攻击时该有的走势，因此可以定位标示A为诱多盘，消息面后的拉高是逃命的作用罢了。

请看图4，在笔者网站2004年12月15日14:58盘后贴图与解析中写道：“前30分钟抵抗正常，之后的表态，可以看出轧空强度没有那么强势，属于缓步轧空，且利用隔一笔跳空向上的模式，显然是大单进货的手法。”结果在当日16:06的新闻中说：15日集中市场外资买超67.18亿，投信买超17.02亿，自营商买超47.77亿，也就是说从当日实时走势图就可以看出盘中有主力大单敲进，显然技术面领先盘后信息的揭露。

分析的方法如下：标示A当笔为出量的“十字转机线”，这种线形上下影线极长，震荡的幅度又很大，通常戏称此为“螺旋桨线”，或是“上冲下洗线”，意思是当日是一个转折，可以转向上，也可以转向下，同时当日也包含了先满足目标再拉回修正的意涵，等于是一日完成好几日的动作。

但是以当日线形就论定未来盘势的好坏，未免太过武断，依

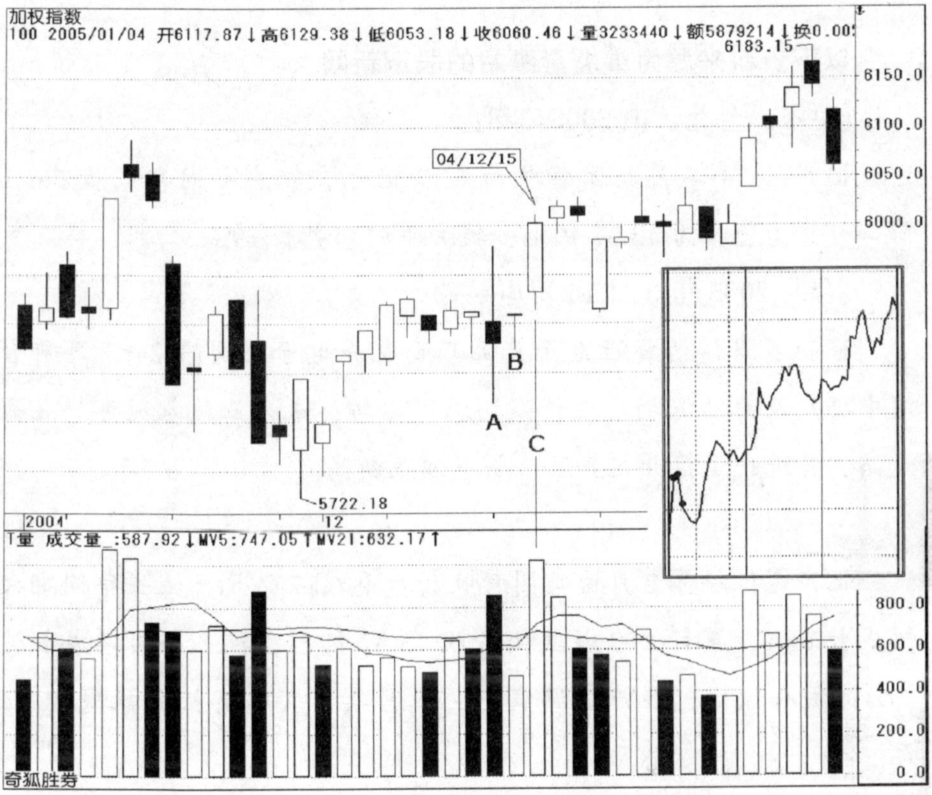

图 4 加权股价在 2004 年 12 月附近的走势图

《主控战略 K 线》的重点，隔一日开盘位置与走势路径，将透露出主力的意图。发现标示 B 是高开的，高开便对多头有利，并形成带有下影线的“蜻蜓”，A、B 组合成为“母子”，整体形态多头略占上风，当标示 C 这一笔(即 12/15)出现再跳空开盘，盘中又呈现缓步攻坚走势，且 5 分 K 具有带量跳空的现象，在这样的背景出现这种技术线形，多半是主力或是大户进场。

以下资料来源为雅虎奇摩站的股市新闻

[时报/台北，电 2005/3/8]

忆声(3024)二月集团营收为 6.17 亿元，较去年同期成长 66%，前二月集团营收为 13.37 亿元，较去年同期成长 79%。

[台北 2005 年 3 月 14 日电]

移动多媒体消费性电子产品厂商忆声电子公司(3024)，目前台湾中坜厂及大陆深圳厂生产线均满载运转，未来业绩表现可望显著走高，并进一步推升忆声股价创下波段新高。

……

忆声自行结算 2 月份集团营收新台币 6.17 亿元，较去年同期大幅成长 66%，累计 1~2 月集团营收 13.37 亿元，较去年同期成长达 79%；法人预估，在产能满载下，本月集团营收有机会挑战 10 亿元。

据统计，去年全球可携式影音产品销售量约 1000 万台，忆声市占率约 12%，估计今年可携式影音产品市场可望增长一倍至 2000 万台左右，带动忆声业绩攀升。

[时报/潜力股 2005/3/24]

忆声(3024)：今年主要成长动能在可携式 DVD 播放机，出货量预计可从去年的 120 万台成长到今年的 180 万台。忆声第一季营收约可成长 10%，在飞利浦及三星的订单效应下，加上第二季进入旺季，营收将可再大幅成长。

另外，未来较具性的部分在于“车用电视”。忆声与联电共同入主的公信电子，由于已在车用市场布局已久，未来将与忆声产生互补效益。

忆声近期深受法人青睐，成交量明显增加。该股于30元附近具支撑，拉回可酌量布局。

[台北2005年4月4日电]

忆声电子公司(3024)在深圳厂出货量大幅成长下，3月合并营收估计达新台币10亿元水平，较2月合并营收6.17亿元增长达62%，忆声今天在预期业绩将大幅走高下，呈价量俱扬强劲走势。

忆声预估，去年移动式多媒体产品出货量约160万台，今年出货量目标将挑战300万台，目前接单情形畅旺，第二季业绩表现将较首季为佳。

[时报／台北报道2005/4/7]

3月营收可望较2月增长、面板周边相关族群为股市主流，中光电(5371)投信法人加码仍不歇手，股价持续在高位整理，带动忆声(3024)股价上扬，液晶监视器股此二只股价维持相对强势。

中光电接单畅旺，3月营收可望成长且第二季业绩持续看涨，投信法人已连续十天买超，股价看回不回，在上周创下43.7元本波高点。由于投信筹码仍稳定，今日股价维持在43元上下高姿态整理，唯追价买盘谨慎，股价缓步走升。

液晶监视器股搭上本波多头列车，本土法人多所著墨，中光电股价创波段高点带动，忆声今日盘中补量，多头也展现向前波高点32.9元叩关的企图心，由于台股多头步步为营，股价冲劲并不强劲，多头改以逐步走高的方式向上盘坚，短期以中光电为指标，投信法人动向为其多空关键。

[时报 / 台北电 2005/4/8]

忆声(3024)3 月集团营收 13.5 亿元，较去年同期营收 8.3 亿元成长 63%，前 3 月营收 26.9 亿元，较去年同期的 15.8 亿元成长 70%。

公司公告

日期：2005 年 4 月 11 日　上市公司：忆声(3024)

公司发言人：略。

主旨：公告本公司 3 月份自结集团营收符合条款第二条第 47 款

事实发生日：2005/4/8

说明：

(1)事实发生日：2005/4/8;

(2)发生缘由：本公司 3 月份自结集团营收为新台币 13.5 亿元，较去年同期营收 8.3 亿元，成长 63%，累计前 3 月营收为 26.9 亿元，较去年同期 15.8 亿元，成长 70%

[中央社台北 2005 年 4 月 13 日电]

移动多媒体影音产品制造商忆声电子公司(3024)因接单畅旺，自行结算 3 月集团营收达新台币 13.5 亿元，创下历史新高记录，且较去年同期成长达 63%，在业绩表现较去年乐观下，使忆声近期走势相对强劲……。

[中央社台北 2005 年 4 月 20 日电]

忆声电子公司(3024)因可携式 CVD 产品接单畅旺，第二季业绩将较第一季呈显著成长，带动忆声早盘呈强劲走势。

忆声 3 月份合并营收达新台币 13.5 亿元，创下历史新高纪录，统计忆声第一季合并营收达 26.87 亿元，较去年同期大幅成长达70.5%。

[时报/台北报道 2005/4/22]

忆声电子(3024)今日空头消息频传，一说第一季财报遭会计师拒绝签核；一说首季获利不如预期，个股弥漫空头气氛，法人态度也转向卖超止损，股价瞬间打入跌停，盘中并高挂 6800 余手跌停卖单，截至 12 点 30 分止，成交量并扩大至 2.6 万余手，较前一交易日 1.1 万手倍增。

[时报/台北电 2005/4/22]

忆声(3024)澄清有关去年报表做假及会计师不签报表等传言及报导表示，去年年报已经会计师签核并将于 4 月 23 日董事会承认后依法公告。

[时报/台北报道 2005/4/22]

忆声(3024)受到第一季财报不佳，每股税后盈余约落在 0.4 元和 0.5 元，低于市场预期，加上被市场误传为作假账和会计师拒签财报等利空袭击，今日股价开高走低，盘中恐慌性杀盘出笼，股价重挫至跌停板，表现相当疲弱。忆声澄清一切都是市场误传，该公司明天就会召开董事会通过季报，下周公布。

忆声电子受到谣言波及，早盘股价亮灯跌停，成交量盘中更暴增至 26000 手以上，呈现暴量跌停的情况。忆声指出，去年自结税前盈余约 7.4 亿元，但是受到三十五号公报影响，香港会计师对库存跌价损失采取从严认定的标准，过去忆声在盘点时零组件是批批算，香港会计师严格到一件件计算，在香港会计师多打掉 1 亿元存货跌价损失之后，导致忆声去年度获利短少。另外，今年第一季税前盈余约 9000 万元，低于原先预估的 1.5 亿~2 亿元，主要是受到提列汇兑损失 2000 万元，以及认列马来西亚厂、上海厂分别 2000 万元、1000万元的转投资亏损，导致第一季财报未如预期。

忆声第一季自结税前盈余约有9000万元水平，以股本24.73亿元计算，每股获利约0.36元，不过较原先市场预估每股获利有1.4元的表现相差甚远，造成今日股价重挫。忆声指出，首季获利不如预期，主要是首季面板为高成本的库存，因此毛利率滑落至13%，较一般正常水平18%衰退将近3成，此外，车用市场需求不如预期，首季也认列马来西亚厂亏损约2000万元、加上首季汇损约有1000万元。

由于忆声先前接获三星可稀释DVD订单，因此今年主要成长动能在可携式DVD播放机，预计出货量将可由去年的120万台成长到今年的180万台。市场预估，第二季集团营收将可达35亿元以上，单季成长幅度约有5成以上，毛利率也可望在高成本面板库存去化后，逐步回升。

忆声指出，今年面板供给无虞，且在面板价格下滑下，可减轻可携式产品价格下降压力，维持获利能力。

请看图5，忆声股价在标示A出现草丛量，草丛量在高位原本就有出货的疑虑，而标示B、C则是对应到消息面的发布。以2005/4/11公司公告的新闻为分界，可以很清楚看见4月11日之前的新闻与公司公告吻合，直到4月20日所有消息面都还对多头有利，但是从技术面上看，却是呈现利多不涨的现象，尤其标示D(4/4)、E(4/20)拉高出量股价不涨反跌，形态上可以当成箱型整理或是三重顶结构。

如果是对多头有利的整理，量价结构应该对多头要呈现有利才对，且在利多消息之后理应有鼓舞作用，让股价突破整理平台。事实上，股价在标示 C、D、E 之后，都有出货行为的嫌疑，那么就要怀疑此为三重顶结构，多单维持观望态度，应该是最佳的选择。

在 4 月 20 日当天还是利多消息背景下，隔两天就暴出利空消息，这种戏剧性的变化，颇令人玩味，也证明了技术面可以适当地解读股价消息面的真实性。

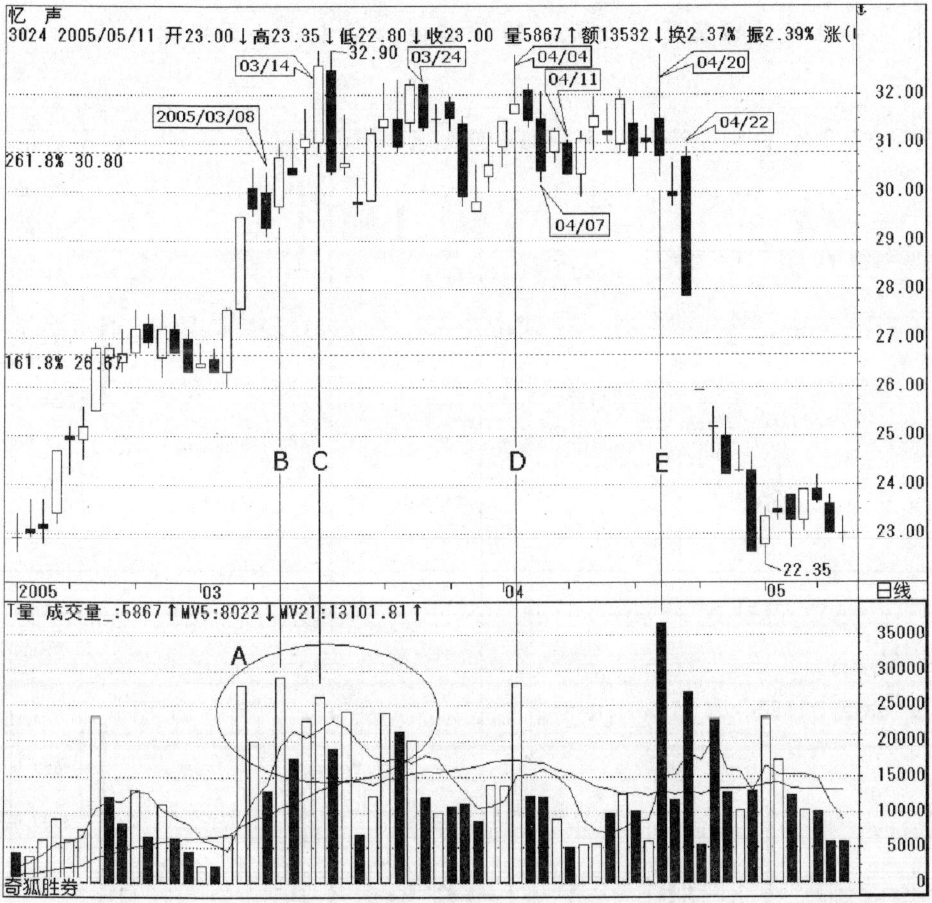

图 5　忆声股价在 2005 年 3 月附近的走势图

〈飞雅案〉违约交割 6000 万 "炒手"落网

2004 年 8 月 7 日星期六

本消息来源为联合报新闻网

去年 9 月上旬，股票上柜公司"飞雅高科技"爆发 6000 万元违约交割案，检调循线查知，幕后操盘主嫌，竟是股市知名作手、绰号"小三"的通缉犯邹胜。检调昨天大举搜索，意外查出近两三年来，邹胜另涉嫌集资数亿元，炒作其他六家上市公司股票。

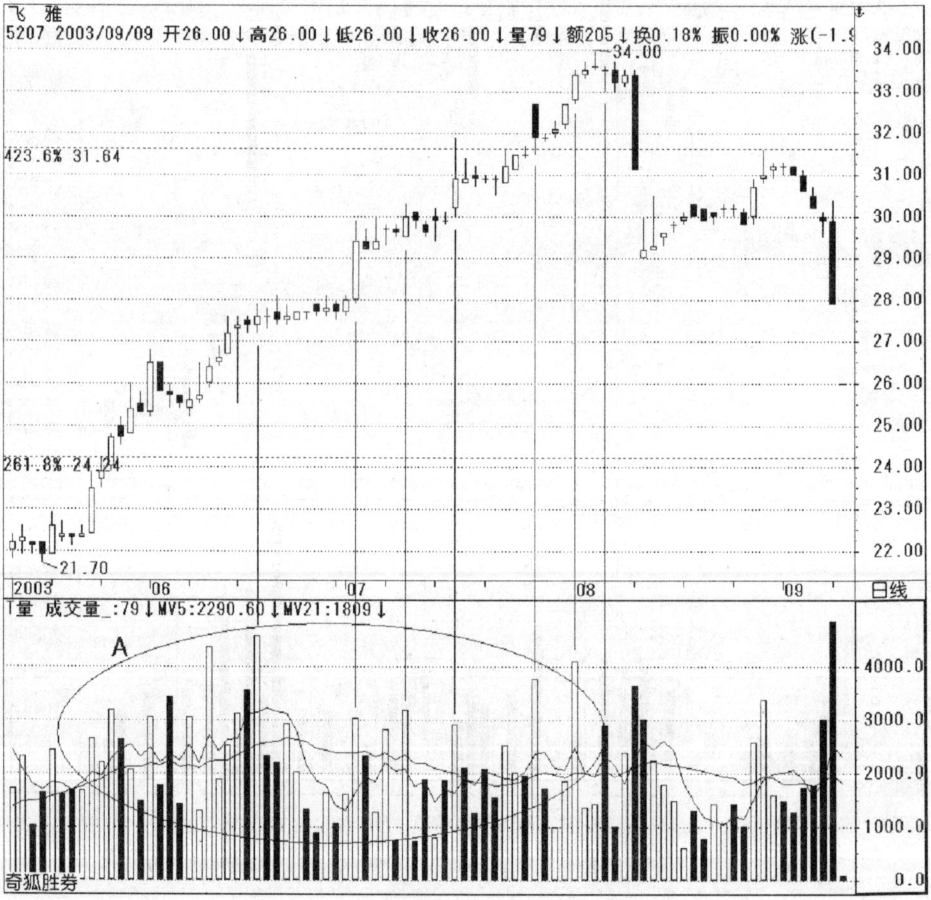

图 6　飞雅股价在 2003 年 7 月附近的走势图

这个例子纯粹是看见新闻披露之后，我们回顾当时 K 线走势图做探讨，研究是否在爆发违约交割案之前，先看出股价走势呈现不利的技术现象。请看图 6，飞雅股价爆发违约交割是 2003 年 9 月上旬，在图中，可以发现爆发违约交割之前股价上涨的最高点是 34 元，该波段是从 12.15 元起涨，从标示 A 可以很清楚发现，这里整个区域都属于草丛量的结构，当股价上涨超过 4.236 倍幅之后，就必须注意退出点。

根据实际操作经验，股本较小的个股，主力拉高出货很容易用草丛量的模式，投资人在相对高位看见这种量价结构，必须提高警觉。图中每一笔关键成交量均以直线对应到 K 线，投资人不妨观察，每一笔 K 线低点均有防守，唯有满足 4.236 倍幅并创下当时波段新高 34 元的隔一笔没有防守，这样的现象不是很明显吗？